EDINBURGH UNIVERSITY PUBLICATIONS

LANGUAGE AND LITERATURE TEXTS

NO. 4

Three Centuries of
FRENCH VERSE
1511-1819

A. J. STEELE, M.A.

Senior Lecturer in French,
University of Edinburgh

EDINBURGH
AT THE UNIVERSITY PRESS

© A. J. Steele 1956, 1961

THE EDINBURGH UNIVERSITY PRESS

Agents

THOMAS NELSON AND SONS LTD

Parkside Works Edinburgh 9
36 Park Street London W1
312 Flinders Street Melbourne C1

302-304 Barclay's Bank Building
Commissioner and Kruis Streets
Johannesburg

THOMAS NELSON AND SONS (CANADA) LTD
91-93 Wellington Street West Toronto 1

QUADRANGLE BOOKS, INC
119 W. Lake Street, Chicago, Illinois

SOCIÉTÉ FRANÇAISE D'ÉDITIONS NELSON
97 rue Monge Paris 5

Revised edition 1961

PRINTED IN GREAT BRITAIN BY
ROBERT CUNNINGHAM AND SONS LTD.
ALVA, SCOTLAND

CONTENTS

v

09398

CONTENTS

FOREWORD

THIS book is intended to afford a conspectus of French poetry from the early Renaissance to the eve of Romanticism—taking these terms in their traditional sense. I have endeavoured to indicate, by the texts selected and the Introduction taken together—for partly these illustrate, and partly they supplement each other—its main lines of force so far as we may at present discern them, and to suggest its correlation with the changing cultural climate (intellectual, imaginative, spiritual) in which it was produced.

My indebtedness towards those who in recent times have toiled fruitfully in this corner of the vineyard will be evident to the initiate, and is very gladly acknowledged. In particular, I owe a number of valuable suggestions to my teacher, colleague and friend, Professor Georges Poulet.

Explicative notes have been kept to a minimum, and biographical material excluded. Brief indication is given of the main contemporary and modern editions, and of the principal works to be consulted.

After some hesitation, I have thought it preferable in a book of this sort to modernise spelling and punctuation throughout, except where special circumstances make this impossible.

Finally, I should like to thank the Carnegie Trust for their generous assistance in the publication of this book.

A. J. S.

FOREWORD TO THE SECOND EDITION

In preparing this edition I have tried to take into account such criticisms of the first as appeared well-founded. Some changes of emphasis have been made in the Introduction, and the Bibliography, within the scope allowed for, has been brought up to date. In a very few cases better or more representative texts have been substituted for the old.

To help the reader to keep track of the rhythm in the earlier texts, I have indicated by a single dot over the *e* those instances in which, contrary to later usage, the so-called *e mute* has full syllabic value, as for example, on p. 3, in the line

Puis d'Ockeghem l'harmonië très fine

A.J.S.

INTRODUCTION

JEAN LEMAIRE DE BELGES, adept of the *Grande Rhétorique*, with his contempt for the *gens du roi Clovis*, his interest in all provinces of art, the joyous thrill he finds in artistic creation, provides our natural starting point: his Temple of Venus is a fitting portico to Renaissance poetry in France. But it is not until the days of a Scève, a Peletier or a Ronsard that we again come upon so exalted a notion of art as his. Saint-Gelais, imitator of the Italian *strambottisti*, is a *précieux* who conceives his function to be the amusement of aristocratic leisure, in a society where the ladies set the tone, by playing agreeably upon the perennial topics of *galanterie*. Marguerite de Navarre, on the other hand, 'ravie de l'amour de Dieu', is far less concerned with niceties of art than with the outpouring of feeling—human tenderness or mystical exaltation—in verse that when controlled by strophic constraint, a sustained movement, or a Péguy-like effect of accumulation, achieves a proper balance. A tendency to prolixity and formlessness does not make any the less remarkable her creation of a lyricism at once personal and philosophic:

> 'Je suis qui suis, qu'œil vivant ne peut voir':
> —Cette voix là, cette parole vive,
> Où notre chair ne connaît fond ni rive,
> Me prit, tua, et changea si soudain,
> Que je perdis mon cuider faux et vain.
> Car, me disant: 'Je suis qui suis,' tel maître
> M'apprit alors lequel était mon être:
> S'il est qui est, hors de lui je ne puis
> Dire de moi, sinon que je ne suis . . .

A member of her group, Héroët, is successful too in his earnest presentation of the theories of Platonic love and his delicate study of their ethic. Marot, polished by frequenting a court that admired not only the splendours but also the finesse of Italy, is eminently civilised—a man for whom, as for Méré a century later, the height of art is to be natural. He handles traditional forms with consummate tact, is not submerged by *littérature*, and injects into petrifying conventions a saving dose of playful irony.

Meanwhile, in Lyons, the humanist Scève, fully aware of the poet's privilege of transmuting the transitory into the eternal, was distilling from emotion recollected the subtle essences of his Platonico-Petrarchan *canzoniere*, in which occasional affectation and pedantry are far outweighed by the tenseness, lucidity and self-control of the meditation, necessitating, in the narrow framework of the *dizain*, a highly-wrought, close-textured language, compounded of Rhetorical 'aureate terms', Italianism, and a careful syntax, and charged at its best with a music of suggestion, so that the poem becomes an 'incantation' closer to the manner of a Nerval than of any Petrarchan. The temptation of pedantry is less often avoided by Pontus de Tyard in his early *Erreurs amoureuses*, influenced by Scève but lacking his intellectual incandescence. Later, under the influence of the *Pléiade*, his style becomes less abstract, and his *Vers lyriques* are surprisingly successful. But it is unfair to see only bad taste in a poem like *Disgrâce*, so typical of an age endeavouring to recover, among the groves of Academe, a unified view of man and the cosmos. The other poet of our Lyons group, Louise Labé (for Pernette du Guillet is little more than the moon to Scève's sun) has no such ambition, but writes out of her passion with direct and simple force.

A striking example of the Renaissance mind with its universal interests, questing and inventive, Peletier du Mans seeks to marry poetry with the spirit of science. With reverence and fervour he searches for the reasons of things and aspires to set them forth luminously. He is a prophet of the morrow in his defence of the national tongue as a literary medium (against the claims of Latin) and his cultivation of *vers lyriques* under the guidance of Horace. Bearing witness to the *siècle heureux où j' ai vécu*, he can claim some credit himself if,

> Maugré le temps qui tout oublie,
> La Harpe antique est ranoblie
> De l'honneur de ses premiers chants,
> Qu'à la docte oreille ententive
> Sonnait la main docte inventive
> Des ménétriers jadis touchants.

With the injustice and impatience of youth, the programme for a new poetry proposed by Du Bellay in his *Défense et Illustration de la langue française*, and complemented by Ronsard in various writings, boasts a newness largely illusory; but it states with emphasis their intent to vindicate the higher order of imagination against the use of poetry as polite entertainment. A braver, 'plus haut et meilleur style'—whatever their later compromisings, the *Pléiade* poets never lost sight of that cardinal principle. It was a matter of course that they looked to antiquity and to Italy for the makings of that style, and enounced, with some intemperance, the principle of imitation. Much had they travelled in the realms of gold. Nor in their eyes were the 'vestiges de rare et antique érudition' merely ornamental trappings. The Renaissance, inheriting the medieval tradition of harmonics, and irradiated by the neo-Platonism of Marsilio Ficino and his Florentine Academy, long nursed the hope of achieving thereby a synthesis of all knowledge and experience, of Christianity and paganism. Mythology (soon, however, catalogued and standardised) served as allegory and emblem enshrining higher truths, the vision of which might be vouchsafed after long study, and mark a stage on the return from the disorder of emanated nature, through the Platonic 'frenzies' of poetry (or music, for these are inseparable), religious initiation, prophecy, and love, towards the supreme contemplation of the One. The latent music of the cosmos is the ground of all art as of all love. This ambitious scheme, an exposition of which may be found in the dialogues of Pontus de Tyard, seems to have influenced the master of Baïf, Ronsard and Du Bellay at the *Collège de Coqueret*, the humanist Jean Dorat, in his exegesis of classical texts. It lies behind Ronsard's conception of the pre-eminent dignity of the inspired poet. Such a mode of thought accounts in part for the abundance of pictorial imagery, which is one of the most general characteristics of the *Pléiade* poets. Their art is expansive, visual, decorative: but it is in the main controlled by a sense of design and purpose, and does not degenerate into mere floridity.

Ronsard, many-voiced, dominates his century from the first daring of his Pindaric odes (essays in the sublime later toned down but never renounced), from the swift, sweeping rhythms of his *Cassandre* sonnets—not replaced without some loss by a poetry of the golden mean, the tempered alexandrines (newly re-invented) and *beau style bas* of 1553 and after. The chastening of his style from edition to edition implies a victory of the despised *courtisan* or *vulgaire* over the sovereign poet, of 'common sense' and usage over imagination. But more remarkable is Ronsard's power of self-renewal, by which, after Horace, Pindar, Petrarch, Catullus, 'Anacreon' . . . he can find grist for his mills in Callimachus or Marullus, and create the philosophic or scientific poetry of the *Hymnes* (horizons widened, experience deepened, inspiration enriched), forging the while a new eloquence of alexandrines in unrestricted sequence; by which next, in time of disaster, he finds the vigorous tones, now hortatory, now satiric, of his polemical poems; by which, faced with the challenge of a recrudescent *précieux* Italianism, he shows in the poems *pour Hélène* the superiority of his own perfected artistry; by which even in his *Derniers Vers* he achieves a painful personal realism, a stark literalism. And this by no means exhausts the variety of this true *prince des poètes français*: few can ever have commanded so many of the avenues of the future.

Yet each member of the *Pléiade* has his own distinction. Du Bellay is febrile and unstable, with the invalid's awareness of the flame's flickering; and, when his creative idleness has been destroyed, the incurable exile, a *poète maudit*, whom the Muses alone can comfort, if they will—as they do, when, instead of the decorative imagery of the *Olive*, they show him how to fashion his poems, now sardonic, now plaintive, out of the sorry stuff of daily life: an original perception of the artist's calling and reward. Baïf, a questing spirit, after the frank sensuousness of his *Méline*, experimented with scientific poetry, satire and other genres, besides attempting to create (in his translation of the Psalms and elsewhere) a new French metrics based on classical prosody: in this last, and in his founding, with Courville, of the *Académie de poésie et de musique* (1570), he was inspired by the neo-Platonic notions mentioned above. The descriptive talent of Belleau brings a delight in natural detail and the wealth of the new style to the old genre of the *blason* (an unusually fine example of which is that by Maclou de la Haye, p. 18). Jodelle stands out in the group because to the seductions of sweet music he often prefers abrupt and impassioned statement, finding congenial the athletic mannerism of the *sonnet rapporté*.

Ronsard's collected edition of 1560 serves to mark the end of the *Pléiade*'s heyday. The survivors continue, but the focus of interest has shifted. The lofty humanist aspirations yield before the persistence of a courtlier taste, with which Ronsard himself has to come to terms. Desportes writes for a high society, Italianate and often Italian in origin, one of whose main *foyers*, frequented by most of the notable poets of the time, was the *salon vert* of the Maréchale de Retz. There the art was prized of refined trifling with tender fancies and fine sentiments. Delight in the sensations and associations of the outdoor world has all but disappeared. Desportes embroiders tirelessly neo-Petrarchan motifs, spinning out his metaphors with often a prosaic explicitness, yet contriving sometimes to induce, with his generalised style (emptied of sensuous or personal precision), and a music at its best hypnotic, the trance-like Petrarchan mood of forlorn adoration at the feet of the Idol.

> Ni trop haut, ni trop bas, c'est le souverain style:
> Tel fut celui d'Homère et celui de Virgile. —

Thus Ronsard expresses his mature choice: neither the unadventurous manner of the fashionable *amours*, nor the overstrained rhetoric of a Du Bartas. This Protestant, little heeding sectarian strife, invites poets away from their profane and carnal muses to become once more, inspired by the Holy Spirit (personified as *Uranie*),

> Truchements de Nature et du Ciel interprètes.

In his encyclopedic account of the Creation and man's history, in place of the detached scientific curiosity of Peletier or the tonic humanism of Scève's also encyclopedic *Microcosme*, we hear a preacher's oratory, essentially descriptive, brushing *de ce grand Tout l'infini paysage*, and rich in purple passages to the Creator's greater glory. If Du Bartas seems to confuse the orders of existence and switches disconcertingly from one level of style to another, it is no doubt because all things are equal in worth and wonder and no collocation can be incongruous:

> Hé! que je suis marri que les plus beaux esprits
> T'aient pour la plupart, ô Terre, en tel mépris!

By intensity of feeling and vehemence of imagination, d'Aubigné reminds in his *Printemps* the outworn amorous style, reconverting its quaint exaggeration into dynamic hyperbole. Directness and force of impact, images of violence and cruelty and death and decay and horror, a tone of frenzied passion, and a compulsive movement that sometimes threatens to explode the formal framework and break out 'au-delà de l'œuvre'—if these are among the criteria, we may agree with Marcel Raymond that here we have 'la première en date des manifestations indiscutables du baroque littéraire'. Features that recur, less unexpectedly, along with a Biblical realism and a Silver Latin rhetoric and mannerism, in that ill-composed, uneven, often grammatically and logically disjointed, but fitfully splendid and visionary *historia horribilium*, the *Tragiques*, in all ways an image of their terrible times—relieved withal by *adagio* movements when deep wells of tenderness or piety overflow.

The sonnet form might have canalised with advantage

L'amère volupté de gémir librement

which Bertaut indulges in his interminable *stances*, where the exploitation of the common-place paradoxes of love, in a colourless and slackly discursive style, results not only in his characteristic abuse of antithesis (a figure readily associated with the gratuitous wit of *pointes*) but also in the often expository pattern of the poem's development, each step marked, at the opening of the stanza, by some expression like *Aussi...*, *Pourquoi...*, *Mais...*, *Cependant...*, *C'est pourquoi...*, *Non...*, *Car...*

This trend towards a rhetoric of depersonalised sentiments agrees with that taming of the Muses by the tyranny of fashionable taste already evident in Desportes. Since Ronsard began to amend his odes in 1555 (the same year that Peletier, in his *Art poétique*, praised the virtue of clarity) the movement is persistent towards a politer poetry, less erudite, more soberly ordered, more cautious linguistically, more studiously versified; and it becomes increasingly plain from about 1585. The revival of rhetoric as a school discipline— soon to be accepted by the Jesuits in their *Ratio studiorum* with incalculable effect on the future of literature—must have played an important part here, though difficult to assess accurately. *Inventio* or imaginative power becomes of little price if not mediated by correct *dispositio* and *elocutio*; and good taste begins to emerge as a decisive critical category. Of deeper import still is the general reversion from the Hellenism of a Ronsard to the more familiar culture of Rome.

Scaliger, in his influential *Poetics* of 1561, makes himself the high priest of the cult of Virgil. Europe deserted Homer for generations.

Bertaut in his official poetry is a precursor of Malherbe. It shows a marked affinity with that of his friend Du Perron, like him a *poète du Louvre*. In Du Perron the preference for dignified intellectuality of style is accompanied by a critical clearsightedness: 'L'excellence des vers consiste comme en un point indivisible de perfection, de sorte que s'il peut mettre un seul mot plus propre ou plus significatif, ou même plus agréable à l'oreille, il ne peut être dit parfait' (*sic*). He heralds Malherbe too in his political poetry, in its themes and in many details of treatment and style, not least in the use of forceful phrases, pregnant metaphors in a word or two, which, without violence to good sense or clarity, and liable even to pass unnoticed by our surfeited taste, are yet what Lebrun and Chénier would call *audaces*. The tone and spirit of such poems, magnifying the messianic prince, correspond to the ostentatious rhetoric of the Counter-Reformation, and exalt the twin principles of Throne and Altar. His is too the Tridentine piety that already (in the *sonnets spirituels* of Anne des Marquets, in those of Desportes . . .) had begun to leave its mark on poetry, overflowing in Biblical paraphrases, in poems on decorative or sentimental Christian themes, and above all in songs of penitence. Even in his verse, Du Perron is the *Grand Convertisseur*, trying to turn the tears of idolatrous love into the tears of contrition—

Changeant la seule cause, et retenant l'effet.

Malherbe's *Larmes de Saint Pierre* belong to the same vein, an excellent example of the *barocchus tridentinus*, the excesses of which, though not altogether its inflationary tendencies, he then renounces, to create a style which is the golden ripeness of rhetoric in strophic poetry, and to guide French taste into conformity with it. No less significant than his deference to polite usage in language, and his religion of the

Verse, especially the alexandrine, in its ideal purity so far as
this is consistent with consecutive discourse, is his concern
for evenness of tension, for a regular rate of progression
(clarity and pregnancy held in equipoise), for logical struc-
ture and reasonable proportion, for a sustained dignity of
tone and a measured, sure and well-tempered harmony: a
style noble fitted for the high lyricism of general topics and in
particular political themes. Malherbe is the heir of Ronsard,
as (paradoxically) in style, so too in his revival of the proud
music of the Ode. But he rejects the sanction of authority—
as if the principles of good writing were implicit in that good
sense later declared 'la chose du monde le mieux partagée'—
and Malherbe is a *moderne*. Mythology, reduced to a few
familiar figures, becomes henceforth simply ornamental, as
for the Jesuits (inheritors of the forms, not the spirit, of
humanism), as for Boileau. . . . The seeds of academicism
are already present in the Malherbian style.

Incompatible with Malherbe's conceptions is the abrupt
and urgent style of Sponde, matching the tenseness of his
meditation on death in life and life in death. His note of
moral effort is in tune with that Stoicism, the latest of the
great philosophic rediscoveries of the Renaissance, which
offered a spiritual refuge to an age whose youthful optimisms
had foundered in blood and anarchy. Malherbe's famous
consolatio is based entirely on the doctrine of willed assent—

> Vouloir ce que Dieu veut est la seule science
> Qui nous met en repos.

Mourir gouverneur de son affection is the message of Chassignet,
obsessively aware of life's frailty, of this world's constant
inconstancy (Montaigne's 'branloire pérenne'), of its spirit-
ual entropy, of how weary, stale, flat and unprofitable are all
its uses. Singularly un-Malherbian is the style of his acquaint-
ance La Ceppède, some of whose Passion sonnets in par-
ticular, the fruit of a prolonged and intense contemplation,
are masterpieces of baroque pathos, or, though charged with

Scriptural and patristic lore, of symbolism intimately and vividly experienced.

The XVIth century lived on longest in the satirists, who could look back not only to sectarian polemic, but to the *contre-blasons*, to Du Bellay's *Regrets*, his *Vieille Courtisane*, his *Poète Courtisan*, to Ronsard's *Folâtries* as well as to his solemn pronouncements. Sigogne represents a different current deriving from the Bernesque poets of Italy: besides his foul-mouthed, virulent personal vituperation, he fashions a poetry not only of the hideous and the derisively trivial, but of the fantastic—picturesque, comic, sinister, wild enough at times to justify the title of *Galimatias*—aspects of a then wide-spread excess of grotesque verve and delirium of words. The satire of Régnier, although picturesque, is instructed by more serious models, Latin and Italian, and crystallises into portraits of a general validity—which is why he found some favour with the classicists. Sonnet de Courval (1577-1628), Auvray and Angot de l'Eperonnière, often coarse and touched sometimes with Bernesque fantasy, while deeply indebted to Régnier, seem to remember also the grave tones of their elder compatriot Vauquelin de la Fresnaie: all these Normans, despite their plagiarism, are genuinely concerned with the disordered state of the realm and of public morals—and with the decline of sound learning following the civil wars. Angot has an exceptional gift for sketching scenes from life, and a unanimistic perception of the *ambiance* of crowds. Du Lorens, the last survivor of the school, advances some distance towards correctness in style, but he is not yet artist enough to resist the main temptations of the genre, prolixity and digression. It was left to Boileau to bring satire under a firmer control.

The pastoral poetry of d'Urfé and Lingendes, diffuse and quaint, continuing the laboriously metaphorical style of Desportes, recaptures at times his langorous sweetness, and adds a certain veiled sensuousness from its Italo-Spanish sources. Some of the poems contained in d'Urfé's prose novel *l'Astrée* (which principally ensured the survival of amorous idealism and the vogue of the pastoral fiction) are abstract exercises in that endless discussion of love and *anatomie du cœur* which it did so much to stimulate in polite society.

A vein of poetry truer to the fluctuation of thought and feeling, readily traceable in Béroalde de Verville, erudite and versatile, in the enigmatic Motin and in E. Durand, reminds us perhaps better than the anti-rationalism of Régnier that we are in the age of Montaigne. 'Je ne peins pas l'être,' the essayist had said, 'je peins le passage.' And Durand— on the then current theme of inconstancy—

> Je peindrais volontiers mes légères pensées,
> Mais déjà, le pensant, mon penser est changé . . .

to which Boileau's famous line, though weightier, forms an echo—

> Le moment où je parle est déjà loin de moi.

The dream theme in Motin and many others expresses in a different way the intuition of a deep-seated indeterminacy in things, an equivocal relationship of appearance and reality (soon expressed also in the widespread motif of images seen in water[1]) which opens another door to baroque fantasy and the enchantments of illusion—as, in a quite different connection, it affords for satire what has been called the characteristic vice of the age, hypocrisy.

Truth in poetry becomes a conscious concept with Théophile de Viau, who links it with a philosophy of free thought not merely epicurean (as in Vauquelin des Yveteaux), but naturalistic and individualistic: the *généreux* casts off his chains and lives true to the divine spark that Nature has planted in him:

> (Je) ne reconnais rien pour tout que ma nature.

[1] In the *précieux* poets the *fontaine* becomes the lady's mirror. Cf. Tristan's *Miroir enchanté*:

> O Dieux! que de charmants appâts,
> Que d'œillets, de lis et de roses,
> Que de clartés et que d'aimables choses
> Amarille détruit en s'écartant d'un pas!

Whence a plainspoken, unadorned, flexible style in his *Elé-gies*, a distrust of formal *dispositio*, and an anti-Petrarchism and a modernism quite distinct from those of Malherbe. Yet if

> La sotte antiquité nous a laissé des fables
> Qu'un homme de bon sens ne croit point recevables,

Théophile, finely sensitive to impressions of nature and fond of unconstrained *rêverie* in its solitudes, anthropomorphises it none the less with mythological fancies, which readily subserve a sensuously amorous theme and facilitate the baroque wit of metamorphoses and *concetti*.

These features, and the tendency to make of nature an artefact, at any rate a collection of details (as woman's beauty becomes an *objet d'art* compounded from precious metals and stones, flower-petals, etc.) are general in the abundant vein of descriptive poetry that develops from about 1620. Their origins (Ovid, the neo-Petrarchans, Tasso . . .) coalesce in the voluptuously descriptive, wit-ridden poetry, intermin-able because of the temptation of detail, of the Italian Marini, for whom the poet's art was to dazzle by cleverness—the chief priest of a minor or descriptive baroque distinguish-able from the major baroque either of a d'Aubigné or of the early Malherbe.

Saint-Amant, much influenced by him, is probably in-debted to Théophile for his *Solitude*; but while the *rêverie* outdoors of Théophile or of Tristan is charged with dreams of amorous delight, his descriptive fantasy remains far more detached, ready to respond indiscriminately to whatever opportunity offers. *Caprice* is not an unexpected title in his rambling, good-humoured, colourful and lively pages. With his gift for caricature he is excellent too in the colloquial and irreverent burlesque, and leaves little to Scarron but the device of parody.

Developments in salon poetry (commonly called *précieux*, although the strict historical relevance of the term is con-fined to the 1650s and with different connotations) represent in another way a departure from Malherbe—whose example remains however recognised for the nobler genres (as in his chief disciples Mainard and Racan). With Voiture and his imitators, the amusement of aristocratic leisure, in a society relearning the pleasures and the arts of good company, means a sort of literary game, poet and audience conniving in *jeux d'esprit*, *élégant badinage*, principally on the themes of *galanterie*. Playfulness and drawing-room finesse, un-Malherbian qualities, found fitter form in the old *ballade* and *rondeau*, now revived with the deliberately archaic *style marotique*—an urbane de-solemnising of poetry visible too in colloquial turns of speech and in the use of *vers irréguliers* assimilating it to the informality of conversation.

In elegies, *stances* and sonnets the sentimental mode continues none the less, strongly coloured by Marini or by some contemporary Spanish models, whose conceits remain in favour until about 1640. In the sensitive work of Tristan l'Hermite they mingle with an elegiac grace and harmony, and a supple, firm control of complex strophes, while he shows, besides the amorous scholasticism of the salons, a vein of psychological realism close to that of Théophile. He has a delicate feeling not only for the forms but also for some of the moods of nature: solitude, sleeping waters and night inspire him better even than Théophile or Saint-Amant:

> Nuit, qui placez une pâle blancheur
> Dans le silence et parmi la fraîcheur . . .

while his seascape has a confident artistry and metaphoric power that regenerates even its mythology.

In the bucolic poetry of Sarasin (Voiture's greater heir, more reflective, subtle rather than merely deft, and of more formidable wit) the revived influence of antiquity (as against that of Italy or Spain) betokens a definite shift of focus. Amid the modernism of the first half of the century, the classical tradition and the respect for verse as a higher eloquence had been maintained by a group of scholars and critics, principally Jean Chapelain (1595-1674), chief artisan of the *doctrine* of French classicism (based however on reason and not on authority). Nor must one forget the gathering momentum of sound schooling, and the existence of a highly cultured and serious-minded *haute bourgeoisie* or *noblesse de robe* of the sort typified by Lamoignon, in whose 'Academy' Boileau's *Art poétique* was to be conceived. Excess of systematic rigour was corrected by the ethic and psychology of *honnêteté*, with its canons of good breeding and pleasing naturalness, good sense and human truth. By about 1660 the conditions existed for the precarious miracle of French classicism, a unique blend of *raison* and of the *art de plaire*, short-lived and far from monopolising taste in its own day, a literature centred on the focal points of social life—not so much the Court (still wedded to baroque splendours) as the salon, the theatre and to some extent the church—and concerned essentially with the portrayal of man the 'political animal'.

La Fontaine in his earlier period shows obvious affinities with a poet like Tristan (*inter alia* in his gift for that pure and subtle music of the alexandrine of which Racine was to be the acknowledged master), but the evolution of taste is no less clear in his more adult attitude towards the fictions that so delight him, in the Ariosto-like irony and mature restraint with which, in the brilliant *poésie héroïque* of his *Adonis* (inspired not by Marini, but by Ovid and Virgil) he uses the resources of the preceding generation. The *Contes*, despite the *style marotique*, are classically proportioned; and in the rich variety of the *Fables*, where once again not only the *vers irréguliers* but the whole treasure of poetry since 1620 is laid under discriminating contribution, La Fontaine, an 'observateur du cœur humain' far more disinterested than Stendhal, earns his place among the *grands classiques*.

The general turning away from the material forms and colours that bedeck the first half of the century is manifest too in moral and religious poetry. If a mood of quiet reflection informs Desmarets de Saint-Sorlin's *Promenades de Riche-*

lieu, with Bussières, whose *Descriptions* serve as the basis for moral sermons, we are in an orgy of the lesser baroque. The Capucin Martial de Brives also spins a dazzling kaleidoscope before us in his *Paraphrase*; while Cotin's sonnet on the *Madeleine* illustrates that 'transposition' of painting into poetry, a leading practitioner of which was Scudéry. Le Moyne too has a *Madeleine repentie* in his *Cabinet de Peintures*, after a painting by Guido Reni:

> Ici d'un repentir célèbre et glorieux,
> Madeleine à soi-même indulgente et cruelle
> Guérit de son péché la blessure mortelle,
> Et par ses larmes tire un nouveau feu des Cieux.
>   Son luxe converti devient religieux;
> L'esprit de ses parfums se fait dévot comme elle;
> Ces rubis sont ardents de sa flamme nouvelle,
> Et ces perles en pleurs se changent à ses yeux.
>   Beaux yeux, sacrés canaux d'un précieux déluge,
> Innocents corrupteurs de votre amoureux Juge,
> Ne serez-vous jamais sans flammes ni sans dards?
>   Au moins pour un moment faites cesser vos charmes:
> La terre fume encor du feu de vos regards,
> Et déjà vous brûlez le Ciel avec vos larmes!

But he is a far more gifted poet, despite his prolixity and unevenness, and his folio *Oeuvres poétiques* of 1671, in their teeming variety (from the *badin* to the sublime, the Marinesque to the apocalyptic, the *fantaisiste* to the epic) may stand as an imposing last monument of the baroque. The heir of the XVIth century encyclopedists, his imagination ranges a universe which he sees as a dynamic, infinitely plastic yet harmonious *écoulement* from the inexhaustible Source to which all must return, and whose radiance floods the boundless sphere. He thinks naturally in terms of flowing movement:

> Qu'à jamais dans le Ciel les bienheureux esprits,
> Brillants de tes clartés, de ton amour épris,
> De l'ardeur de leurs cœurs et du vent de leurs ailes
> Te fassent un concert de flammes éternelles!
> Que sur la terre encor ceux qui suivent ta loi
> Fassent des encensoirs de leurs cœurs devant toi,

Des vivants encensoirs, qui de ton feu s'allument
Et tout le monde au loin de ta gloire parfument ...

His *poème héroïque*, the *Saint Louis*, is among the less un-
successful attempts in the mid-century to create, out of the
ethos of the Counter-Reformation and the insatiable appe-
tite of the times for the *romanesque*, a French counterpart to
Tasso's *Gerusalemme liberata*. Earlier, the mystique of Throne
and Altar had been taken to the point of fanaticism by the
obscure Breton Du Bois Hus (probably born about 1615).
With a gift for pictorial composition comparable to that of
Tristan, he carries baroque metaphor to its limit in the weird
beauty of a world that has become a sort of *ballet de cour*,
where the classical relationship of nature and art has been
reversed. More soberly, the moderate Malherbian Godeau
also represents this extraverted, decorative, luxuriant type of
poetry, investing it with a pastoral unction whereby he hopes
to compose 'des vers qui, retenant l'air de l'ancien Hélicon,
conduisent insensiblement le lecteur sur le Calvaire'.

A current of religious poetry, however, running parallel
to this and continuing beyond it, flows rather from that
inward renewal of the spirit of devoutness begun in the
XVIth century and greatly intensified in the XVIIth. The
Huguenot Gombauld continues the vein of the *sonnets spiri-
tuels*, expressing with a Malherbian firmness the vanity of
man unredeemed. Here belong too the *Stances* and other
works of Arnauld d'Andilly, the sonnets of the Protestant
Drelincourt, etc. A major monument of this poetry is Cor-
neille's paraphrase of the *Imitatio Christi*—that guide to the
spiritual life so influential in keeping alive the flame of
mystical devotion and turning the soul in upon itself *dans un
intérieur dégagé des objets*. This is the religious aspect of that
conversion inwards which is perhaps the most significant
movement of the century. The poetry arising from it is
classically abstract and discursive in Brébeuf (too long-
winded, but vigorously articulated in language and verse),
in Racine more sparely lyrical and closer to the Psalms.

Labadie, Malaval and Mme Guyon may be grouped together as poets of the *unio mystica*, which the Duc de Nevers celebrates from without. They speak of spiritual explorations of the sort that can beget newness of speech, and their unfamiliar crossing of abstract and concrete produces imagery novel in French poetry as they strive to transcend the rational categories of subject and object, action and passivity, time and eternity; but for the most part they are betrayed by a very unsure artistry.

> L'homme n'a rien du temps que l'instant qu'il possède . . .

—Malaval, sharing the intuition of his times that man is absolutely dependent not only on *recurrent* grace for salvation, but for his very being on an unnecessitated act of creation ever renewed, can nevertheless by faith assure the contrite:

> Mais le temps désormais germera dans ton sein.

The unrepentant *libertin* has no such resort from his disillusionment over the human situation. The anti-rationalism, anti-humanism of a Des Barreaux is still that of Mme Deshoulières. (Her master, Hesnault, gives to the pastoral— 'Astræan' still in Segrais—a subversive twist: the theme of the *siècle d'or* acquires a sociological sense.) But Saint-Evremond, the incarnation of that *esprit de finesse* which had blossomed in his beloved Regency, although he makes fun of the scholastic *anatomie du cœur* of the salons (in *Le Cercle*), transfers the problem to the realm of psychology, achieving a delicate epicureanism, a science of pleasure:

> Nos biens sont en idée, en espoir, en désir:
> Posséder ce qu'on veut est la fin du plaisir.

Thus he can compass *des conquêtes sur le temps*:

> Je ménage pourtant ma courte destinée,
> D'un jour je fais un mois, et d'un mois une année:
> Le temps qui se passait le plus légèrement
> Semble être retenu par mon attachement:
> Une heure, un seul moment, autrefois méprisable,
> Par mon attention devient considérable . . .

The often-noted shrinking of the springs of lyricism in the later XVIIth century may be partly explained as an effect of that *civilisation mondaine* already referred to as fostering a poetry of wit and *galanterie*, and whose need for more ambitious forms of art was catered for by the drama and the opera. Along with its basis in theory, the great Ode had lost its virtue: the Renaissance faith in high poetry was never recovered, witness the continuing popularity of increasingly formless *vers irréguliers* and of mixtures of prose and verse. Classical rationalism too, with its doctrine relevant primarily to the theatre, secondarily to the epic, scarcely at all to lyric poetry, and its concern for general human truth, although finding pleasure in satire or in reflective *épîtres* (readily gnomic *genres*) helped to further this apostasy. The intellectualistic trend was reinforced by the *philosophic* rationalism of the late century and early XVIIIth century. The Cartesian Fontenelle carries to its limit a theory already adumbrated by Du Perron, when he concludes 'en faveur des pensées comparées aux images', and among the latter rates lowest the fabulous or mythological, highest the 'metaphysical' — 'les images générales de l'ordre de l'univers, de l'espace, du temps, des esprits, de la divinité'. With sense, feeling and imagination thus subordinated to abstract thought, a proper basis could scarcely be found for lyrical poetry: it was logical to proceed to a renunciation of verse as a hindrance to the expression of thought, and in particular to condemn rhyme in the name of reason. What had been a joke for the burlesque poets or for Boileau:

> Quand je pense exprimer un auteur sans défaut,
> La raison dit: Virgile, et la rime: Quinault . . .

—became a valid argument for such as Fontenelle or Lamotte—who continues however, inconsistently, to write odes in verse as well as in prose, and, like Fontenelle, in the end defends verse and rhyme by the principle of 'la difficulté vaincue', a principle too simply stated, but which has some analogy with Valéry's conception of arbitrary constraint. It is not surprising however that from Fénelon to Chateaubriand extends an age of poetic *prose*.

The enemies of lyricism belong to the party of the *modernes* in the Quarrel: its defence is linked with the respect for Antiquity. Boileau, not for nothing translator of Longinus *On the Sublime*, looks for his *beau désordre* beyond Malherbe, whom he judges, as Chapelain had already done, too deliberate, to Pindar himself. In this he was followed by the chief exponents of the genre in the first half of the XVIIIth century, J.-B. Rousseau (who also, in his *Cantates*, attempted a new marriage of poetry and music) and Lefranc de Pompignan, much of whose work, influenced by the choruses of Racine, consists of lyrical amplifications of Biblical themes. Despite much talent their odes are insufficiently nourished and renewed by living experience to be much more than exercises in rhetoric.

The *genres* in continuous verse also attest the desertion of the Muse. The alexandrine has always been the pitfall as well as the glory of French poetry. The slack, nerveless, mechanical lines of a Perrault are already indistinguishable from the slipshod alexandrines of the XVIIIth century, with their habitual inversion and bringing in of adjectives to make up number or rhyme—a decadence that justifies Malherbe's distrust of such non-strophic sequences, which, as Ronsard had done before him, he seems to have thought dangerously close to prose. It coincides with the development of an expository didacticism and the *discours* or *dissertation en vers*, practised by Perrault himself, and destined to flourish exceedingly in the XVIIIth century, whether moral, philosophic, or scientific.

Voltaire was to be one of its outstanding practitioners. His serious poetry is nearly always homiletic (or negatively so, in satire)—even in the *Henriade*, that axe-grinding epic, where too the traditional machinery—pagan (as the *anciens* would have wished) or Christian (as the *modernes* had argued)

—is replaced by allegorical personifications less intolerable for the *philosophe*. The *Mondain* is a snook cocked by the new age at the rearguard of tradition—anticipated, however, in one of its aspects, by a XVIIth century *anonyme*:

> Au siècle d'or dont vous parlez,
> Chacun vivait de choux gelés . . .

He is perhaps at his best in the mellowed Horatian ease of his later *épîtres*.

Voltaire is expert too, though much closer to a Chaulieu than to a Bernis or a Dorat, in that *poésie légère* which, unaffected by the hostility to more ambitious poetry, developed in the late XVIIth century out of the tradition of the salons, and lasted until the Revolution. Wit and *agrément* are the only principles of its aesthetic. The *beau* is too solemn, too dull: it gives way to the *joli*, the *piquant*, the *gracieux*—

> Moins d'abondance que de goût,
> Moins d'appareil que de finesse,

says Bernis. Even the *rondeau* is early found too ambitious an art form. Octosyllabic quatrains survive, but preference goes to decasyllabic, then to octosyllabic and even to pentasyllabic sequences, and of course to *vers irréguliers*. Now that the *ton libertin* was fashionable, the austerities and pomp of the XVIIth century cast off, these *poésies fugitives*, dainty trifles—*chansons, madrigaux, épîtres—tendres* or *badines* and usually both at once (of which Hamilton had so aptly given the recipe, p. 220) were current coin everywhere. Only slightly more substantial are the countless fables, epigrams, and nimble *contes*, usually in the *style marotique* — or the little Ovidian descriptive poems, reminiscent sometimes of the minor baroque, whose occasional triumph is to suggest an enchanted garden of delight like Watteau's Cythera—

> Ces bosquets odorants qu'habite le mystère[1]—

and whose temptation is the ogling salaciousness of Boucher.

[1] Bernis

Yet these *petits poètes* express in their way the central intuition of their times. Now that the traditional bases of life and thought, long undermined, had collapsed, they betray the *angoisse* of consciousness irrevocably accustomed to self-analysis, but bereft of its metaphysical ground—the root cause of the *mal du siècle* so widespread at the end of the century. Among its *maîtres à penser*, despite the optimism of the *philosophes*, the XVIIIth century retained Pascal, with his sombre anthropology but of course without his faith—a desolate psychologism of which La Motte in his ode *L'Homme* provides one expression, reproaching thus *Volupté, douce enchanteresse*:

> Tu souffres que nos cœurs expirent
> Lentes victimes de l'Ennui,
> Ou, sous ton masque délectable,
> Le crime caché nous accable
> Du remords qu'il traîne après lui...
>
> Supplice assidu de lui-même
> Par ses vœux toujours renaissants,
> Ce cœur qu'un vain espoir captive
> Poursuit une paix fugitive
> Dont jamais nous ne jouissons,
> Et de nouveaux plaisirs avide,
> A chaque moment il se vide
> De ceux dont nous le remplissons.

It is not far from Pascal to Baudelaire. . . . The aching void of the soul can be relieved only by some *divertissement*—

> L'ennui seul veille au fond des âmes,

says Dorat. We live passively from pleasure to pleasure, sensation to sensation, the highest good is *l'ivresse*—

> Rien sur ces profondes ténèbres
> Ne surnage que le plaisir.[1]

The hysteria of pleasure and diversity is a common theme in this poetry.

> Nous ressemblons à des esclaves
> Que l'on condamne à s'amuser,

says Dorat again.

[1] Barthélemy Imbert

For these poets the *instant sensible* tends to become identified with the moment of love. But love brings a principle of continuity—instinct, desire, passion:

> L'homme avant elle et sans âme et sans force
> D'aucun penchant ne connaissait l'amorce.
> Séché d'ennuis, de langueurs consumé,
> Obscur, rampant, vivant inanimé,
> Réduit, sans voir, sans jouir, sans connaître,
> Au froid plaisir de végéter et d'être:
> Par ses trésors que le ciel dispensa,
> L'homme eut une âme, il sentit et pensa.[1]

Aimer de nouveau, says Bernis, *c'est renaître*. For Dorat, thanks to desire, *l'univers sort du tombeau*. More than once these poets echo Lucretius. Whence the importance in the XVIIIth century of the *temple de Gnide* and the *art d'aimer*. If

> L'instant heureux où l'on jouit
> S'envole avec la jouissance,[1]

the problem is to expand the *instant sensible* as far as possible —backward by *l'attente*, but also forward by *le souvenir*. And so this sensualist psychology admits a poetry of sentiment. The temperate wisdom of Saint-Evremond is echoed by some; and, says Desmahis,

> Fatmé, cherchant le bien suprême
> Au sein de la frivolité,
> Trouve dans l'inconstance même
> L'ennui de l'uniformité . . .

Gentil-Bernard himself can imagine an *amour constant*

> . . . comme un lac paisible,
> Profond, égal, toujours beau, toujours clair,
> Inaccessible aux tempêtes de l'air,
> Qui, sans chercher le tribut d'autres ondes,
> Se régénère en ses sources profondes.

A basis for elegiac poetry—almost silent since the days of a Comtesse de la Suze or a Segrais—had been discovered, purely

[1] Gentil-Bernard

sensualist and pagan now, like the lucid elegies of Parny.[1]

Meanwhile poetry had found its champions, not least Voltaire, for whom 'la poésie est la musique de l'âme, et surtout des âmes grandes et sensibles'. The rights of passion and imagination had been vindicated; 'enthusiasm', freedom of spirit, and the sublime had become recognised values in aesthetic theory, while the simple classical equation of beauty with truth, already dislocated in the mid-XVIIth century by the notion of the *je ne sais quoi*, was transcended when the perception of beauty was attributed (as by Du Bos) to *le sentiment*. If the boudoir poets had in their own way rediscovered sentiment, they had not of course invented it. However *philosophe* or *mondain* the age, the literature of feeling and passion, and by the same token of imagination, had survived—to some extent in the theatre, and especially in the novel: the *romanesque* is a main source of the *romantique*. And in general the apotheosis of Nature—the cardinal notion of XVIIIth century thought—promised many different means of solving the great spiritual problem of the times: *occuper l'âme*. Preromantic poetry, without transcending the principle of passivity, explores these possibilities—encouraged and guided from time to time by influences from the *littérature du nord*, made possible by the new conception of the relativity of taste, but imperfectly assimilated, distorted by stylistic convention, and of altogether secondary importance compared with that of the 'maître des âmes sensibles', J.-J. Rousseau.

Feutry in the 1750s cultivates ponderously the poetry of

[1] But the old enemy is still there as Parny's poems proclaim: Condillac teaches that it is *le souvenir* itself that produces *l'ennui*. Other aspects of this psychological poetry are equally consonant with the sensualist philosophy. Lattaignant adds a touch with his human marionettes—*Tout homme est un vrai pantin*; while Condillac's statue has its counterparts in numerous Galateas, literal or figurative—the tales of Pygmalion, of Prometheus, and of Daphnis and Chloe counting among the myths of a century so interested in problems of genesis, and tempted to regard their solution as tantamount to an act of creation—

> Il faut aimer: il m'aimerait peut-être...
> Avec l'art d'en jouir, il me devrait son être,

says Saint-Lambert of the still inanimate marble of his Galatea.

gloom and the grave under the tutelage of Young, while
Colardeau's adaptation in 1758 of Pope's *Eloisa to Abelard*
touched off the vogue of the sombre and tragic *héroïde* with
its overdone rhetoric. The age of *l'homme sensible* begins
about 1760. The idealised pastorals of Gessner, portraying
a golden age of simplicity, virtue and sentimental charm,
chimed with the gospel of Rousseau and the hope of recover-
ing the blessed *primitif*, and (renewing the *bergerie* of which
Fontenelle had made a pure *fiction galante*) created a conven-
tion which lasted till the Revolution. Most specific perhaps
in Léonard (*Idylles*) and Berquin, their influence was general.
It is indeed impossible to isolate the many intermingling and
overlapping themes and moods that collectively characterise
pre-romantic poetry. Most of them however can be related
to the return of the jaded 'Sybarite' from town and the social
round to Nature and the countryside, where, says Dorat,

> Toujours ma rapide pensée
> S'élance et me fait des plaisirs,
> Mon âme sans cesse exercée
> Forme sans cesse des désirs...
> Ici je pense, je suis homme . . .

The first notable result of this in verse was Saint-Lambert's
Saisons. They were modelled on Thomson, but the greater
shadow of Virgil with his *Georgics* (translated by Delille in
1770—the 1763 *Géorgiques françaises* of Bernis are Ovidian
rather than Virgilian) hovers also over the *poésie descriptive*—
an indeterminate *genre* moving between the poles of didacti-
cism and of lyrical exaltation, and aided in both directions
by the progress of science.

> Il est, il est un art de choisir les engrais,
> Qu'au vertueux Townsend a révélé Cérès,

sings Saint-Lambert (and we are in the world of the *philosophe-*
squire celebrated by Colardeau in his *Epître à M. Duhamel*).
But he offers on the other hand 'moins de descriptions que
de tableaux', notes that 'la philosophie a agrandi et embelli

l'univers', discovers harmonies between nature and the soul, distinguishing among natural scenes the *tristes et mélancoliques* (autumn, evening, moonlight have a special virtue for the *homme sensible*), the *aimables et riants*, the *grands et beaux*, and the *sublimes*—and he furnishes the necessary corrective to Fontenelle when he derives the sublime from the contemplation of those aspects of nature corresponding to the rationalist's 'metaphysical images': *l'espace, l'ordre général, le mouvement, le silence, l'infini*.[1] Léonard, nearly a generation younger, brings to this poetry, of which he is the principal ornament, a more meditative and elegiac spirit, a tenderer vein of melancholy and *rêverie*.

There are many other facets of pre-romantic poetry. Apart from the remedial cult of *bienfaisance* (virtue is *la volupté de l'âme*, and *de bonnes actions sont de beaux vers de plus* for Ducis), it is drawn to any likely source of spiritual refreshment promising the picturesque, the *émouvant* and the *primitif*. One such was the Middle Ages—whence, besides the poetry of ruins and the Gothic, many touching and falsely simple *romances*, or later Germanic ballads, and the spurious antiquities of the *genre troubadour*. Biblical primitivism too had its admirers, especially as rendered by Milton, Klopstock, or the poets of Huber's *Choix de poésies allemandes* (1766). Ossian and the Edda, a world of new imagery and suggestion, are at an opposite extreme from the tropical exoticism of the *poètes créoles* (Parny, Léonard, Bertin), while Haller and above all Rousseau had painted the mountains: many thought to catch a glimpse of the golden age in the hamlets of republican Switzerland.

But, apart from the artificially induced character of much of its inspiration, and its habitual adulteration with sensualist *galanterie*, this poetry is its own enemy. The *petits vers* being

---

[1] It is not until the XVIIIth century, the age of Newton, that the notion of spatial infinity becomes a commonplace of the imagination, that the flaming ramparts of the world at last collapse. The windfall of the rhyme *Cassini—infini* is joyfully seized on by the poets; but the poetry of infinitude reaches its fullness only in the *Harmonies* of Lamartine.

of course inadequate for its expansive, discursive vein, it returns to continuous alexandrines, and succumbs to their temptations. The sense of structure too is weak: the poem is a series of *tableaux* or of developments indefinitely extensible. Nothing could be more loosely concatenated than Roucher's encyclopedic *Mois*. More radically, this poetry shows up glaringly the fault in the theory that style is a matter of ornament. The theory was orthodox, as old as Aristotle, but particularly dangerous when an exclusive tradition (Voltaire having demonstrated the hollowness of the Quarrel of the Ancients and Moderns by setting up the *grands classiques* as models of perfection) was as religiously maintained as in the schools of the XVIIIth century—especially by the Jesuits. Any given subject could be poeticised by applying a varnish of the approved style. Moreover, the very quarrels of the aestheticians over the difference between the two arts show that poetry was understood as a kind of painting in words. The rights of music were recognised only in the general requirement of euphony and in the value set on imitative harmony. Delille is the talented master of this manner.

The lyrical tradition was not dead. In Lebrun the gospel of poetic enthusiasm, compounded of passion and liberty, *le génie* and *l'imagination* (constantly discussed in an age fertile in aesthetic speculation and interested in the *sublime*) found an ardent disciple, to whom besides the lesson of Boileau had been transmitted by his master Louis Racine.

> Vaste Homère! de ton génie
> Ainsi les foudres allumés,
> Avec des torrents d'harmonie
> Roulent dans tes vers enflammés.
> Des feux de ta bouillante audace
> Jaillissent la force et la grâce
> De tes divins enfantements,
> Comme des mers le Dieu suprême
> Vit éclore la Beauté même
> Du choc de ses flots écumants.

Divin Génie! un cœur de flamme
Est la source de tes élans!
De là tu verses dans les âmes
Tes flots éternels et brûlants.
Ton enthousiasme rapide
Entraîne dans sa course avide
Les peuples, les siècles divers:
Puissance électrique et soudaine,
D'un coup frappant toute la chaîne
Qui ceindrait l'immense univers. . . .

If so strenuous a cult is too self-conscious and shallow-rooted, if Lebrun's poetry, despite its *audaces* of language and versification (for genius is expected to create its own utterance) is too narrowly conditioned by conventional taste, we are invited by his own theories to blame the times rather than the man. No poet in the XVIIIth century could hope to measure up to Diderot's call: 'La poésie veut quelque chose d'énorme, de barbare et de sauvage'. Applying the principle of historical relativity, and the theory of 'climates' that came so much to the fore in the century, Lebrun denounces the anti-poetic character of contemporary civilisation, the stultifying artificiality of social convention, the sterility of *le bel esprit*—

Flatté de plaire aux goûts volages,
L'esprit est le dieu des instants:
Le génie est le dieu des âges. . . .

—and seeking in his turn *le naturel*, he looks back to Antiquity, a favoured hunting-ground, as with Montesquieu and Rousseau, for models of virtue and noble simplicity, to learn how to imitate Nature.[1]

Lebrun's young friend André Chénier, indebted to him for many ideas, and perhaps for a good deal more in his poetry than has yet been shown—the resemblance is often striking—is less grandiloquent, a more finely sensitive artist,

---

[1] The XVIIIth century nostalgia of a Greece close to the 'state of nature' is probably to be accounted for in large measure by the influence of Fénelon's *Télémaque*, cf. p. 229 note 2.

much more the 'man of feeling'. He is a contemporary too of that archaeological rediscovery of antiquity which in the last quarter of the century affected so deeply all the arts and accompanied the general revival of a narrow neo-classicism in literature. Chénier's Greece is the dream of an artist delighting in form and colour, his *Bucoliques* the piecing together from scattered debris of the ideal country of his imagination. But despite the alexandrinism of his method (reaffirming the principle of imitation)—and even, in the age of Winckelmann, of his taste—his intention is nothing less than regeneration: *se refaire une âme antique*. He too looks back to a *siècle heureux plus propice aux beaux arts*, to the 'nations naïves et libres' where virtue was conjoined with genius, and who had 'la même force, la même simplicité dans le style que dans les mœurs'. So he hopes to fit himself for the supreme task—the achievement (with the encouragement and partial example of Lebrun) of a poem worthy of Lucretius, crowning the long tradition of the didactic and the encyclopedic, in which the triumph of the human spirit in its conquest of knowledge and freedom, the apotheosis of Genius, should at last be fitly celebrated: the epic of the *philosophe*. *L'Invention* expounds the theory: of the *Hermès* as of *l'Amérique* only fragments were completed.

The neo-classicism of the late century continued through the Napoleonic period and formed the background against which romanticism—nearly all of whose elements were already in being—gradually defined and asserted itself. But although suspicious of the seductions of the north, it did not exclude the vogue of Ossian or the cult of melancholy, which mingles with a false *couleur antique* (or *orientale*, or *moyen âge*) in Millevoye.

It was from a different direction that renewal was to come. The trend of the century had been anti-Christian: but the religious tradition had never been interrupted—witness a Louis Racine with his defence of Jansenist Christianity against the deists, or Lefranc de Pompignan with his *Poésies sacrées*. In the age of Rousseau, thanks chiefly to the *Vicaire savoyard*, the sentimental deism of the *religion du cœur* synthesised the various factors of pre-romantic feeling, and by awakening sympathy for those aspects of Christianity that do not threaten the principle of spiritual passivity and make no demands on the will, prepared the way for Chateaubriand and his *Génie du Christianisme*. The *Jour des Morts* of Chateaubriand's friend Fontanes is an excellent illustration. The capital influence of *Le Génie du Christianisme* in the renaissance of French poetry was due however not only to its gathering together and unifying of the many strands of pre-romanticism, but also to the powerful spell of its poetic prose. The originality of Lamartine's *Méditations* in 1820 was their revelation of an *enchanteur* who wrote in verse.

THREE CENTURIES
OF FRENCH VERSE

JEAN LEMAIRE DE BELGES

Le Temple de Vénus

.　　.　　.　　.　　.　　.　　.

Au nouveau chant, à la nouvelle gorre,[1]
Vénus s'endort mieux qu'au chant des seraines,[2]
Ou qu'à manger pavots et mandragore.

Tous vieux flageots,[3] guiternes[4] primeraines,[5]
Psaltérions et anciens décacordes[6]
Sont assourdis par harpes souveraines.

Par le doux son des nouveaux monocordes,[7]
Ont mis sous banc[8] les gens du roi Clovis
Leurs vielles,[9] leurs vieux plectres et cordes;

Et maintenant fréquentent à devis[10]
Les chœurs divins, les pupitres dorés,
Anges nouveaux dont les cieux sont servis.

Au fin milieu du chœur ouïr pourrez
Entrebriser musique alexandrine,[11]
Et de Josquin[12] les verbes colorés;

Puis d'Ockeghem[13] l'harmonië très fine,
Les termes doux de Louiset Compère[14]
Font mélodie aux cieux mêmes cousine.

---

[1] *gorre:* fashion   [2] *seraines: sirènes*   [3] *flageots: flageolets*
[4] *guiterne:* an early form of guitar   [5] *primeraines: primitives*
[6] *décacorde:* ten-stringed zither or David's harp
[7] *monocorde*—or rather *manicorde* (*manicordion*): a sort of clavichord
[8] *mettre* (*la*) *vielle sous* (*le*) *banc:* 'to pack up'—but here the literal and
the figurative senses are mingled
[9] *vielle:* hurdy-gurdy, also called the *chifonie*. Much favoured
by the *jongleurs*.   [10] *à devis: à souhait*
[11] *musique alexandrine:* that of Alexandre Agricola, d. 1506. *Entrebriser,*
because of his liking for syncopation.
[12] *Josquin:* J. des Prés, d. 1521. He tried by the 'colours' of his music
to reflect the tonality of the words.
[13] *Ockeghem:* Jean Ockeghem, Flemish contrapuntalist, master of
Josquin, d. 1495
[14] *Compère:* Louis Compère, another of Ockeghem's pupils, d. 1518

Les neuf beaux cieux que Dieu tourne et tempère
Rendent tel bruit en leur sphères diffuses
Que le son vient jusqu'en notre hemisphère,

Et de là sont toutes grâces infuses
Aux clairs engins,[1] et le don célestin
De la liqueur et fontaine des Muses.

Tant de français que toscan et latin
L'air y résonne, entre les murs du temple,
Et plus au soir qu'il ne fait au matin.

Or, quand le nombre et l'ardeur je contemple
De tant de gens qui devant Vénus chantent,
Je n'ai veine qui de stupeur ne s'emple.[2]

Poètes maints en ce grand temple hantent,
En décrivant les joyeux ébanois,[3]
Et leurs écrits y dédient et plantent,[4]

Non pâlissant devant ces doux minois,
De peur de mort ou de honte importable,[5]
Comme jadis aux aultés[6] lugdunois;

Mais de cœur gai, de vouloir délectable,
Leurs concevoirs[7] hautement pindarisent,
En figurant mainte couleur[8] notable.

Musiciens de leurs voix symphonisent,
Et leurs buseaux[9] unanimes concordent,
Soufflent, harpent, tympanent, citharisent.

Facteurs,[10] rimeurs maint beau ditier[11] recordent
A la louange et bruit de la Déesse,
Et de beaux mots leurs dits ourlent et bordent.

---

[1] *engins: génies*   [2] *s'emple: s'emplit*   [3] *ébanois:* sports, pleasures
    [4] *plantent:* exhibit, present   [5] *importable: insupportable*
[6] *aultés: autels.* In literary contests held in Lyons (*lugdunois: lyonnais*)
Caligula is said to have ruled that the worst performers should wipe
out their compositions with a sponge, or even with their tongues, on
pain of being beaten or thrown into the river. See Juvenal, *Sat.* I, 43-4.
    [7] *concevoirs: conceptions*   [8] *couleur:* i.e. of style, cf. 'colours of rhetoric'
            [9] *buseaux:* pipes (of wind instruments)
            [10] *facteurs:* poets   [11] *ditier:* poem

Là n'ot-on[1] rien que plaisance et liesse,
Du bruit hautain le haut ciel en résonne,
Tout à soulas[2] s'y duit[3] et acquiesce.

Là on ne voit que gloire qui foisonne,
Là se produit lascivité[4] comique,
Lyriques vers dont amours on blasonne.[5]

Là récite-on, d'invention saphique,
Maint noble dit,[6] cantilènes et odes,
Dont le style est subtil et mirifique.

Tout ce qui est en livres ou en codes
Se met avant, hymnes et élégies,
Chansons, motets, de cent tailles et modes.

Là se déduit, par généalogies,
Le tronc d'Amour, son los[7] qui resplendit,
Et le nombre des grâces élargies.[8]

Là maint gosier barytonant bondit,
Qui lai[9] prononce ou ballade[9] accentue,
Virelai[9] vire ou rondel[9] arrondit.

Maint serventois[9] là endroit[10] se ponctue,
Chant royal[9] maint s'y chante et psalmodie;
Bref, un chacun s'y peine et évertue.

D'Amour servir un chacun s'étudie,
Par quoi léans[11] j'ouïs si doux tumulte
Qu'au monde n'est semblable mélodie.

Du bruit souef,[12] qui au temple résulte[13]
Incessamment, sans silence ni pauses,
Dame Vénus s'éjouit et exulte. . . .

(*La Concorde des deux Langages*)

---

[1] *n'ot-on: n'ouït-on*   [2] *soulas:* pleasure   [3] *se duit:* takes pleasure
[4] *lascivité:* playfulness   [5] *blasonner:* to depict and glorify
[6] *dit:* poem—perhaps more specifically the type of personal narrative
  first practised by G. de Machaut (cf. his *Voir Dit*)
    [7] *los:* praise   [8] *élargies:* vouchsafed
[9] *lai, ballade, virelai, rondel, serventois, chant royal:* medieval poetic forms
    [10] *là endroit:* in that same place
  [11] *léans: là-dedans*   [12] *souef: suave*   [13] *résulte:* resounds

MELLIN DE SAINT-GELAIS

De moins que *rien* l'on peut à *peu* venir,
Et puis ce *peu* n'a si peu de puissance
Que bien ne fasse à l'*assez* parvenir
Celui qui veut avoir sa suffisance.
Mais si au *trop*, de malheur, il avance,
Et ne reçoit d'*assez* contentement,
En danger est, par sa folle inconstance,
De retourner à son commencement.

～❧～

Amour n'est rien qu'une mort volontaire,
Qui en autrui assigne notre vie,
Auquel partout et toujours voulons plaire,
Ayant perdu le désir et envie
De racheter la liberté ravie;
Et qui plus est l'on ne sait en effet
Si l'on est vif ou mort, ni que l'on fait.
Et quant à moi, pis que mort j'ai été;
Mais, puis qu'avez d'amour le nœud défait,
Il m'est avis que suis ressuscité.

MARGUERITE DE NAVARRE

Souvienne-vous des larmes répandues,
Qui par regret très grand furent rendues
Sur votre tant amiable visage;
Souvienne-vous du dangereux outrage
Que vous cuida[1] faire mon pauvre cœur,
Pressé par trop d'une extrême douleur,
Quand il força la voix de satisfaire
Au très grand mal où ne savais que faire,
Tant qu'à peu près le pleur fut entendu;
Souvienne-vous du sens qui fut perdu,
Tant que raison, parole et contenance
N'eurent pouvoir, ni force, ni puissance
De déclarer ma double passion,
Ni aussi peu ma grande affection;
Souvienne-vous du cœur qui bondissait

---

[1] *cuida: cuider*, as *penser* still, could be used in the sense of *manquer*

Pour la tristesse en quoi il périssait;
Souvienne-vous des soupirs très ardents
Qui à la foule, en dépit de mes dents,
Sortaient dehors pour mieux me soulager;
Souvienne-vous du péril et danger
Où nous étions, dont nous ne tenions compte,
Car vraie amour ne connaît peur ni honte;
Souvienne-vous de notre amour honnête,
Dont ne devons pour nul baisser la tête,
Car nous savons tous deux certainement
Qu'Honneur et Dieu en sont le fondement;
Souvienne-vous du très chaste embrasser
Dont vous ni moi ne nous pouvions laisser;
Souvienne-vous de votre foi promise
Par votre main dedans la mienne mise;
Souvienne-vous de mes doutes passées,
Que vous avez en une heure effacées,
Prenant en vous si grande sûreté
Que je m'assure en votre fermeté;
Souvienne-vous que vous avez remis
Du plus parfait de vos meilleurs amis
Le cœur, l'esprit et le corps en repos,
Par votre honnête et vertueux propos,
Auquel je veux ajouter telle foi
Que plus n'aura Doute pouvoir sur moi;
Souvienne-vous que je n'ai plus de peine
Que cette-là qu'avecque moi je mène:
C'est le regret de perdre votre vue
Par qui souvent tant de joie ai reçue;
Souvienne-vous du regard de votre œil,
Dont l'éloigner me fait mourir de deuil;
Souvienne-vous du lieu très mal paré
Où fut de moi tant de bien séparé;
Souvienne-vous des heures qui sonnaient
Et du regret qu'en sonnant me donnaient,
Voyant le temps et l'heure s'avancer
Du départir, où ne fais que penser;
Souvienne-vous de l'adieu redoublé
A chacun pas, de l'esperit troublé,
Du cœur transi et du corps affaibli,
Et ne mettez le triste œil en oubli;
Souvienne-vous de la parfaite amour
Qui durera sans cesse nuit et jour,

7

Qui a dans moi si bien peint votre image
Que je n'ai rien sinon votre visage,
Votre parler, votre regard tant doux,
Devant mes yeux: bref, que je n'ai que vous;
Vous suppliant, ô amie estimée,
Plus que nulle autre et de moi tant aimée,
Souvienne-vous, d'immortel souvenir,
De votre ami, et le veuillez tenir
Dans votre cœur seul ami et parfait,
Ainsi que vous dedans le sien il fait.

❧

Verbe divin, sapience profonde,
De Déité plénitude féconde,
En qui du Tout gît l'être et la vigueur,
En qui de vie est la veine et le cœur;
Verbe par qui le luisant firmament,
Par qui le ciel et tout son ornement
Fut accompli, étendu, compassé,
Et en son tour de toutes parts haussée;
Qui as aussi de la terre assuré
Les fondements, le gouffre mesuré,
La mer emplie et réglé ses finages,[1]
Formé les vents, tempêtes et orages;
Verbe Très-Saint, vive image du Père,
Splendeur, substance et exprès caractère:
Après avoir par la prolation
De ta vertu et vive expression
Fait tout soudain de son Rien comparoir
Le monde tout, et visible apparoir,
Par ton haut sens et conseil inscrutable
L'homme tu fis, de nature mirable,
Non seulement créé à ton image,
Mais le formas comme témoin et gage
De cette tienne humanité heureuse,
De cette Chair hostië précieuse,
Et le posas au Jardin de plaisance,
Nu de péché et vêtu d'innocence . . .

(*Le Triomphe de l'Agneau*)

[1] *finages:* limits

Chanson spirituelle

Puis que Dieu par pure grâce
   M'a tiré à soi,
Et qu'en tous en toute place
   Lui tout seul je vois,
Je suis rempli de plaisir,
Vu que mon âme est s'amie,
Qu'il a d'amour endormie.
Hé, laissez-la dormir! Hé, laissez-la dormir!

Allez dehors, Scrupule
   Et piquant Remords,
Qui trop de peur m'accumule
   Sans nul réconfort.
Vous n'engendrez que soupir
Et peine à la conscience;
Mon âme a en Dieu fiance.
Hé, laissez-la dormir! Hé, laissez-la dormir!

Las! cessez, Raison humaine,
   De la travailler;
Car pouvoir n'a votre peine
   De me réveiller.
Tout votre sens à loisir
Ne me peut plus rien apprendre,
Qui me fait vrai repos prendre.
Hé, laissez-la dormir! Hé, laissez-la dormir!

Or taisez-vous, criard Monde,
   Qui toujours tâchez
De rendre mon âme immonde,
   Car vous la fâchez;
Ne lui offrez à choisir
Plaisir, honneur ni richesse;
Pleine elle est d'autre liesse.
Hé, laissez-la dormir! Hé, laissez-la dormir!

Petit dieu, qui partout voles,
   Te disant vainqueur,
Finez[1] ci votre rôle;
   Rien n'avez au cœur

[1] *finez : finissez*

9

Qui la fin de son désir
Tourne à contempler la face
Que par Foi mon âme embrasse.
Hé, laissez-la dormir! Hé, laissez-la dormir!

Maugré tout bruit et tonnerre
    Elle dormira;
Et au milieu de la guerre
    Se réjouira
Sans plus sentir déplaisir;
Mais sous la divine tente
Repose sûre et contente.
Hé, laissez-la dormir! Hé, laissez-la dormir!

(*Les Marguerites*)

ANTOINE HÉROËT

Quand deux esprits au ciel devant liés,
Puis reconnus en terre, et ralliés,
Trouvent les corps propices, et les sens
Tous attentifs, serfs, et obéissants,
De mutuelle et telle affection,
L'un a de l'autre une fruition,
Un aise grand, certain contentement,
Qui n'est connu que de l'entendement.
De quel plaisir ces deux-là sont munis,
En se voyant en divers corps unis?
Comme chacun de tous ses maux délivre
De la liqueur désirée s'enivre,
Quelle senteur, quel goût a l'ambrosie,
Dont on arrose ainsi sa fantasie?
Combien que tout soit à l'amour possible,
Si serait-il, ce me semble, indicible.
Bien vous dirai ce que j'en imagine:
Cette union est fureur très divine,
Dont les esprits quelquefois agités
Sentent l'odeur de tant de déités,
Que revenus de ce ravissement,
Laissent au corps un ébahissement,
Comme si l'heur à jamais fût perdu
Qu'on leur avait pour peu d'heure rendu.
Ne demandez quel heur: car qui l'a eu,
Oncques depuis redire ne l'a su. . . .

(*La Parfaite Amie*)

Qu'ai-je méfait, dites, ma chère amie?
Votre amour semble toute endormie:
Je n'ai de vous plus lettres ni langage;
Je n'ai de vous un seul petit message;
Plus ne vous vois aux lieux accoutumés;
Sont jà éteints vos désirs allumés,
Qui avec moi d'un même feu ardaient?
  Où sont ces yeux lesquels me regardaient
Souvent en ris, souvent avecque larmes?
Où sont les mots qui tant m'ont fait d'alarmes?
Où est la bouche aussi qui m'apaisait
Quand tant de fois et si bien me baisait?
Où est le cœur qu'irrévocablement
M'avez donné? Où est semblablement
La blanche main qui bien fort m'arrêtait
Quand de partir de vous besoin m'était?
  Hélas! amants, hélas! se peut-il faire
Qu'amour si grand se puisse ainsi défaire?
Je penserais plutôt que les ruisseaux
Feraient aller encontremont[1] leurs eaux,
Considérant que de fait ni pensée
Ne l'ai encor, que je sache, offensée.
  Doncques, Amour, qui couves sous tes ailes
Journellement les cœurs des damoiselles,
Ne laisse pas trop refroidir celui
De celle-là pour qui j'ai tant d'ennui,
Ou trompe-moi en me faisant entendre
Qu'elle a le cœur bien ferme, et fût-il tendre.

De sa grande amie

Dedans Paris, ville jolie,
Un jour, passant mélancolie,
Je pris alliance nouvelle
A la plus gaie damoiselle
Qui soit d'ici en Italie.

D'honnêteté elle est saisie,[2]
Et crois, selon ma fantaisie,
Qu'il n'en est guère de plus belle
Dedans Paris.

---

[1] *encontremont:* upstream   [2] *saisie:* possessed of

Je ne la vous nommerai mie,
Sinon que c'est ma grande amie;
Car l'alliance se fit telle
Par un doux baiser que j'eus d'elle,
Sans penser aucune infamie,
Dedans Paris.

Du partement[1] d'Anne[2]

Où allez-vous, Anne ? que je le sache,
Et m'enseignez, avant que de partir,
Comme ferai, afin que mon œil cache
Le dur regret du cœur triste et martyr.
Je sais comment, point ne faut m'avertir:
Vous le prendrez, ce cœur, je le vous livre,
L'emporterez pour le rendre délivre
Du deuil qu'aurait loin de vous en ce lieu;
Et pour autant qu'on ne peut sans cœur vivre,
Me laisserez le vôtre, et puis adieu!

De trois couleurs

Gris, Tanné, Noir, porte la fleur des fleurs
Pour sa livrée, avec regrets et pleurs;
Pleurs et regrets en son cœur elle enferme,
Mais les couleurs, dont ses vêtements ferme,
Sans dire mot, exposent ses douleurs.
    Car le Noir dit la fermeté des cœurs,
Gris le travail, et Tanné les langueurs;
Par ainsi c'est Langueur en Travail ferme,
        Gris, Tanné, Noir.
    J'ai ce fort mal par elle et ses valeurs,
Et en souffrant ne crains aucuns malheurs,
Car sa bonté de mieux avoir m'afferme.
Ce nonobstant, en attendant le terme,
Me faut porter ces trois tristes couleurs:
        Gris, Tanné, Noir.

[1] *partement: départ*
[2] *Anne:* Anne d'Alençon, who became Mme de Bernay in 1540

MAURICE SCÈVE

Quand j'aperçus, au serein de ses yeux,
L'air éclarci[1] de si longue tempête,
Jà tout empeint[2] au profit de mon mieux,
Comme un vainqueur d'honorable conquête
Je commençai à élever la tête;
Et lors le lac de mes nouvelles joies
Restagna[3] tout, voire dehors ses voies
Assez plus loin, qu'onques ne fit jadis;
Dont mes pensers guidés par leurs montjoies
Se paonnaient[4] tous en leur haut Paradis.

(*Délie*)

~~✦~~

Le souvenir, âme de ma pensée,
Me ravit tant en son illusif songe
Que, n'en étant la mémoire offensée,
Je me nourris de si douce mensonge.
Or, quand l'ardeur qui pour elle me ronge
Contre l'esprit sommeillant se hasarde,
Soudainement qu'il s'en peut donner garde,
Ou qu'il se sent de ses flammes grevé,
En mon penser soudain il te regarde,
Comme au désert son serpent élevé.

(*id.*)

~~✦~~

Tout jugement de celle infinité,
Où tout concept se trouve superflus,
Et tout aigu de perspicuité
Ne pourraient joindre au sommet de son plus.
Car seulement l'apparent du surplus,
Première neige en son blanc souveraine,
Au pur des mains délicatement saine,
Ahontirait le nu de Bersabée,[5]
Et le flagrant[6] de sa suave haleine
Apourrirait l'odorante Sabée.

(*id.*)

[1] *eclarci:* éclarci   [2] *empeint:* incited, spurred on
[3] *restagna:* this verb appears to have the primary sense of *overflowed.*
See article by I. D. McFarlane cited in Bibliography
[4] *se paonnaient: se pavanaient*   [5] *Bersabée: Bethsabée*
[6] *flagrant:* fragrance

13

Assez plus long qu'un siècle platonique[1]
Me fut le mois que sans toi suis été;
Mais quand ton front je revis pacifique,
Séjour très haut de toute honnêteté,
Où l'empire est du conseil arrêté,
Mes songes lors je crus être devins.
Car en mon corps, mon âme, tu revins,
Sentant ses mains, mains celestement blanches,
Avec leurs bras mortellement divins,
L'un couronner mon col, l'autre mes hanches. *(id.)*

❦

Ainsi absent la mémoire posée,
Et plus tranquille, et apte à concevoir,
Par la raison étant interposée
Comme clarté à l'objet qu'on veut voir,
Rumine en soi, et sans se décevoir
Goûte trop mieux sa vertu et sa grâce
Que ne faisaient présentés à sa face
Les sentements de leur joie enivrés,
Qui maintenant par plus grand efficace
Sentent leur bien, de leur mal délivrés. *(id.)*

❦

Ainsi qu'Amour en la face au plus beau,
Propice objet à nos yeux agréable,
Haut colloqua le reluisant flambeau
Qui nous éclaire à tout bien désirable,
Afin qu'à tous son feu soit admirable,
Sans à l'honneur faire aucun préjudice:
Ainsi veut-il, par plus louable indice,
Que mon Orphée hautement anobli,
Maugré la mort, tire son Eurydice
Hors des enfers de l'éternel oubli. *(id.)*

❦

. . . . .

Un jour parmi les genêts verts flouris,
Maints Dieux ensemble et en ce lieu nourris,
Joints avec eux Satyres demi-chèvres,

[1] *siècle platonique*: The Platonic Year or Great Year of the World,
is the period required for the heavenly bodies all to return to
the same relative position as at the outset. If this is taken as the
period of the precessional revolution of the equinoxes, a *siècle
platonique* would presumably amount to some 26,000 centuries.

Faunes aussi trop plus légers que lièvres,
Et les Sylvans hideusement cornus,
Et la plupart pour le chaud demi-nus,
Hors de tout hâle étaient tous à l'ombrage
Là où la Saône engraisse son rivage,
Plaisant repos des prochaines forêts,
En maint endroit côtoyant ces marais;
   Et cependant que la chaleur brûlante
Exercitait la cigale mourante
— Tout oiseau coi sur son feuilleux ormeau —
En s'ébattant jouaient du chalumeau.

   Lors comme tous avec les doigts pressés
Cherchaient maints sons distamment compassés
Des instruments cloués de cire tendre,
Nymphes du lieu pour les voir, et entendre
Leur mélodie, ainsi que curieuses,
Se tapissant parmi haies feuilleuses
Et forts halliers de ces plus prochains bois,
Prêtaient l'oreille aux résonnants hautbois,
Qui de sonner et bruire faisaient rage,
Tant que souvent elles prenaient courage
De s'approcher pour les ouïr de près;
Mais aussitôt se retiraient après,
Craignant qu'ainsi, ou bien pis, ne leur vînt,
Comme à l'amie au Dieu d'Arcade[1] advint;
Et pour autant qu'assurément savaient
Que tous tels Dieux les Nymphes décevaient,
Tâchaient de loin au son d'eux s'éjouir,
Mais avec bruit, qui tôt les fit ouïr.

   Parquoi ces Dieux lascifs les aperçurent,
Et dans leurs cœurs occultement conçurent
Un feu ardent, qui tant les étreignit,
Au long aller, qu'enfin les contraignit
A convier ces Nymphes à danser,
Et pour à droit leurs désirs commencer,
Usèrent lors de voix lointaine et forte,
Les conviant, peu près, en cette sorte:
   'Approchez-vous, Nymphes de la contrée,
Venez ici dessus la verte prée
A cœur joyeux, et vide d'amertume.
Venez danser, comme avez de coutume,

---

[1] *l'amie au Dieu d'Arcade:* Syrinx, changed into a reed to save her
from the pursuit of Pan (*Arcade: Arcadie*)

Car aussi bien avec nos flûtes lourdes
Chantons en vain à ces grands forêts sourdes . . . '.

(Saulsaie)

PERNETTE DU GUILLET

Jà n'est besoin que plus il me soucie
Si le jour faut, ou que vienne la nuit
— Nuit hivernale et sans lune obscurcie;
Car tout cela certes rien ne me nuit,
Puis que mon Jour par clarté adoucie
M'éclaire toute et tant, qu'à la minuit
En mon esprit me fait apercevoir
Ce que mes yeux ne surent onques voir.

Pour une Anatomie[1]

Qui bien voudra contempler l'Univers,
Où du grand Dieu le grand pouvoir abonde
En éléments et animaux divers,
En Ciel, et Terre, et Mer large et profonde,
Vienne voir l'Homme, où la Machine ronde
Est toute enclose, et plus, qui bien le prend.
Car pour soi seul, en ce sien petit monde
A tout compris Celui qui tout comprend.

JACQUES PELETIER (DU MANS)

Esprit d'Eternité, qui tout sais, et tout vois,
Qui sous toi tant d'esprits de Science pourvois,
Ainsi que tu l'entends: si tu m'as voulu rendre
Désireux de tes dons, et capable d'apprendre,
Eclaircis mon esprit, pour souvenance avoir
Des probables raisons que l'Homme peut savoir.
Fais-moi de ta nature, ô Grandeur éternelle,
Les œuvres contempler, pour te chercher en elle,
Conduit de ta clarté, si bien qu'en t'honorant,
En mon propre savoir je ne sois ignorant.
Imprime dedans moi les causes assurées
Des Nombres ordonnés, des Formes mesurées;

---

[1] *anatomie:* dissection

JACQUES PELETIER (DU MANS)

Donne-moi de tes Sons entendre les accords,
Et voir le mouvement de tes célestes Corps,
Autant que par le soin, qui au labeur s'accorde,
En pourra concevoir l'esprit qui les recorde;
Et me donne moyen d'en faire souvenir
Par mes enseignements les hommes à venir.
Cependant je connais qu'en la nature mienne
Le plus de ma science est le moins de la tienne,
Qui es tout infini, et rien n'es que toi, Dieu,
Le premier, le dernier, sans nombre, temps ni lieu;
Cela que tu n'es point est voyable et sensible,
Penser ce que tu es, est du tout impossible.
Je sais, tel que je suis, qu'encor je ne suis point,
N'était la part de toi, qui dedans moi m'époint;
Ainçois,[1] si l'Infini n'a nulle particule,
Que sais-je, si je suis de toi quelque ignicule?
Et si presque de moi rien savoir je ne peux,
Que saurais-je de toi, duquel je suis si peu?
Qui avec ta grandeur ai moins de conférence
Que n'a le point fortuit à la circonférence?
Car combien peut monter cette humble humanité,
Qui ne fait que passer, près de l'Eternité?
Et si par tant de temps et d'infinié suite,
L'humaine nation n'est que bien peu instruite
Des œuvres qui se font en Terre tant et tant,
Que pourrons-nous savoir de toi, suprême Etant?
Vu que les plus savants ont toujours controverse
Des faits les plus abstrus en Nature universe,
Sans cesse proposant doutes et questions
Du nombre d'éléments et de leurs mixtions.
A l'Homme c'est beaucoup qu'il veille et qu'il contemple,
Toujours conjecturant, par cause et par exemple;
Ce qu'il pense savoir, s'en repose en croyant,
Ce qu'il veut, et ne peut, l'admire en le voyant . . .

(Louange de la Science)

[1] *ainçois:* or rather

Celle pour qui mon heur tant se soucie
M'est un portrait, et pour telle la prends-je,
Qui a un point fini, auquel se range
Chacune ligne en vue raccourcie.
   Si je la sens plus ou moins adoucie,
Plus grande ou moins, ce n'est point chose étrange,
Non plus qu'à l'œil, ainsi comme il se change,
La chose vue ou moindrie ou grossie,
   Qui toutefois une mesure garde
En quelque sorte et sans qu'on la regarde.
O qui sera la conduite certaine
Pour me garder que je ne me déçoive,
Tant qu'en ma Dame ou voisine ou lointaine
Cette beauté en son point j'aperçoive?

(L'Amour des Amours)

MACLOU DE LA HAYE

Blason de la Voix

Voix angélique, harmonié des cieux,
Divine voix aux accents gracieux,
Voix qui, passsant par deux lèvres décloses,
Laisse à regret deux beaux boutons de roses,
Où l'air serein, vagabond à l'entour,
Jaloux attend son envieux retour;
Voix qui, laissant un clos de perles fines,
Passe plaintive aux campagnes voisines
Pour au plus creux du rocher s'entonner,
Qui fait la fin de sa plainte sonner;
   Voix alliée à la diserte langue,
Interprétant l'internelle harangue
Sous une odeur que l'Arabe étranger
Voudrait toujours à la sienne changer,
Voire et qui bruit sous violence douce
D'un marbre enflé qui la pousse et repousse;
   Voix qui la foudre éloigne de son chef,
Domptant l'effort du naufrageux méchef[1];
   Voix douce, claire, argentine, sereine,
Non imitant l'endormante seraine,[2]
Mais bien rendant les corps morts attentifs,
Et ravissant les esprits ententifs;

---

[1] *méchef:* mischief, harm   [2] *seraine: sirène*

Voix, vent, haleine et paroles puissantes,
Chassant le deuil des âmes gémissantes,
Et faisant taire en silence honteux
Des rossignols le chant doux et piteux;
  Voix qui émeut les pesantes montagnes
D'un branle doux sur le bord des campagnes,
Et qui retarde en apaisant souvent
L'effort cruel du plus superbe vent,
Appelle-moi, réconfortante voix,
Appelle-moi seulement une fois,
Ou réponds-moi et tempère ta flamme,
Flamme qui mord jusqu'au centre de l'âme.

PONTUS DE TYARD

Disgrâce

La haute Idée à mon univers mère,
Si hautement de nul jamais comprise,
M'est à présent ténébreuse chimère.

Le Tout d'où fut toute ma forme prise,
Plus de mon tout, de mon tout exemplaire,
M'est simplement une vaine feintise.

Ce qui soulait[1] mon imparfait parfaire
Par son parfait, sa force a retirée,
Pour mon parfait en imparfait refaire.

Le ciel, qui fut mon haut ciel empyrée,
Fixe moteur de ma force première,
Pour m'affaiblir rend sa force empirée.

La grand clairté, à luire coutumière
En mon obscur, me semble être éclipsée
Pour me priver du jour de sa lumière.

La sphère en rond, de circuit lassée
Pour ma faveur, maugré sa symétrie,
En nouveau cours contre moi s'est poussée.

---

[1] *soulait :* from *souloir*, to be wont

L'harmonie, aux doux concents nourrie
Des sept accords, contre l'ordre sphérique
Horriblement entour mon ouïr crie.

Le clair soleil, par la ligne écliptique
De son devoir mes yeux plus n'illumine,
Mais (puis que pis ne peut) se fait oblique.

La déité qui de moi détermine,
De ne prévoir que mon malheur m'assure,
Et au passer du temps mon bien termine.

L'âme qui fit longtemps en moi demeure
Iniquement d'autre corps s'associe,
Et s'éloignant de moi, veut que je meure,

Pour s'exercer en palingénésie.[1]

(*Erreurs amoureuses*)

Luth, qui un temps pour désaigrir ma peine
M'accompagnais en ce lieu solitaire;
Luth, doux soulas, fidèle secrétaire
De la douleur dont mon âme était pleine,
    Combien de fois ai-je ouï Philomène[2]
Pour écouter tes sons mourants se taire?
Puis tout soudain tes regrets contrefaire
Aux doux accents du grief deuil qu'elle mène?
    Tu fus l'organe à mes plaints douloureux,
Et maintenant que tu sers, bienheureux,
D'honnête ébat à ces deux mains d'ivoire,
Sers-moi d'espie[3]: au moins sache s'il reste
Dans l'estomac[4] — ton riche appui — céleste
Quelque de moi soupirante mémoire.

(*id.*)

Chant à son Luth

Chante, mon Luth, non la mortelle plainte
Dont justement, hélas! je me passionne,
Mais la beauté dont ma Déesse est peinte.

---

[1] *palingénésie:* rebirth
[2] *Philomène:* medieval form of *Philomèle*, the nightingale
[3] *espie:* espion   [4] *estomac:* breast

Chante, et de toi rien qu'elle ne résonne,
Y employant la mieux parlante corde
Que touche Albert,[1] ou que Saint-Gelais[2] sonne.

Laisse le son que l'inique discorde
Te fit chanter plaignant ma peine dure,
Et à ma voix un plus doux chant accorde.

Chante cet or filé par la nature
Pour enrichir de blonds cheveux la tête,
Qui pâlit l'or de sa riche coiffure.

Chante ce front, ce ciel, ce siège honnête
Où la vertu en majesté repose
Et de l'aimer me point et admonête.

Chante le teint de celle blanche rose
Qui la beauté de toute fleur efface,
Au plus beau jour du plus beau mois déclose.

Chante ces arcs, sous lesquels Amour passe
Quand sa douceur bénigne, ou rigueur fière,
De vie ou mort m'assure ou me menace.

Chante la grave et modeste manière
De ces beaux yeux, que le soleil honore,
Comme allumant son feu en leur lumière.

Chante ce pourpre et ce lait qui colore
Vermeillement et l'une et l'autre joue,
Faisant de soi envieuse l'Aurore.

Chante ce nez délicat; mon Luth, loue
Les deux rubis, et les perles pareilles
Que l'Orient en sa richesse avoue.

Chante ces deux impollués oreilles
Closes au mal, et non jamais fermées
Aux saints propos des célestes merveilles.

[1] *Albert:* Alberto da Rippano, or da Mantova, lute-player and
composer at the French court in the mid-XVIth century
[2] *Saint-Gelais:* see p. 6

Chante ces cent et cent grâces semées
Parmi ce ris, ris chastement folâtre,
Qui tient en moi cent torches allumées.

Chante ce col, la colonne d'albâtre
Soutènement du chef de mon Idole,
Qui me rend tout vainement idolâtre.

Chante le droit, chante le gauche pôle;
Chante le pur de la voie lactée
D'où le penser seulement me console.

Chante la main doctement usitée
A te sonner, admirable à écrire
L'invention du rare esprit dictée.

Ne chante point ce que je n'ose dire:
Tout ce parfait que l'honnêteté cèle,
Que craintif j'aime et sans espoir désire.

Mais chante-moi celle essence immortelle
Qui pour tenter du ciel nouvelle trace
Son aile empenne et son vol renouvelle.

Chante combien celle divine grâce
Gagne sur moi, et sait vivement peindre
L'amour au cœur et le deuil en la face.

Si tu ne peux à la louange atteindre
Que la beauté mérite de ma Dame,
Veuilles au moins si doucement te plaindre

Qu'elle ait pitié, triste Luth, de ma flamme.

(Vers lyriques)

En nom de son Ile

Qui a de l'honnête douceur
De liberté l'âme sucrée,
Qui chante au Castalien chœur[1]
Ou qui de tel chant se recrée,
Et à qui le nectar agrée
Servi au banquet de Platon,

[1] *Castalien chœur:* the choir of the Muses

Entre ici, car je suis sacrée
A Pasithée[1] et Eraton.[2]

Mon Pontus me daigne tenir
Comme séjour doux, cher, tranquille,
Où coutumier il veut venir
Quand la tumultueuse ville
Tâche, en malice citoyenne,
Sa libre vertu épier,
Pour dans cette eau magicienne
Le juste courroux expier.

Ici solitaire un autel
Religieux il édifie,
Où son souvenir immortel
Aux noms aimés il sacrifie
De ceux qui, des fleurs anciennes
Honorant leurs inventions,
De cent douceurs hymétiennes[3]
Arrosent leurs affections.

Du laurier toujours verdissant,
Du myrthe mol, du rampant lierre,
De l'olivier vert-pâlissant
Et du pampre frais il l'enserre;
Il y répand la fleur fragile
Du jasmin, du pavot transi,
De l'odorante camomille,
Du chaud thym, et du roux souci,

Afin que ceux, lesquels Cypris,
Ou bien Phébus affectionne,
Puissent ici cueillir le prix
D'un bouquet ou d'une couronne;
Et si quelqu'un la fureur semble
Sentir de l'un et l'autre Dieu,
Et bouquet et couronne ensemble
Il puisse cueillir en ce lieu.

---

[1] *Pasithée:* the All-Divine. The identity of this lady has not been established; later, the name was bestowed on the Maréchale de Retz (see p. xiii).
[2] *Eraton:* the Muse of lyric and especially of love poetry
[3] *hymétiennes:* Mount Hymettus, near Athens, was renowned for its honey

Autant que vivront les vertus
De ta nymphe, autant que Minerve
Lui sera compagne, ô Pontus,
Ma verdeur en moi se conserve;
Et autant qu'est ta belle flamme
Près de l'honneur et de la foi
— Contre l'ignorant qui la blâme —
Autant soit celui loin de moi,

Qui au roc avaricieux
Tient la nef de son âme ancrée,
Qui d'un travail ambitieux
Blasphème le séjour d'Ascrée,[1]
Et qui dessus sa face crée
Le sourcilleux front de Caton;
Qu'il n'entre ici: je suis sacrée
A Pasithée et Eraton.

(id.)

LOUISE LABÉ

Oh! si j'étais en ce beau sein ravie
De celui-là pour lequel vais mourant;
Si avec lui vivre le demeurant
De mes courts jours ne m'empêchait Envie;
　Si m'accollant me disait: 'Chère amie,
Contentons-nous l'un l'autre!' — s'assurant
Que jà tempête, Euripe[2] ni courant
Ne nous pourra disjoindre en notre vie;
　Si, de mes bras le tenant accolé
Comme du lierre est l'arbre encercelé,
La mort venait, de mon aise envieuse,
Lors que, souef,[3] plus il me baiserait
Et mon esprit sur ses lèvres fuirait,
Bien je mourrais, plus que vivante, heureuse!

---

[1] *Ascrée:* Ascra, the birthplace of Hesiod at the foot of Mount Helicon sacred to the Muses. *Le séjour d'Ascrée* thus means the practice, study or love of poetry.
[2] *Euripe:* the strait of Euripus between Euboea and Boeotia; whence, any swift-running tide　　　[3] *souef:* sweet (*suave*)

Tant que mes yeux pourront larmes répandre
A l'heur passé avec toi regretter,
Et qu'aux sanglots et soupirs résister
Pourra ma voix, et un peu faire entendre;
Tant que ma main pourra les cordes tendre
Du mignard luth, pour tes grâces chanter;
Tant que l'esprit se voudra contenter
De ne vouloir rien fors que toi comprendre,
Je ne souhaite encore point mourir.
Mais, quand mes yeux je sentirai tarir,
Ma voix cassée, et ma main impuissante,
Et mon esprit en ce mortel séjour
Ne pouvant plus montrer signe d'amante,
Prierai la mort noircir mon plus clair jour.

PIERRE DE RONSARD

Au Roi Henri II

Str.

Comme un qui prend une coupe,
Seul honneur de son trésor,
Et donne à boire à la troupe
Du vin qui rit dedans l'or,
Ainsi versant la rosée
Dont ma langue est arrosée
Sus la race de Valois,
En mon doux nectar j'abreuve
Le plus grand roi qui se treuve
Soit en armes ou en lois.

Antistr.

Heureux l'honneur que j'embrasse!
Heureux qui se peut vanter
De voir la thébaine grâce[1]
Qui sa vertu veut chanter!
L'ayant pour ma guide, Sire,
Autre bien je ne désire
Que d'apparaître à tes yeux
Le saint harpeur de ta gloire
Et l'archer de ta mémoire
Pour la tirer dans les cieux.

[1] *thébaine grâce:* the divine gift of Pindaric poetry. Pindar
was born at Thebes.

Epode　　　Muse, bande ton arc doux!
　　　　　　Muse, ma douce espérance,
　　　　　　Quel Prince frapperons-nous,
　　　　　　L'enfonçant parmi la France?
　　　　　　Sera-ce pas notre Roi,
　　　　　　Duquel la divine oreille
　　　　　　Humera cette merveille
　　　　　　Qui n'obéit qu'à ma loi?...

　　　　　　　　　　　　　　　　　(*Odes I*, 1550)

A Michel de l'Hôpital,[1] *Chancelier de Madame Marguerite*

Str. 1　　　Errant par les champs de la grâce
　　　　　　Qui peint mes vers de ses couleurs,
　　　　　　Sus les bords Dircéans[2] j'amasse
　　　　　　Le tésor des plus riches fleurs,
　　　　　　Afin qu'en pillant, je façonne
　　　　　　D'une laborieuse main
　　　　　　La rondeur de cette couronne
　　　　　　Trois fois torse d'un pli thébain,[3]
　　　　　　Pour orner le haut de la gloire
　　　　　　Du plus heureux mignon des Dieux,
　　　　　　Qui çà bas ramena des cieux
　　　　　　Les filles qu'enfanta Mémoire.

Antistr.　　Mémoire, reine d'Eleuthère,
　　　　　　Par neuf baisers qu'elle reçut
　　　　　　De Jupiter qui la fit mère,
　　　　　　En neuf soirs neuf filles conçut.
　　　　　　Mais quand la lune vagabonde
　　　　　　Eut courbé douze fois en rond,
　　　　　　Pour renflammer l'obscur du monde,
　　　　　　La double voûte de son front,
　　　　　　Elle adonc, lassement outrée,
　　　　　　Dessous Olympe se coucha,
　　　　　　Et criant Lucine, accoucha
　　　　　　De neuf filles d'une ventrée,

---

[1] *Michel de l'Hôpital*, 1507-73, was Chancellor of France from 1560 to
1568　　　　　[2] *Dircéans:* the Dirce was a spring near Thebes
[3] *trois fois torse d'un pli thébain:* allusion to the triadic structure of
Pindaric odes, each triad consisting of strophe, antistrophe and epode

Epode

En qui répandit le Ciel
Une voix saintement belle,
Comblant leur bouche nouvelle
Du jus d'un attique miel,
Et à qui vraiment aussi
Les vers furent en souci,
Les vers dont flattés nous sommes,
Afin que leur doux chanter
Pût doucement enchanter
Le soin des Dieux et des hommes.

Str. 2

Aussitôt que leur petitesse,
Glissant avec les pas du temps,
Eut d'une rampante vitesse
Touché la borne de sept ans,
Le sang naturel, qui commande
De voir nos parents, vint saisir
Le cœur de cette jeune bande
Chatouillé d'un piéteux désir,
Si qu'elles, mignardant leur mère,
Neuf et neuf bras furent pliant
Autour de son col, la priant
Et repriant de voir leur père.

Antistr.

Mémoire, impatiente d'aise,
Délaçant leur petite main,
L'une après l'autre les rebaise
Et les réchauffe dans son sein.
Hors des poumons à lente peine
Une parole lui montait
De soupirs allègrement pleine,
Tant l'affection l'agitait,
Pour avoir déjà connaissance
Combien ses filles auront d'heur,
Ayant pratiqué la grandeur
De leur père et de leur naissance.

Epode

Après avoir relié
D'un tortis de violettes
Et d'un cerne de fleurettes
L'or de leur chef délié,
Après avoir proprement
Troussé leur accoutrement,

E   27

Marcha loin devant sa trope,[1]
Et la hâtant jour et nuit
D'un pied dispos la conduit
Jusqu'au rivage éthiope.

Str. 3   Ces vierges encore nouvelles
Et mal apprises au labeur,
Voyant le front des eaux cruelles,
S'effroyèrent d'une grand' peur,
Et presque churent en arrière,
Tant l'horreur les pliait adonc,
Comme on voit dans une rivière
Sous le vent se courber un jonc.
Mais leur mère, non étonnée
De voir leur sein qui babattait,
Pour les assurer les flattait
De cette parole empennée:

Antistr.   'Courage, mes filles' dit-elle,
'Et filles de ce Dieu puissant
Qui dedans sa main immortelle
Soutient le foudre rougissant,
Ne craignez point les rides creuses
De l'eau qui bruit profondement,
Sur qui vos chansons doucereuses
Auront un jour commandement,
Mais dédaignez son ire humide,
Et ne vous souffrez décevoir
Que promptes vous ne veniez voir
Votre père dessous ma guide.'

Epode   Disant ainsi, d'un plein saut
Toute dans l'eau s'allonge
Comme un oiseau qui se plonge,
Ou comme l'arc de là-haut
Lequel voûté parmi l'air
Grand, se laissant dévaler,
Tout d'un coup en la mer glisse,
Quand Junon hâte ses pas
L'envoyant porter là-bas
Un message à sa nourrice[2] . . .

(*Odes V*, 1552)

---

[1] *trope: troupe*   [2] *sa nourrice:* Tethys. See *Iliad*, xiv

O Déesse Bellerie,[1]
Belle Déesse chérie
De nos Nymphes, dont la voix
Sonne ta gloire hautaine,
Accordante au son des bois,
Voire au bruit de ta fontaine
Et de mes vers que tu ois,

Tu es la Nymphe éternelle
De ma terre paternelle:
Pour ce en ce pré verdelet
Vois ton Poète qui t'orne
D'un petit chevreau de lait
A qui l'une et l'autre corne
Sortent du front nouvelet.

Sus ton bord je me repose,
Et là oisif je compose,
Caché sous tes saules verts,
Je ne sais quoi qui ta gloire
Enverra par l'univers,
Commandant à la mémoire
Que tu vives par mes vers.

L'ardeur de la Canicule
Toi, ne tes rives ne brûle,
Tellement qu'en toutes parts
Ton ombre est épaisse et drue
Aux pasteurs venant des parcs,
Aux bœufs las de la charrue
Et au bestial épars.

Tu seras faite sans cesse
Des fontaines la princesse,
Moi célébrant le conduit
Du rocher percé, qui darde
Avec un enroué bruit
L'eau de ta source jasarde
Qui trépillante se suit.

(*Odes II*, 1550)

---

[1] *Bellerie:* a spring near Ronsard's home in the Vendômois

29

Quand au matin ma Déesse s'habille,
D'un riche or crêpe ombrageant ses talons,
Et que les rets de ses beaux cheveux blonds
En cent façons enonde[1] et entortille,
Je l'accompare à l'écumière fille,[2]
Qui or peignant les siens jaunement longs,
Or les ridant en mille crêpillons,
Nageait à bord dedans une coquille.
De femme humaine encore ne sont pas
Son ris, son front, ses gestes ni ses pas,
Ni de ses yeux l'une et l'autre chandelle.
Rocs, eaux ni bois ne cèlent point en eux
Nymphe qui ait si folâtres cheveux,
Ni l'œil si beau, ni la bouche si belle.

(*Amours*, 1552)

Pour la douleur qu'Amour veut que je sente,
Ainsi que moi, Phébus, tu lamentais,
Quand amoureux, loin du ciel, tu chantais
Près d'Ilion sus les rives de Xante.
Pinçant en vain ta lyre blandissante,
Et fleurs et flots mal sain tu enchantais,
Non la beauté qu'en l'âme tu sentais[3]
Dans le plus doux d'une plaie aigrissante.
Là de ton teint se pâlissaient les fleurs,
Et l'eau croissant du dégout[4] de tes pleurs
Parlait tes cris, dont elle roulait pleine.
Pour même nom, les fleurettes du Loir,
Près de Vendôme, et daignent me douloir,
Et l'eau se plaindre aux soupirs de ma peine.

(*id.*)

Dedans des prés[5] je vis une Dryade
Qui comme fleur s'assisait[6] par les fleurs
Et mignotait un chapeau de couleurs,
Echevelée en simple verdugade.[7]

---

[1] *enonde:* sets in waves
[2] *l'écumière fille:* Aphrodite, born of the sea-foam
[3] *la beauté qu'en l'âme tu sentais:* Apollo was smitten with love for Priam's daughter Cassandra   [4] *dégout:* verbal noun from *dégoutter*
[5] *prés:* Cassandre Salviati, the lady of these poems, had married, in 1546, Jean Peigné de Pray   [6] *s'assisait:* imperf. indic. of *s'asseoir*
[7] *verdugade:* vertugadin

Dès ce jour-là ma raison fut malade,
Mon cœur pensif, mes yeux chargés de pleurs,
Moi triste et lent: tel amas de douleurs
En ma franchise imprima son œillade.
    Là je sentis dedans mes yeux voler
Un doux vénin, qui se vint écouler
Au fond de l'âme; et depuis cet outrage,
Comme un beau lis, au mois de juin, blessé
D'un rai trop chaud, languit à chef baissé,
Je me consume au plus vert de mon âge.   *(id.)*

O de népenthe et de liesse pleine,
Chambrette heureuse, où deux heureux flambeaux,
Les plus ardents du ciel et les plus beaux,
Me font escorte après si longue peine!
    Or je pardonne à la mer inhumaine,
Aux flots, aux vents, la traison de mes maux,
Puis que par tant et par tant de travaux
Une main douce à si doux port me mène.
    Adieu tourmente, adieu naufrage, adieu
Vous, flots cruels, aïeux[1] du petit Dieu
Qui dans mon sang a sa flèche souillée:
Ores ancré dedans le sein du port,
En vœu promis, j'appends dessus le bord
Aux Dieux marins ma dépouille mouillée.   *(id.)*

    Voici le bois que ma sainte angelette
Sus le printemps anime de son chant;
Voici les fleurs que son pied va marchant[2]
Lorsque pensive elle s'ébat seulette.
    Io! voici la préé verdelette
Qui prend vigueur de sa main la touchant,
Quand pas à pas pillarde va cherchant
Le bel émail de l'herbe nouvelette.
    Ici chanter, là pleurer je la vis,
Ici sourire, et là je fus ravi
De ses beaux yeux par lesquels je dévie;
Ici s'asseoir, là je la vis danser:
Sus le métier d'un si vague penser
Amour ourdit les trames de ma vie.   *(id.)*

[1] *aïeux:* since Venus, mother of Cupid, was born of the sea
[2] *marchant:* this verb could be used transitively in the XVIth century

31

Mignonne, allons voir si la rose
Qui ce matin avoit déclose
Sa robe de pourpre au soleil,
A point perdu cette vêprée
Les plis de sa robe pourprée
Et son teint au vôtre pareil.

Las! voyez comme en peu d'espace,
Mignonne, elle a dessus la place
Las! las! ses beautés laissé choir!
O vraiment marâtre Nature!
Puisqu'une telle fleur ne dure
Que du matin jusques au soir!

Donc, si vous me croyez, mignonne,
Tandis que votre âge fleuronne
En sa plus verte nouveauté,
Cueillez, cueillez votre jeunesse:
Comme à cette fleur, la vieillesse
Fera ternir votre beauté.

(Amours, 1553)

Hé! que voulez-vous dire? êtes-vous si cruelle
De ne vouloir aimer? Voyez les passereaux
Qui démènent l'amour, voyez les colombeaux,
Regardez le ramier, voyez la tourterelle,
Voyez deçà delà d'une frétillante aile
Voleter par les bois les amoureux oiseaux,
Voyez la jeune vigne embrasser les ormeaux,
Et toute chose rire en la saison nouvelle;
Ici la bergerette en tournant son fuseau
Dégoise[1] ses amours, et là, le pastoureau
Rèpond à sa chanson: ici toute chose aime,
Tout parle de l'amour, tout s'en veut enflammer.
Seulement votre cœur, froid d'une glace extrême,
Demeure opiniâtre et ne veut point aimer.

(Nouvelle Continuation des Amours)

[1] *dégoise:* expresses, sings of

Hymne du Ciel

.   .   .   .   .   .

O Ciel net, pur et beau, haute maison de Dieu,
Qui prêtes en ton sein à toutes choses lieu,
Et qui roules si tôt ta grand boule ébranlée
Sur deux essieux fichés, que la vitesse ailée
Des aigles ni des vents par l'air ne sauraient pas
En volant égaler le moindre de tes pas
—Seulement le penser de l'humaine sagesse,
Comme venant de toi, égale ta vitesse —
O Ciel, vite et dispos, tu parfais ton grand tour
D'un pied jamais recru en l'espace d'un jour!
Ainçois[1] d'un pied de fer, qui sans cesse retourne
Au lieu duquel il part, et jamais ne séjourne,
Traînant tout avec soi, pour ne souffrir mourir
L'Univers en paresse à faute de courir.
  L'esprit de l'Eternel, qui avance ta course,
Epandu dedans toi comme une grande source,
De tous côtés t'anime et donne mouvement,
Te faisant tournoyer en sphère rondement
Pour être plus parfait, car en la forme ronde
Gît la perfection qui toute en soi abonde.
De ton branle premier, des autres tout divers,
Tu tires au rebours les corps de l'Univers,
Bien qu'ils résistent fort à ta grand violence,
Seuls à part démenant une seconde danse,
L'un deçà, l'autre là, comme ils sont agités
Des discordants accords de leurs diversités.
Ainsi, guidant premier si grande compagnie,
Tu fais une si douce et plaisante harmonie,
Que nos luths ne sont rien au prix des moindres sons
Qui résonnent là-haut de diverses façons.
  D'un feu vif et subtil ta voúte est composée,
Non feu matériel, dont la flamme exposée
Ça bas en nos foyers ne se contenterait
Saoule de mille bois, qui les lui donnerait,
Et pour ce, tous les jours, il faut qu'on le nourrisse,
Le repaissant, goulu, s'on ne veut qu'il périsse;
Mais celui qui là-haut en vigueur entretient
Toi et tes yeux d'Argus, de lui seul se soutient

---

[1] *Ainçois:* rather

Sans mendier secours, car sa vive étincelle
Sans aucun aliment se nourrit de par elle;
Vivante elle reluit, comme fait le soleil,
Tempérant l'univers d'un feu doux et pareil
A celui qui se tient dans l'estomac de l'homme,
Qui son corps lui échauffe et point ne le consomme.
Qu'à bon droit les Grégeois[1] t'ont nommé d'un beau nom![2]
Qui te contemplera, ne trouvera sinon
En toi qu'un ornement, et qu'une beauté pure,
Qu'un compas bien réglé, qu'une juste mesure,
Et bref, qu'un rond parfait, dont l'immense grandeur,
Hauteur, largeur, biais, travers et profondeur
Nous montrent, en voyant un si bel édifice,
Combien l'Esprit de Dieu est rempli d'artifice
Et subtil artisan, qui te bâtit de rien
Et t'accomplit si beau, pour nous montrer combien
Grande est sa majesté, qui hautaine demande,
Pour son palais royal, une maison si grande.
Or, ce Dieu tout-puissant, tant il est bon et doux,
S'est fait le citoyen du Monde comme nous,
Et n'a tant dédaigné notre humaine nature
Qu'il ait outre les bords de ta large clôture
Autre maison bâtie, ains[3] s'est logé chez toi,
Chez toi, franc de soucis, de peines et d'émoi,
Qui vont couvrant le front des terres habitables,
Des terres, la maison des humains misérables.
    Si celui qui comprend doit emporter le prix
Et l'honneur sur celui qui plus bas est compris,
Tu dois avoir l'honneur sur cette masse toute,
Qui tout seul la comprends dessous ta large voûte,
Et en son ordre à part limites un chacun,
Toi qui n'as ton pareil et ne sembles qu'à un,
Qu'à toi, qui es ton moule et l'antique modéle
Sur qui Dieu patronna son Idée eternelle.
    Tu n'as en ta grandeur commencement ni bout,
Tu es tout dedans toi, de toutes choses tout,
Non contraint, infini, fait d'un fini espace,
Qui sans être borné toutes choses embrasse
Sans rien laisser dehors, et pour ce, c'est erreur,
C'est péché contre toi, c'est fureur, c'est fureur,
De penser qu'il y ait des mondes hors du Monde.
Tu prends tout, tu tiens tout dessous ton arche ronde,

----

[1] *Grégeois: Grecs*   [2] *beau nom:* i.e. Cosmos   [3] *ains:* but

D'un merveilleux circuit la terre couronnant,
Et la grand mer qui vient la terre environnant,
L'air épars, et le feu, et bref, on ne voit chose
Ou qui ne soit à toi, ou dedans toi enclose,
Et de quelque côté que nous tournions les yeux,
Nous avons pour objet la grand borne des cieux.
　　Tu mets les Dieux au joug d'Anangé[1] la fatale,
Tu dépars à chacun sa semence natale,
La Nature en ton sein ses ouvrages répand,
Tu es premier chaînon de la chaîne qui pend;
Toi, comme fécond père, en abondance enfantes
Les siècles, et des ans les suites renaissantes;
Les mois et les saisons, les heures et les jours
Ainsi que jouvenceaux jeunissent de ton cours
Frayant sans nul repos une ornière éternelle
Qui toujours se retrace et se refraie en elle.
Bref, voyant tes effets, en doute suis de toi
Si je te dois nommer meilleur Père que Roi.
　　Sois saint de quelque nom que tu voudras, ô Père
A qui de l'Univers la nature obtempère:
Aimantin,[2] varié, azuré, tournoyant,
Fils de Saturne, Roi très-haut et tout-voyant,
Ciel, grand palais de Dieu, exauce ma prière:
Quand la mort déliera mon âme prisonnière,
Et celle de Morel,[3] hors de ce corps humain,
Daigne les recevoir, bénin, dedans ton sein
Après mille travaux, et veuilles de ta grâce
Chez toi les reloger en leur première place.

Hymne de la Mort

．　　　　．　　　　．　　　　．　　　　．　　　　．

Oh! que d'être jà morts nous serait un grand bien,
Si nous considérions que nous ne sommes rien
Qu'une terre animée et qu'une vivante ombre,
Le sujet de douleur, de misère et d'encombre!
Voire et que nous passons en misérables maux
Le reste — ô crève-cœur! — de tous les animaux.
Non pour autre raison Homère nous égale

---

[1] *Anangé:* Fatality. Now transcribed *Ananké*
[2] *aimantin:* magnetic
[3] *Morel:* Jean Morel of Embrun, humanist

A la feuille d'hiver qui des arbres dévale,[1]
Tant nous sommes chétifs et pauvres journaliers,
Recevant sans repos maux sur maux à milliers,
Comme faits d'une masse impuissante et débile. . . .
   Que ta puissance, ô Mort, est grande et admirable!
Rien au monde par toi ne se dit perdurable;
Mais, tout ainsi que l'onde aval des ruisseaux fuit
Le pressant coulement de l'autre qui la suit,
Ainsi le temps se coule, et le présent fait place
Au futur importun qui les talons lui trace.
Ce qui fut, se refait; tout coule, comme une eau,
Et rien dessous le Ciel ne se voit de nouveau,
Mais la forme se change en une autre nouvelle,
Et ce changement-là *vivre* au monde s'appelle,
Et *mourir*, quand la forme en une autre s'en va.
Ainsi, avec Vénus, la Nature trouva
Moyen de ranimer, par longs et divers changes,
La matière restant, tout cela que tu manges.
Mais notre âme immortelle est toujours en un lieu,
Au change non sujette, assise auprès de Dieu,
Citoyenne à jamais de la ville éthérée
Qu'elle avait si longtemps en ce corps désirée.
   Je te salue, heureuse et profitable Mort,
Des extrêmes douleurs médecin et confort.
Quand mon heure viendra, Déesse, je te prie
Ne me laisse longtemps languir en maladie,
Tourmenté dans un lit, mais puisqu'il faut mourir,
Donne-moi que soudain je te puisse encourir,
Ou pour l'honneur de Dieu, ou pour servir mon Prince,
Navré d'une grand plaie au bord de ma province!

Elégie à Jacques Grévin[2]

.   .   .   .   .

Le don de poésie est semblable à ce feu,
Lequel aux nuits d'hiver comme un présage est veu
Ores dessus un fleuve, ores sur une prée,
Ores dessus le chef d'une forêt sacrée,
Sautant et jaillissant, jetant de toutes parts

       [1] *dévale:* comes down
       [2] *Grévin:* see p. 58

Par l'obscur de la nuit de grands rayons épars;
Le peuple le regarde, et de frayeur et crainte
L'âme lui bat au corps, voyant la flamme sainte.
A la fin la clarté de ce grand feu décroît,
Devient pâle et blafard, et plus il n'apparoît.
En un même pays jamais il ne séjourne,
Et au lieu dont il part, jamais il ne retourne;
Il saute sans arrêt de quartier en quartier,
Et jamais un pays de lui n'est héritier;
Ains[1] il se communique, et sa flamme est montrée,
Où moins on l'espérait, en une autre contrée.
Ainsi ni les Hébreux, les Grecs, ni les Romains
N'ont vu la poésie entière entre leurs mains;
Elle a vu l'Allemagne, et a pris accroissance
Aux rives d'Angleterre, en Ecosse, et en France,
Sautant deçà delà, et prenant grand plaisir
En étranges pays divers hommes choisir,
Rendant de ses rayons la province allumée,
Mais bientôt sa lumière en l'air est consumée.
La louange n'est pas tant seulement à un,
De tous elle est hôtesse, et visite un chacun,
Et sans avoir égard aux biens ni à la race,
Favorisant chacun, un chacun elle embrasse.
Quant à moi, mon Grévin, si mon nom épandu
S'enfle de quelque honneur, il m'est trop cher vendu,
Et ne sais pas comment un autre s'en contente;
Mais je sais que mon art grèvement me tourmente,
Encore que moi vif je jouisse du bien
Qu'on donne après la mort au mort qui ne sent rien.
Car, pour avoir goûté les ondes de Permesse,
Je suis tout aggravé de somme et de paresse,
Inhabile, inutile; et qui pis est je ne puis
Arracher cette humeur dont esclave je suis.
Je suis opiniâtre, indiscret, fantastique,
Farouche, soupçonneux, triste et mélancolique,
Content et non content, mal propre et mal courtois;
Au reste craignant Dieu, les princes et les lois;
Né d'assez bon esprit, de nature assez bonne,
Qui pour rien ne voudrait avoir fâché personne.
Voilà mon naturel, mon Grévin, et je crois
Que tous ceux de mon art ont tels vices que moi.
Pour me récompenser, au moins si Calliope[2]

[1] *Ains:* on the contrary   [2] *Calliope:* the Muse of epic poetry

M'avait fait le meilleur des meilleurs de sa trope,[1]
Et si j'étais en l'art qu'elle enseigne parfait,
De tant de passions je serais satisfait;
Mais, me voyant sans plus ici demi-poète,
Un métier moins divin que le mien je souhaite.
Deux sortes il y a de métiers sur le mont
Où les neuf belles Sœurs leurs demeurances font:
L'un favorise à ceux qui riment et composent,
Qui les vers par leur nombre arrangent et disposent,
Et sont du nom de vers dits versificateurs;
Ils ne sont que de vers seulement inventeurs,
Froids, gelés et glacés, qui en naissant n'apportent
Sinon un peu de vie, en laquelle ils avortent;
Ils ne servent de rien qu'à donner des habits
A la cannelle, au sucre, au gingembre et au ris;
Ou si, par trait de temps, ils forcent la lumière,
Si[2] est-ce que sans nom ils restent derrière,
Et ne sont jamais lus, car Phébus Apollon
Ne les a point touchés de son âpre aiguillon.
Ils sont comme apprentis, lesquels n'ont pu atteindre
A la perfection d'écrire ni de peindre.
Sans plus ils gâtent l'encre, et, broyant la couleur,
Barbouillent un portrait d'inutile valeur.
L'autre préside à ceux qui ont la fantasie
Eprise ardentement du feu de poésie,
Qui n'abusent du nom, mais à la vérité
Sont remplis de frayeur et de divinité.
Quatre ou cinq seulement sont apparus au monde
De grecque nation, qui ont à la faconde
Accouplé le mystère, et d'un voile divers
Par fables ont caché le vrai sens de leurs vers,
Afin que le vulgaire, ami de l'ignorance,
Ne comprît le métier de leur belle science,
Vulgaire qui se moque, et qui met à mépris
Les mystères sacrés, quand il les a compris.
Ils furent les premiers, qui la théologie
Et le savoir hautain de notre astrologie
Par un art très subtil de fables ont voilé,
Et des yeux ignorants du peuple reculé.
Dieu les tient agités, et jamais ne les laisse;
D'un aiguillon ardent il les pique et les presse.
Ils ont les pieds à terre, et l'esprit dans les cieux;

[1] *trope: troupe*   [2] *si:* nevertheless

PIERRE DE RONSARD

Le peuple les estime enragés, furieux;
Ils errent par les bois, par les monts, par les prées,
Et jouissent tous seuls des Nymphes et des Fées. . . .

(in Grévin's Théâtre, 1561)

~~~

.   .   .   .   .   .

Il ne faut pas avoir beaucoup d'expérience
Pour être exactement docte en votre[1] science:
Les barbiers, les maçons, en un jour y sont clercs,
Tant vos mystères saints sont cachés et couverts!
Il faut tant seulement avecque hardiesse
Détester le Papat,[2] parler contre la Messe,
Etre sobre en propos, barbe longue, et le front
De rides labouré, l'œil farouche et profond,
Les cheveux mal peignés, le sourcil qui s'avale,
Le maintien renfrogné, le visage tout pâle;
Se montrer rarement, composer maint écrit,
Parler de l'Eternel, du Seigneur et de Christ;
Avoir d'un reitre[3] long les épaules couvertes;
Bref, être bon brigand et ne jurer que *Certes*.
Il faut, pour rendre aussi les peuples étonnés,
Discourir de Jacob et des prédestinés,
Avoir saint Paul en bouche et le prendre à la lettre,
Aux femmes, aux enfants l'Evangile permettre,
Les œuvres mépriser, et haut louer la foi:
Voilà tout le savoir de votre belle loi.
J'ai autrefois goûté, quand j'étais jeune d'âge,
Du miel empoisonné de votre doux breuvage,
Mais quelque bon Démon, m'ayant ouï crier,
Avant que l'avaler me l'ôta du gosier.
Non, non, je ne veux point que ceux qui doivent naître
Pour un fol Huguenot me puissent reconnaître;
Je n'aime point ces noms qui sont finis en *os*:
Goths, Cagots, Ostregoths, Visgoths et Huguenots.
Ils me sont odieux comme peste, et je pense
Qu'ils sont prodigieux à l'empire de France. . . .

<div align="right">(<em>Remontrance au peuple de France</em>)</div>

---

[1] *votre:* referring to the Protestants   [2] *le Papat: la Papauté*
[3] *reitre:* long dark cloak, as worn by the German cavalrymen (*Ritter*)
fighting for the Huguenots

Comme on voit sur la branche au mois de mai la rose,
En sa belle jeunesse, en sa première fleur,
Rendre le ciel jaloux de sa vive couleur
Quand l'Aube de ses pleurs au point du jour l'arrose:
    La grâce dans sa feuille et l'amour se repose,
Embaumant les jardins et les arbres d'odeur;
Mais, battue ou de pluie ou d'excessive ardeur,
Languissante elle meurt, feuille à feuille déclose:
    Ainsi en ta première et jeune nouveauté,
Quand la terre et le ciel honoraient ta beauté,
La Parque t'a tuée, et cendre tu reposes.
Pour obsèques reçois mes larmes et mes pleurs,
Ce vase plein de lait, ce panier plein de fleurs,
Afin que vif et mort ton corps ne soit que roses.
                                    (*IIe Livre des Amours*, 1578)

Vous me dîtes, Maîtresse, étant à la fenêtre,
Regardant vers Montmartre et les champs d'alentour:
'La solitaire vie et le désert séjour
Valent mieux que la cour, je voudrais bien y être.
    A l'heure mon esprit de mes sens serait maître;
En jeûne et oraison je passerais le jour.
Je défierais les traits et les flammes d'Amour,
Ce cruel de mon sang ne pourrait se repaître';
    Quand je vous répondis: 'Vous trompez de penser
Qu'un feu ne soit pas feu pour se couvrir de cendre.
Sur les cloîtres sacrés la flamme on voit passer;
Amour dans les déserts comme aux villes s'engendre.
Contre un Dieu si puissant, qui les Dieux peut forcer,
Jeûnes ni oraisons ne se peuvent défendre.'
                                    (*Sonnets pour Hélène*)

Quand vous serez bien vieille, au soir, à la chandelle,
Assise auprès du feu, dévidant et filant,
Direz, chantant mes vers, en vous émerveillant:
'Ronsard me célébrait du temps que j'étais belle.'
    Lors vous n'aurez servante oyant telle nouvelle,
Déjà sous le labeur à demi sommeillant,
Qui au bruit de mon nom ne s'aille réveillant,
Bénissant votre nom de louange immortelle.

Je serai sous la terre, et fantôme sans os
Par les ombres myrteux je prendrai mon repos;
Vous serez au foyer une vieille accroupie
Regrettant mon amour et votre fier dédain.
Vivez, si m'en croyez, n'attendez à demain:
Cueillez dès aujourd'hui les roses de la vie!

(*id.*)

Elégie

Six ans étaient coulés, et la septième année
Etait presques entière en ses pas retournée,
Quand loin d'affection, de désir et d'amour,
En pure liberté je passais tout le jour,
Et franc de tout souci qui les âmes dévore,
Je dormais dès le soir jusqu'au point de l'aurore.
Car seul maître de moi j'allais plein de loisir
Où le pied me portait, conduit de mon désir,
Ayant toujours ès mains pour me servir de guide
Aristote ou Platon, ou le docte Euripide,
Mes bons hôtes muets, qui ne fâchent jamais:
Ainsi que je les prends, ainsi je les remets.
O douce compagnie et utile et honnête!
Un autre en caquetant m'étourdirait la tête.
Puis du livre ennuyé, je regardais les fleurs,
Feuilles, tiges, rameaux, espèces et couleurs,
Et l'entrecoupement de leurs formes diverses,
Peintes de cent façons, jaunes, rouges et perses,
Ne me pouvant saouler, ainsi qu'en un tableau,
D'admirer la nature, et ce qu'elle a de beau,
Et de dire en parlant aux fleurettes écloses:
'Celui est presque Dieu qui connaît toutes choses,
Eloigné du vulgaire, et loin des courtisans,
De fraude et de malice impudents artisans.'
Tantôt j'errais seulet par les forêts sauvages,
Sur les bords enjonchés des peinturés rivages,
Tantôt par les rochers reculés et déserts,
Tantôt par les taillis, verte maison des cerfs.
J'aimais le cours suivi d'une longue rivière,
Et voir onde sur onde allonger sa carrière,
Et flot à l'autre flot en roulant s'attacher,
Et, pendu sur le bord, me plaisoit d'y pêcher,
Etant plus réjoui d'une chasse muette

Troubler des écaillés la demeure secrète,
Tirer avec la ligne en tremblant emporté
Le crédule poisson pris à l'haim[1] appâté,
Qu'un grand Prince n'est aise ayant pris à la chasse
Un cerf qu'en haletant tout un jour il pourchasse.
Heureux, si vous eussiez d'un mutuel émoi
Pris l'appât amoureux aussi bien comme moi,
Que tout seul j'avalai, quand par trop désireuse,
Mon âme en vos yeux but la poison amoureuse.
Puis alors que Vesper vient embrunir nos yeux,
Attaché dans le ciel, je contemple les cieux,
En qui Dieu nous écrit en notes non obscures
Les sorts et les destins de toutes créatures;
Car lui, en dédaignant, comme font les humains,
D'avoir encre et papier et plume entre les mains,
Par les astres du ciel qui sont ses caractères
Les choses nous prédit et bonnes et contraires;
Mais les hommes chargés de terre et du trépas
Méprisent tel écrit, et ne le lisent pas.
Or le plus de mon bien pour décevoir ma peine,
C'est de boire à longs traits les eaux de la fontaine
Qui de votre beau nom se brave,[2] et en courant
Par les prés vos honneurs va toujours murmurant,
Et la reine se dit des eaux de la contrée,
Tant vaut le gentil son d'une Muse sacrée,
Qui peut vaincre la mort, et les sorts inconstants,
Sinon pour tout jamais, au moins pour un long temps.
Là, couché dessus l'herbe, en mes discours je pense
Que pour aimer beaucoup, j'ai peu de récompense,
Et que mettre son cœur aux dames si avant,
C'est vouloir peindre en l'onde et arrêter le vent,
M'assurant toutefois qu'alors que le vieil âge
Aura comme un sorcier changé votre visage,
Et lors que vos cheveux deviendront argentés,
Et que vos yeux d'amour ne seront plus hantés,
Que toujours vous aurez, si quelque soin vous touche,
En l'esprit mes écrits, mon nom en votre bouche.
Maintenant que voici l'an septième venir,
Ne pensez plus, Hélène, en vos lacs me tenir.
La raison m'en délivre, et votre rigueur dure;
Puis il faut que mon âge obéisse à Nature.

(in *Œuvres*, 1584)

[1] *haim:* hameçon   [2] *se brave:* glories in

PIERRE DE RONSARD

Contre les bûcherons de la forêt de Gastine

. . . . . .

Ecoute, bûcheron! arrête un peu le bras!
Ce ne sont pas des bois que tu jettes à bas;
Ne vois-tu pas le sang lequel dégoutte à force
Des nymphes qui vivaient dessous la dure écorce?

Sacrilège meurdrier, si on pend un voleur
Pour piller un butin de bien peu de valeur,
Combien de feux, de fers, de morts et de détresses
Mérites-tu, méchant, pour tuer nos déesses?

Forêt, haute maison des oiseaux bocagers,
Plus le cerf solitaire et les chevreuils légers
Ne paîtront sous ton ombre, et ta verte crinière
Plus du soleil d'été ne rompra la lumière.

Plus l'amoureux pasteur sur un tronc adossé,
Enflant son flageolet à quatre trous percé,
Son mâtin à ses pieds, à son flanc la houlette,
Ne dira plus l'ardeur de sa belle Janette;
Tout deviendra muet, Echo sera sans voix,
Tu deviendras campagne, et en lieu de tes bois
Dont l'ombrage incertain lentement se remue,
Tu sentiras le soc, le coutre et la charrue;
Tu perdras le silence, et Satyres et Pans,
Et plus le cerf chez toi ne cachera ses faons.

Adieu, vieille forêt, le jouet de Zéphire,
Où premier j'accordai les langues de ma lyre,
Où premier j'entendis les flèches résonner
D'Apollon, qui me vint tout le cœur étonner,
Où premier, admirant la belle Calliope,[1]
Je devins amoureux de sa neuvaine trope,[2]
Quand sa main sur le front cent roses me jeta,
Et de son propre lait Euterpe[3] m'allaita.

Adieu, vieille forêt, adieu, têtes sacrées,
De tableaux et de fleurs autrefois honorées,
Maintenant le dédain des passants altérés
Qui, brûlés en l'été des rayons éthérés,
Sans plus trouver le frais de tes douces verdures,
Accusent tes meurtriers et leur disent injures.

[1] *Calliope:* the Muse of epic poetry
[2] *neuvaine trope:* the ninefold troop of the Muses
[3] *Euterpe:* the Muse of flute-playing, more generally of music
and of lyric poetry

Adieu, chênes, couronne aux vaillants citoyens,
Arbres de Jupiter, germes dodonéens,[1]
Qui premiers aux humains donnâtes à repaître;
Peuples vraiment ingrats qui n'ont su reconnaître
Les biens reçus de vous, peuples vraiment grossiers,
De massacrer ainsi leurs pères nourriciers!
Que l'homme est malheureux qui au monde se fie!
O Dieux, que véritable est la philosophie
Qui dit que toute chose à la fin périra,
Et qu'en changeant de forme une autre vêtira!
De Tempé la vallée un jour sera montagne,
Et la cime d'Athos une large campagne;
Neptune quelquefois de blé sera couvert:
La matière demeure et la forme se perd.

(*Elégies*, 1584. Title from the 1623 edition)

JOACHIM DU BELLAY

Ores qu'en l'air le grand Dieu du tonnerre
Se rue au sein de son épouse aimée,
Et que de fleurs la nature semée
A fait le ciel amoureux de la terre;
Or que des vents le gouverneur desserre
Le doux zéphire, et la forêt armée
Voit par l'épais de sa neuve ramée
Maint libre oiseau qui de tous côtés erre,
Je vais faisant un cri non entendu,
Entre les fleurs du sang amoureux nées,
Pâle, dessous l'arbre pâle[2] étendu;
Et, de son fruit amer me repaissant,
Aux plus beaux jours de mes verdes années
Un triste hiver sens en moi renaissant.

(*L'Olive*)

Déjà la nuit en son parc amassait
Un grand troupeau d'étoiles vagabondes,
Et, pour entrer aux cavernes profondes,
Fuyant le jour, ses noirs chevaux chassait;

[1] *germes dodonéens:* allusion to the sacred forest of oaks at Dodona in Epirus, where Zeus had an oracle   [2] *l'arbre pâle:* the olive tree

Déjà le ciel aux Indes rougissait,
Et l'aube encor, de ses tresses tant blondes
Faisant grêler mille perlettes rondes,
De ses trésors les prés enrichissait,
    Quand d'occident, comme une étoile vive,
Je vis sortir dessus ta verte rive,
O fleuve mien, une nymphe en riant.
Alors, voyant cette nouvelle aurore,
Le jour, honteux, d'un double teint colore
Et l'angevin et l'indique orient.

(id.)

꙰

Si notre vie est moins qu'une journée
En l'éternel, si l'an qui fait le tour
Chasse nos jours sans espoir de retour,
Si périssable est toute chose née,
    Que songes-tu, mon âme emprisonnée ?
Pourquoi te plaît l'obscur de notre jour,
Si pour voler en un plus clair séjour
Tu as au dos l'aile bien empennée ?
    Là est le bien que tout esprit désire,
Là, le repos où tout le monde aspire,
Là est l'amour, là le plaisir encore.
Là, ô mon âme, au plus haut ciel guidée,
Tu y pourras reconnaître l'Idée
De la beauté qu'en ce monde j'adore.

(id.)

꙰

Comme le champ semé en verdure foisonne,
De verdure se hausse en tuyau verdissant,
Du tuyau se hérisse en épi florissant,
D'épi jaunit en grain, que le chaud assaisonne,
    Et comme en la saison le rustique moissonne
Les ondoyants cheveux du sillon blondissant,
Les met d'ordre en javelle, et du blé jaunissant
Sur le champ dépouillé mille gerbes façonne,
    Ainsi de peu à peu crût l'empire romain,
Tant qu'il fut dépouillé par la barbare main,
Qui ne laissa de lui que ces marques antiques
Que chacun va pillant, comme on voit le gleneur,
Cheminant pas à pas, recueillir les reliques
De ce qui va tombant après le moissonneur.

(Les Antiquités de Rome)

Dessus un mont une flamme allumée
A triple pointe ondoyait vers les cieux,
Qui de l'encens d'un cèdre précieux
Parfumait l'air d'une odeur embaumée.

D'un blanc oiseau l'aile bien emplumée
Semblait voler jusqu'au séjour des Dieux,
Et dégoisant[1] un chant mélodieux
Montait au ciel avecque la fumée.

De ce beau feu les rayons écartés
Lançaient partout mille et mille clartés,
Quand le dégout[2] d'une pluie dorée
Le vint éteindre : ô triste changement !
Ce qui sentait si bon premièrement
Fut corrompu d'une odeur sulphurée.   (*id.*)

⁓⁓

France, mère des arts, des armes et des lois,
Tu m'as nourri longtemps du lait de ta mamelle ;
Ores, comme un agneau qui sa nourrice appelle,
Je remplis de ton nom les antres et les bois.
Si tu m'as pour enfant avoué quelquefois,[3]
Que ne me réponds-tu maintenant, ô cruelle ?
France, France, réponds à ma triste querelle !
Mais nul, sinon Echo, ne répond à ma voix.
Entre les loups cruels j'erre parmi la plaine,
Je sens venir l'hiver, de qui la froide haleine
D'une tremblante horreur fait hérisser ma peau.
Las ! tes autres agneaux n'ont faute de pâture,
Ils ne craignent le loup, le vent ni la froidure
— Si ne suis-je pourtant le pire du troupeau.

⁓⁓   (*Les Regrets*)

Heureux, de qui la mort de sa gloire est suivie,
Et plus heureux celui dont l'immortalité
Ne prend commencement de la postérité,
Mais devant que la mort ait son âme ravie.
Tu jouis, mon Ronsard, même durant ta vie,
De l'immortel honneur que tu as mérité,

---

[1] *dégoisant :* uttering
[2] *dégout :* verbal noun from *dégoutter*   [3] *quelquefois :* once

46

Et devant que mourir — rare félicité —
Ton heureuse vertu triomphe de l'envie.

Courage, donc, Ronsard, la victoire est à toi,
Puis que de ton côté est la faveur du Roi.
Jà du laurier vainqueur tes tempes se couronnent,
Et jà la tourbe épaisse à l'entour de ton flanc
Ressemble ces esprits, qui là-bas environnent
Le grand prêtre de Thrace[1] au long sourpelis[2] blanc.

(*id.*)

❧

Heureux, qui comme Ulysse a fait un beau voyage,
Ou comme cettui-là qui conquit la toison,
Et puis est retourné, plein d'usage et raison,
Vivre entre ses parents le reste de son âge!

Quand reverrai-je, hélas! de mon petit village
Fumer la cheminée, et en quelle saison
Reverrai-je le clos de ma pauvre maison,
Qui m'est une province, et beaucoup davantage?

Plus me plaît le séjour qu'ont bâti mes aïeux
Que des palais romains le front audacieux,
Plus que le marbre dur me plaît l'ardoise fine,

Plus mon Loire gaulois que le Tibre latin,
Plus mon petit Liré[3] que le mont Palatin,
Et plus que l'air marin la douceur angevine. (*id.*)

❧

Encore que l'on eût heureusement compris
Et la doctrine grecque et la romaine ensemble,
Si[4] est-ce, Gohory,[5] qu'ici, comme il me semble,
On peut apprendre encor, tant soit-on bien appris.

Non pour trouver ici de plus doctes écrits
Que ceux que le Français soigneusement assemble,
Mais pour l'air plus subtil, qui doucement nous emble[6]
Ce qui est plus terrestre et lourd en nos esprits.

Je ne sais quel Démon de sa flamme divine
Le moins parfait de nous purge, éprouve et affine,
Lime le jugement et le rend plus subtil;

Mais qui trop y demeure, il envoie en fumée
De l'esprit trop purgé la force consumée,
Et pour l'émoudre trop, lui fait perdre le fil. (*id.*)

---

[1] *le grand prêtre de Thrace:* Orpheus; [2] *sourpelis: surplis*; [3] *Liré:*
Du Bellay's native village; [4] *si:* nevertheless; [5] *Gohory:* Jacques
Gohory, polymath and poet, died 1576; [6] *emble:* takes away

Comme un qui veut curer quelque cloaque immonde,
S'il n'a le nez armé d'une contresenteur,
Etouffé bien souvent de la grand puanteur
Demeure enseveli dans l'ordure profonde,
    Ainsi le bon Marcel[1] ayant levé la bonde
Pour laisser écouler la fangeuse épaisseur
Des vices entassés, dont son prédécesseur
Avait six ans devant empoisonné le monde,
    Se trouvant, le pauvret, de telle odeur surpris,
Tomba mort au milieu de son œuvre entrepris,
N'ayant pas à demi cette ordure purgée.
Mais quiconque rendra tel ouvrage parfait
Se pourra bien vanter d'avoir beaucoup plus fait
Que celui qui purgea les étables d'Augée.   (*id.*)

Celui vraiment était et sage et bien appris,
Qui connaissant du feu la semence divine
Etre des animants[2] la première origine,
De substance de feu dit être nos esprits.
    Le corps est le tison de cette ardeur épris,
Lequel, d'autant qu'il est de matière plus fine,
Fait un feu plus luisant, et rend l'esprit plus digne
De montrer ce qui est en soi-même compris.
    Ce feu donques céleste, humble de sa naissance,
S'élève peu à peu au lieu de son essence,
Tant qu'il soit parvenu au point de sa grandeur.
Adonc il diminue, et sa force lassée,
Par faute d'aliment en cendres abaissée,
Sent faillir tout à coup sa languissante ardeur.   (*id.*)

Marcher d'un grave pas et d'un grave sourcil,
Et d'un grave souris à chacun faire fête,
Balancer tous ses mots, répondre de la tête,
Avec un *Messer non*, ou bien un *Messer si*,[3]
    Entremêler souvent un petit *E così* . . . ?[4]
Et d'un *Son servitor*[5] contrefaire l'honnête,

---

[1] *Marcel*: Pope Marcel II, elected 9th April, died 1st May 1555
[2] *animants*: living creatures   [3] *Messer non . . . si*: No . . . Yes, Sir
[4] *E così*: And so . . . ?   [5] *Son servitor*: At your service . . .

Et, comme si l'on eût eu sa part en la conquête,
Discourir sur Florence et sur Naples aussi,
    Seigneuriser chacun d'un baisement de main,
Et, suivant la façon d'un courtisan romain,
Cacher sa pauvreté d'une brave apparence:
Voilà de cette cour la plus grande vertu,
— Dont souvent mal monté, mal sain, et mal vêtu,
Sans barbe et sans argent on s'en retourne en France.   (*id.*)

    La terre y est fertile, amples les édifices,
Les poêles bigarrés, et les chambres de bois,
La police[1] immuable, immuables les lois,
Et le peuple ennemi de forfaits et de vices.
    Ils boivent nuit et jour en Bretons et en Suisses,
Ils sont gras et refaits, et mangent plus que trois.
Voilà les compagnons et correcteurs des rois,[2]
Que le bon Rabelais a surnommés *Saucisses*.[3]
    Ils n'ont jamais changé leurs habits et façons,
Ils hurlent comme chiens leurs barbares chansons,
Ils comptent à leur mode et de tout se font croire,
Ils ont force beaux lacs et force sources d'eau,
Force prés, force bois. J'ai du reste, Belleau,[4]
Perdu le souvenir, tant ils me firent boire.   (*id.*)

    Et je pensais aussi ce que pensait Ulysse,
Qu'il n'était rien plus doux que voir encore un jour
Fumer sa cheminée, et après long séjour
Se retrouver au sein de sa terre nourrice.
    Je me réjouissais d'être échappé au vice,
Aux Circés d'Italie, aux sirènes d'amour,
Et d'avoir rapporté en France à mon retour
L'honneur que l'on s'acquiert d'un fidèle service.
    Las! mais après l'ennui de si longue saison,
Mille soucis mordants je trouve en ma maison,
Qui me rongent le cœur sans espoir d'allégeance.
Adieu doncques, Dorat: je suis encor Romain,
Si l'arc que les neuf sœurs te mirent en la main
Tu ne me prête ici, pour faire ma vengeance.   (*id.*)

---

[1] *police:* public life and order; [2] *compagnons et correcteurs des Rois:* traditional title bestowed by the republican Swiss on themselves; [3] *Saucisses:* see Rabelais, *Quart Livre*, ch. xxxviii; [4] *Belleau:* see p. 50

JACQUES TAHUREAU

En quel fleuve aréneux jaunement s'écoulait
L'or qui blondit si bien les cheveux de ma Dame?
Et du brillant éclat de sa jumelle flamme,
Tout astre surpassant, quel haut ciel s'emperlait?

    Mais quelle riche mer le coral recélait
De cette belle lèvre où mon désir s'affame?
Mais en quel beau jardin la rose qui donne âme
A ce teint vermeillet au matin s'étalait?

    Quel blanc rocher de Pare[1] en étoffe marbrine
A tant bien montagné cette plaine divine?
Quel parfum de Sabée a produit son odeur?
O trop heureux le fleuve, heureux ciel, mer heureuse,
Le jardin, le rocher, la Sabée odoreuse
Qui nous ont enlustré le beau de son honneur!

REMY BELLEAU

La Cerise

.   .   .

O sage et gentille Nature,
Qui contrains dessous la clôture
D'une tant délicate peau,
Une gelée, une douce eau,
Une eau confite, une eau sucrée,
Une glaire si bien serrée
De petits rameux entrelacs,
Qu'à bon droit l'on ne dirait pas
Que la Nature bien apprise
N'eût beaucoup plus en la Cerise
Pris de plaisir, qu'en autre fruit
Que de sa grâce nous produit.

    A-t-elle pas en sauvegarde
De son espèce, mis en garde
Le noyau dans un osselet,
Dedans un vase rondelet,
Clos, serré dans une voûture
Faite en si juste architecture,
Que rien ne semble imiter mieux
Ce grand tour surpendu des cieux?...

    [1] Pare: Paros

Mon Dieu! mon Dieu! quel plaisir est-ce,
Accompagné de sa maîtresse,
Librement à l'ombre se voir
D'un cerisier, et de s'asseoir
Dessus l'herbe encore blondissante
D'une perlette rosoyante!
Et de main forte rabaisser
Une branche, pour lui laisser
Cueiller de sa lèvre tendrette
La Cerise encore verdelette?
　　Puis après, de la même main,
Doucement découvrir son sein
Pour baiser la sienne jumelle
De sa ronde et blanche mamelle!...

(Petites Inventions)

C'était en la saison que la troupe rustique
S'apprête pour couper de cette plante unique,
De ce rameau sacré le raisin pourprissant;
C'était en la saison que le fruit jaunissant
Laisse veuve sa branche, et le souillard Automne
Fait écumer les bords de la vineuse tonne;
Un chacun travaillait, l'un après le pressoir,
L'autre à bien étouper le ventre à l'entonnoir,
Et d'un fil empoissé avec un peu d'étoupes,
Calfeutrer les bondons[1]; les uns lavaient les coupes
Et rinçaient les barils; autres sur leurs genoux
Aiguisaient des faucets pour percer les vins doux,
Et picotant leurs flancs d'une adresse fort gaie,
En trois tours de foret faisaient saigner la plaie;
Puis à bouillons fumeux le faisaient doisiller[2]
Louche[3] dedans la tasse, et tombant pétiller.
Les autres plus gaillards sur les grappes nouvelles
A deux pieds s'affondraient jusque sous les aisselles;
Les uns serraient le marc, les autres pressuraient,
Les uns pour vendanger sur la pierre émoulaient
Le petit bec crochu de leurs mousses serpettes,
Les uns trempaient l'osier, les autres leurs tinettes,[4]
Leurs hottes, leur étrain[5] dedans les clairs ruisseaux.

---

[1] *bondons:* bungs
[2] *doisiller:* to run out through a *doisil* or hole pierced in the cask
[3] *louche:* cloudy (the wine is new)
[4] *tinettes:* tubs　　　　　　　[5] *étrain:* basket

Autres allaient raclant les côtes des vaisseaux
De gravelle[1] émaillées, et de mousses couvertes;
Les autres leur serraient les lèvres entr'ouvertes
D'un cercle de peuplier cordonné d'osiers francs,
Puis à coups de maillet leur rebattaient les flancs.
Les uns buvaient au bord de la fumante gueule
Des cuves au grand ventre; autres tournaient la meule,
Faisant craquer le grain et pleurer le raisin,
Puis sous l'arbre avalé[2] un grand torrent de vin
Roulait dedans la met,[3] et d'une force étrange
Faisaient geindre le bois, et pleuvoir la vendange.
Autres à dos penché entonnaient à plein seau
La bouillante liqueur de ce vin tout nouveau.
Autres allaient criant de leur puissance toute
Qu'au pied des ceps tortus on fît la mère goutte,
Et chancelant des pieds, de tête et de genoux,
S'enivraient seulement au fumet des vins doux. . . .

(La Bergerie II)

ÉTIENNE DE LA BOÉTIE

Ce jourd'hui du soleil la chaleur altérée
A jauni le long poil de la belle Cérès;
Ores il se retire, et nous gagnons le frais,
Ma Marguerite et moi, de la douce sérée.[4]
　Nous traçons dans les bois quelque voie égarée,
Amour marche devant, et nous marchons après;
Si le vert ne nous plaît des épaisses forêts,
Nous descendons pour voir la couleur de la prée.
　Nous vivons francs d'émoi, et n'avons point souci
Des rois, ni de la cour, ni des villes aussi.
O Médoc, mon pays solitaire et sauvage,
Il n'est point de pays plus plaisant à mes yeux!
Tu es au bout du monde, et je t'en aime mieux:
Nous savons après tout les malheurs de notre âge.

---

[1] *gravelle*: gravel—the enamel is made from siliceous sand
[2] *avalé*: lowered
[3] *met* (or *maie*): the bottom part of the winepress　　[4] *sérée*: *soirée*

Tu m'as rendu la vue, Amour, je le confesse.
De grâce que c'était à peine je savois,
Et or toute la grâce en un monceau je vois
De toutes parts luisant en ma grande maîtresse.

Or de voir et revoir ce trésor je ne cesse,
Comme un maçon qui a quelque riche paroi
Creusé d'un pic heureux, qui recèle sous soi
Des avares aïeux la secrète richesse.

Or j'ai de tout le bien la connaissance entière,
Honteux de voir si tard la plaisante lumière.
Mais que gagné-je, Amour, que ma vue est plus claire,

Que tu m'ouvres les yeux et m'affines les sens?
— Et plus je vois le bien, et plus de maux je sens,
Car le feu qui me brûle est celui qui m'éclaire.

JEAN-ANTOINE DE BAÏF

Assez de piquebœufs, peu de bons laboureurs
Qui sachent dextrement manier la charrue!
A tort et à travers bon et mauvais se rue:
L'ignorant fait toujours vertu de ses erreurs.

Non pas toi, Costeley,[1] qui entre les meilleurs
Exerces le doux art d'une musique élue,
Sachant par tes accords accoiser[2] l'âme émue,
L'exciter assoupie, exprimer ses douleurs.

Jadis musiciens, et poètes et sages
Furent mêmes auteurs; mais la fuite des âges
Par le temps qui tout change a séparé les trois.

Puissions-nous d'entreprise heureusement hardie,
Du bon siècle ramenant la coutume abolie,
Joindre les trois en un sous la faveur des Rois.

(*Passetemps*)

~~~

.   .   .   .   .

Bien qu'on ne puisse pas sans longue expérience,
Qu'on acquiert avec ceux qui savent la science,
Connaître les cerceaux qui partissent[3] les cieux,
Cettui-ci promptement se présente à tes yeux.
Ne le cherche longtemps, car sa blanche lumière

[1] *Costeley:* G. Costeley, 1531-1606, famous musician
[2] *accoiser:* to calm (from *coi*)   [3] *partissent:* divide

Coupe le ciel en deux, comme une double ornière
Marque à travers les champs un long chemin rayé
Du charroi des rouliers à toute heure frayé.
Comme en la grande mer une suite chenue
D'écume blanchissant longue se continue
Derrière un galiot qui, soufflé d'un bon vent,
Départ[1] les flots ronflants et s'envole en Levant,
Ce long chemin aussi de sa lumière blanche
En deux égales parts tout ce grand monde tranche,
Et claire apparaissant par une noire nuit,
Dans le ciel étoilé sa longue bande luit. . . .

  Or chantons maintenant la certaine origine
D'où blanchit dans le ciel cette voié laitine.
Je ne suis apprenti des fables que l'on dit
De ce lait qui jadis là-haut se répandit. . . .

  Quelqu'un, lorsque là-sus les étoiles clignantes
Par une obscure nuit luiront étincelantes,
Pour mieux les contempler ses yeux renversera,
Et, voyant ce baudrier, en son cœur pensera
La secrète raison et la cause cachée,
Et peut-être dira, l'ayant longtemps cherchée,
Saisi de grand frayeur: 'Mon Dieu! serait-ce point
Que la masse du monde en ce lieu se déjoint?
De l'univers vieilli l'ancienne machine
Attend-elle déjà sa dernière ruine,
Et le ciel, crevassé dans son usé séjour,
Par sa plaie d'ailleurs prend-il un nouveau jour?
Mais ne serait-ce point la durable couture
Où ferme se reprend du monde la soudure,
Et sont rejoints en un les bords des deux demis,
A clous de diamant pour jamais affermis?...'

.   .   .   .   .   .

  Donques, nous penserons la ceinture laitée
Au corps éthérien d'ailleurs être ajoutée,
Ou du nombre infini des étoiles que Dieu
Voulut amonceler pêle-mêle en ce lieu,
Qui ont si peu de corps que notre faible vue
Nulle d'elles à part n'a jamais aperçue,
Mais toutes leurs clartés confondant leurs rayons
Rapportent la blancheur du lait que nous voyons. . . .

                (*Les Météores*)

---

[1] *départ:* cleaves

ÉTIENNE JODELLE

Recherche qui voudra cet Amour qui domine,
Comme l'on dit, les Dieux, les hommes, les esprits,
Qu'on feint le premier né des Dieux, et qui a pris
Eternellement soin de cette grand machine;
   Dont l'arc, le trait, la trousse, et la torche divine
N'a rien que la vertu pour son but et son prix,
Sans passions, douleurs, remords, larmes et cris.
Quant à moi, je croirai que tel on l'imagine,
   Et qu'au monde il n'est point. Quant aux fausses amorces
De l'autre aveugle Amour, j'en dépite les forces.
Mais je crois si amour aucun nous vient des cieux,
   C'est lors que deux moitiés par mariage unies,
Quittent, pour l'amour vrai dont se paissent leurs vies,
Tout amour fantastique, et tout amour sans yeux.

               ❦

Je me trouve et me perds, je m'assure et m'effroie,
En ma mort je revis, je vois sans penser voir,
Car tu as d'éclairer et d'obscurcir pouvoir
— Mais tout orage noir de rouge éclair flamboie.
   Mon front qui cache et montre avec tristesse joie,
Le silence parlant, l'ignorance au savoir,
Témoignent mon hautain et mon humble devoir.
— Tel est tout cœur qu'espoir et désespoir guerroie.
   Fier en ma honte et plein de frisson chaleureux,
Blâmant, louant, fuyant, cherchant l'art amoureux,
Demi-brut, demi-Dieu je suis devant ta face
Quand d'un œil favorable et rigoureux, je crois,
Au retour tu me vois, moi las! qui ne suis moi:
O clair-voyant aveugle, ô Amour, flamme et glace!

               ❦

Des astres, des forêts, et d'Achéron l'honneur,
Diane, au monde haut, moyen et bas préside,
Et ses chevaux, ses chiens, ses Euménides guide,
Pour éclairer, chasser, donner mort et horreur.
   Tel est le lustre grand, la chasse, et la frayeur,
Qu'on sent sous ta beauté claire, prompte, homicide,
Que le haut Jupiter, Phébus, et Pluton cuide[1]
Son foudre moins pouvoir, son arc, et sa terreur.

[1] *cuide:* thinks

55

Ta beauté par ses rais, par son rets, par la crainte,
Rend l'âme éprise, prise, et au martyre étreinte.
Luis-moi, prends-moi, tiens-moi; mais hélas! tu me perds
Des flambeaux forts et griefs, feux, filets, et encombres,
Lune, Diane, Hécate, aux cieux, terre, et enfers,
Ornant, quêtant, gênant, nos Dieux, nous, et nos ombres.

✦

Celle qui est au vif de quelque amour atteinte,
Quel Dieu, ou quel Argus empêcher la pourrait
D'accomplir un amour mutuel qu'elle aurait?
Amour donne toujours moyen à la contrainte.
    Mais qui a la vertu dans son cœur bien empreinte,
Et qui ne veut aimer fors que ce qu'elle doit,
Quel Dieu, quel Jupiter rallumer lui feroit
D'un autre amour le feu de sa poitrine sainte?
    Que sert donques le guet, ou Argus aux cent yeux?
Le fort de la vertu immuable vaut mieux.
Argus s'aveugla bien par le saint caducée.[1]
Donques je ne crois pas que la plus forte tour,
Ni une pluié d'or[2] au giron amassée
Puisse contraindre ou vaincre un vouloir en amour.

JEAN VAUQUELIN DE LA FRESNAIE

O Galatée — ainsi toujours la grâce
Te fasse avoir jeunesse et belle face —
Avec ta mère après souper chez nous
Viens-t'en passer cette longue sérée[3]:
Près d'un beau feu, de nos gens séparée,
Ma mère et moi veillerons comme vous.

Plus que le jour la nuit vous sera belle,
Et nos bergers, à la claire chandelle,
Des contes vieux en teillant conteront.
Lise tandis nous cuira des châtaignes,
Et si l'ébat des jeux tu ne dédaignes,
De nous dormir les jeux nous garderont.

                    (*Diverses poésies: Idillies*)

---

[1] *saint caducée*: the staff with twining serpents, the traditional attribute
of Hermes, who killed the many-eyed Argus set by Hera to watch
over Io   [2] *pluie d'or*: allusion to the story of Semele   [3] *sérée: soirée*

Entre les fleurs, entre les lis,
Doucement dormait ma Philis,
Et tout autour de son visage
Les petits Amours, comme enfants,
Jouaient, folâtraient, triomphants,
Voyant des cieux la belle image.

J'admirai toutes ses beautés,
Egales à mes loyautés,
Quand l'esprit me dit en l'oreille:
'Fou, que fais-tu? Le temps perdu
Souvent est chèrement vendu;
S'on le recouvre, c'est merveille.'

Alors je m'abaissai tout bas,
Sans bruit je marchai pas à pas
Et baisai ses lèvres pourprines.
Savourant un tel bien, je dis
Que tel est dans le paradis
Le plaisir des âmes divines.

(id.)

Mon fils,[1] plus je ne chante ainsi comme autrefois,
Je suis plein de chagrin, je ne suis plus courtois.
Seulement tout hargneux je vais suivant la trace
De Juvénal, de Perse, et par sur tous Horace;
Et si j'étends ma faux en la moisson d'autrui,
J'y suis comme forcé pour les mœurs d'aujourd'hui.
Les Muses ne sont plus en cet âge écoutées,
Et les vertus de loin de tous sont rejetées.
Les jeunes de ce temps sont tous achalandés
Aux boutiques des jeux de cartes et de dés,
Beaux danseurs, escrimeurs, qui, mignons comme femmes,
Couvrent sous leurs habits les amoureuses flammes.
La plupart tous frisés, d'un visage poupin,
Suivent dès le berceau les dames et le vin,
Et vont par les maisons muguetant[2] aux familles,
Au hasard de l'honneur des femmes et des filles.
  Te voilà de retour: sous le ciel de Poitiers,
Tu n'as pas cheminé par de plus beaux sentiers.
Car, à juger ton port, à regarder ta face,
Tu as de ces mignons la façon et la grâce.

[1] *Mon fils:* Guillaume Vauquelin de la Fresnaie   [2] *mugueter:* to flirt

57

Mais tout mis sous le pied, il est temps de penser
En quel rang tu te veux maintenant avancer.
Le temps à tous moments notre âge nous dérobe.
Je te juge aussi propre aux armes qu'à la robe.
La malice du siècle et Mars tout débauché
T'a, comme l'un des siens, en son état couché,
Mais ce serait ton heur si d'une âme prudente
Tu suivais la Déesse et guerrière et savante:
C'est le meilleur d'avoir, en la jeune saison,
Des armes pour les champs, de l'art pour la maison.

Aime Dieu cependant, et marchant en sa crainte,
Garde que sa lumière en toi ne soit éteinte.
Elle te conduira par les obscurs détours
Où tu chemineras désormais tous les jours.
Car toujours la jeunesse est la plus agréable
Qui porte sur le front une douceur aimable,
Montrant par ses discours à chacun, en tout lieu,
Qu'en son âme est empreinte une image de Dieu,
Et qui, par des effets pleins d'un gentil courage,
Fait goûter de bon fruit dès son apprentissage. . . .

(Diverses poésies: Satires françaises)

JACQUES GRÉVIN

Rome avait surmonté par ses bras belliqueux
Et mille gallions toute la terre et l'onde,
Si bien qu'il n'y avait pour la ville et le monde
Qu'une pareille fin qui les bornât tous deux.

Pour achever le tout, il lui restait les cieux,
Par quoi vint assaillir cette grande arche ronde,
Avec humilité et charité profonde,
Des Pères anciens l'essaim dévotieux.

Or leurs bons successeurs, les braves courtisans,
Afin de ne céder aux faits des anciens,
Voyant que tout était dompté dans l'univers,
Se sont tant hasardés, qu'ores courant grand erre,
Après qu'ils ont laissé et le ciel et la terre,
Ils sont faits héritiers du profond des enfers.

(La Gélodacrie)

Souffle dans moi, Seigneur, souffle dedans mon âme
Une part seulement de ta sainte grandeur;
Engrave ton vouloir au rocher de mon cœur
Pour assurer le feu qui mon esprit enflamme.

Supporte, Seigneur Dieu, l'imparfait de ma flamme
Qui défaut trop en moi: rend-toi le seul vainqueur,
Et de ton grand pouvoir touche, époinçonne, entame
Le feu, le cœur, l'esprit de moi, ton serviteur.

Elève quelquefois mon âme dépêtrée
Du tombeau de ce corps qui la tient enserrée;
Fais, fais-la comparoir devant ta Majesté:
Autrement je ne puis, ne voyant que par songe,
D'avec la chose vraie éplucher le mensonge
Qui se masque aisément du nom de Vérité.

(*id.*)

J'amasse quelquefois dedans mon pensement
Tous ces cercles roulants qui embrassent le monde;
J'y amasse le feu, l'air, la terre avec l'onde,
Pour rechercher l'auteur de leur commencement.

Là-dedans je retire un cinquième élément,
Qui jette la semence en la terre féconde,
Et qui du plus profond de sa grande arche ronde
Fait mouvoir les saisons avec son mouvement.

Lorsque je pense avoir trouvé une partie
Des causes de ce monde et de l'humaine vie,
Je n'en retire rien qu'un chaos plus souvent.
Voilà de quoi me sert la lecture assidue
D'Aristote ou Platon, où plus souvent je sue,
Puis je me refroidis, sage comme devant.

(*id.*)

AMADIS JAMIN

Ces cheveux crêpelus, doux liens de mon âme,
Que j'aime d'autant plus que mon plus grand malheur
Vient de trop regarder le blond de leur couleur,
Dénoués, me cachaient le beau sein de ma Dame.

Lors mon cœur s'envola dans cette blonde trame,
Sautant comme l'oiseau, sous l'ombreuse verdure,
De branche en branche saute au gré de son ardeur,
Et maintenant en vain vers moi je le réclame.

Deux mains incontinent, outre mesure belles,
Resserrèrent les flots de leurs blondes cautelles,[1]
Et serrèrent dedans mon cœur enveloppé.
Je criai, mais mon sang qui se gela de crainte,
Fit étouffer ma voix sous l'estomac[2] contrainte;
Tandis il fut lié, et n'en est échappé.

•••

Les Pontifes d'Egypte, hommes d'entendement,
Habillaient Osiris d'un blanc habillement
Pareil à la lumière, exempt de tout ombrage,
Et de variété de teinture ou nuage,
Montrant que le grand Dieu, cause et commencement
Des choses de ce monde, est simple entièrement,
Sans mélange quelconque, et comme seul principe
Jamais des mixtions en soi ne participe.
Au contraire ils faisaient à la déesse Isis
De diverses couleurs ses voiles et ses habits,
Déclarant que Nature, étant cause seconde
Pour conduire après Dieu les œuvres de ce monde,
Met toute son essence, emploié son pouvoir
En la matière prête et prompte à recevoir
Toutes formes en soi, se faisant toutes choses:
Jour, nuit, eau, feu, mort, vie, et cent métamorphoses. . . .

(*La Louange du Blanc*)

GUY LE FÈVRE DE LA BODERIE

Puis donc que le savoir ne saoule le désir,
Qui comme un feu gourmand ard[3] d'autant davantage
Qu'on y met plus de bois, je veux ores plus sage
Non plus Dieu par savoir, mais par amour saisir.
Celui se trompe au choix lequel pouvant choisir
Par science ou amour de saouler son courage,
Et comprendre l'Ouvrier dont le monde est l'ouvrage,
Pense du seul savoir contenter son plaisir.
Plus tôt toute la mer il aurait épuisée,
Que cette Eternité sans fin, indivisée,
Par science il comprit. Mais si l'amour l'éprend,

---

[1] *cautelles:* snares   [2] *estomac:* breast   [3] *ard:* from *ardre,* to burn

Adonques l'Infini en son cœur il enserre,
Et peut comprendre plus que le ciel ni la terre,
Car il comprend Celui qui terre et ciel comprend.

❧

Comme le beau soleil de surgeon pérennel,
Dardant son rai subtil, pénètre une verrière
Sans le verre casser, et sans que sa lumière
Il retranche d'avec son pur rayon isnel,[1]
   Ainsi nous envoya Dieu le Père éternel
Son Verbe et sa splendeur dedans la Vierge entière,
Sans fendre son cristal ni rompre sa barrière,
Et sans se séparer du surgeon paternel.
   Vous qui ne donnez foi à la sainte Ecriture,
Remarquez ce mystère au livre de Nature;
Ouvrez les yeux de l'âme afin d'apercevoir
Le Soleil du soleil qui dans les cœurs veut naître,
Et n'attribuez plus au serviteur qu'au maître:
Puissant doit être cil qui donne à tous pouvoir.

                    (published with *L'Encyclie*)

PHILIPPE DESPORTES

Or que bien loin de vous je languis soucieux,
Fuyant tout entretien, je pense à mon martyre,
Et ne saurais rien voir, quelque part que je tire,
Qui ne blesse aussitôt mon esprit par mes yeux.
   Quand je vois ces hauts monts qui voisinent les cieux,
Je pense à la grandeur du bien que je désire,
Et pense, oyant les vents en leur caverne bruire,
Que ce soient de mon cœur les soupirs furieux.
   Quand je vois des rochers les sources distillantes,
Il me va souvenir de mes larmes brûlantes
Qui ruissellent d'un cours toujours s'entresuivant;
Et le feuillage sec dont la terre est couverte
Semble à mon espérance, en autre temps si verte,
Mais qui, sèche à présent, sert de jouet au vent.

                    (*Amours de Diane*, I)

[1] *isnel:* swift

Solitaire et pensif, dans un bois écarté,
Bien loin du populaire et de la tourbe épaisse,
Je veux bâtir un temple à ma fière Déesse
Pour appendre mes vœux à sa divinité.

Là, de jour et de nuit, par moi sera chanté
Le pouvoir de ses yeux, sa gloire et sa hautesse,
Et, dévot, son beau nom j'invoquerai sans cesse
Quand je serai pressé de quelque adversité.

Mon œil sera la lampe ardant continuelle
Devant l'image saint d'une dame si belle;
Mon corps sera l'autel, et mes soupirs les vœux;
Par mille et mille vers je chanterai l'office,
Puis, épanchant mes pleurs et coupant mes cheveux,
J'y ferai tous les jours de mon cœur sacrifice.

(id.)

Autour des corps qu'une mort avancée
Par violence a privés du beau jour,
Les ombres vont et font maint et maint tour,
Aimant encor leur dépouille laissée.

Au lieu cruel où j'eus l'âme blessée,
Et fus meurtri par les flèches d'Amour,
J'erre, je tourne et retourne à l'entour,
Ombre maudite, errante et déchassée.

Légers esprits, plus que moi fortunés,
Comme il vous plaît vous allez et venez
Au lieu qui clôt votre dépouille aimée.
Vous la voyez, vous la pouvez toucher,
Où, las! je crains seulement d'approcher
L'endroit qui tient ma richesse enfermée.

(Amours d'Hippolyte)

A la beauté du ciel votre beauté j'égale:
Le ciel en sa rondeur toute forme contient,
Et par son mouvement crée, émeut et maintient:
De semblables effets vous êtes libérale.

Car votre belle vue, admirable et fatale,
Crée en nous les amours, les garde et les soutient,
Et tant de beaux pensers dont l'esprit s'entretient
Ont leur mouvement d'elle et leur forme idéale.

Le clair soleil du ciel fait naître en tournoyant
Les fleurs, l'or précieux, le rubis flamboyant,
Dont mainte dame après son beau chef environne:

Les soleils de vos yeux, mon esprit allumant,
Y produisent sans fin perles et diamants
Dont j'espère en mes vers vous faire une couronne.

(*Amours de Cléonice*)

'S'il est vrai, comme on dit, que les plus belles âmes
Meuvent les plus beaux corps et leur donnent pouvoir,
Quelle âme est assez belle afin de vous mouvoir,
Astres clairs, qui versez tant de célestes flammes?

Il pleut de vos regards une douceur extrême,
Comblant les chastes cœurs d'aise et d'embrasement,
Qui fait croire qu'Amour, quittant le firmament,
Pour vous donner esprit, s'est fait esprit lui-même.

Beaux yeux, mes chers soleils, las! par quelle aventure
Faut-il que si souvent vos rais me soient célés?
Ceux du commun soleil ne sont tant reculés,
Et la nuit pour chacun si longuement ne dure.

Je suis votre Phénix, ô lumière immortelle!
En cendre à vos rayons je me vais réduisant.'
— Ainsi parlait Philon, baisant et rebaisant,
Dévot, les yeux divins de Licaste la belle.

(*La Bergerie*)

Quand, miroir de moi-même, en moi je me regarde,
Je vois comme le temps m'est sans fruit écoulé,
Tandis que, de jeunesse et d'amour affolé,
Ce monde en ses détours m'amuse et me retarde.
    La beauté de mes ans, comme un songe fuyarde,
Me laisse en s'envolant le poil entremêlé,
Le teint pâle et flétri, le cœur triste et gelé
Qui pour tous beaux pensers la repentance garde.
    Me trouvant si changé, je dis, morne et confus:
'Tu n'es plus, ô chétif, ce qu'autrefois tu fus.
Vois ta nuit qui s'approche, et pense à la retraite!
Racquiers le temps perdu, doublement travaillant,
Comme le voyageur, trop tard se réveillant,
Gagne en doublant le pas la perte qu'il a faite.

(*Sonnets spirituels*)

GUILLAUME DE SALLUSTE DU BARTAS

. . . . .

Dieu ne fit seulement unique la nature:
Ains[1] il la fit bornée et d'âge et de figure,
Voulant que l'être seul de sa Divinité
Se vît toujours exempt de toute quantité.
Vraiment le ciel ne peut se dire sans mesure.
Ce Tout n'est immortel, puisque par maint effort
Ses membres vont sentant la rigueur de la mort,
Que son commencement de sa fin nous asseure,
Et que tout va çà bas au change d'heure en heure.
　Composez hardiment, ô sages Grecs, les cieux
D'un cinquième élément; disputez, curieux,
Qu'en leur corps partout rond l'œil humain ne remarque
Commencement, ni fin; débattez que la Parque
Asservit seulement sous ses cruelles lois
Ce que l'astre argenté revoit de mois en mois:
Le faible étaiément de si vaine doctrine
Pourtant ne sauvera ce grand Tout de ruine.
　Un jour de comble en fond les rochers crouleront,
Les monts plus sourcilleux de peur se dissoudront,
Le ciel se crèvera, les plus basses campagnes,
Boursouflées, croîtront en superbes montagnes;
Les fleuves tariront, et si dans quelque étang
Reste encor quelque flot, ce ne sera que sang;
La mer deviendra flamme, et les sèches baleines,
Horribles, mugleront sur les cuites arènes;
En son midi plus clair le jour s'épaissira,
Le ciel d'un fer rouillé sa face voilera;
Sur les astres plus clairs courra le bleu Neptune;
Phébus s'emparera du noir char de la lune;
Les étoiles cherront.[2] Le désordre, la nuit,
La frayeur, le trépas, la tempête, le bruit,
Entreront en quartier, et l'ire vengeresse
Du Juge criminel, qui jà déjà nous presse,
Ne fera de ce Tout qu'un bûcher flamboyant,
Comme il n'en fit jadis qu'un marais ondoyant. . . .
(Première Semaine, Premier Jour)

---

[1] *Ains:* on the contrary　　[2] *cherront:* from *choir*, to fall

64

. . . . . .

Or ainsi que le vent fait tournoyer les voiles
D'un moulin équipé de sou-soufflantes toiles,
Des voiles la rondeur anime l'arbre ailé,
L'arbre promène en rond le rouet dentelé,
Le rouet la lanterne, et la lanterne vire
La pierre qui le grain en farine déchire;
Et tout ainsi qu'on voit en l'horloge tendu
Qu'un juste contrepoids justement suspendu
Emeut la grande roue, et qu'encor elle agite
Par ses tours mainte roue et moyenne et petite,
Le branlant balancier, et le fer martelant
Les deux fois douze parts du vrai jour égalant,
Ainsi le plus grand ciel, dans quatre fois six heures
Visitant des mortels les diverses demeures,
Par sa prompte roideur emporte tous les cieux
Qui dorent l'univers des clairs rais de leurs yeux,
Et les traîne en un jour par sa vitesse étrange
Du Gange jusqu'au Tage, et puis du Tage au Gange.
Mais les ardents flambeaux qui brillent dessous lui,
Fâchés d'être toujours sujets au gré d'autrui,
De ne changer jamais de son ni de cadence,
D'avoir un même ciel toujours pour guide-danse,
S'obstinent contre lui, et d'un oblique cours,
Qui deçà, qui delà, marchent tout au rebours,
Si bien que chacun d'eux (bien qu'autrement il semble)
En un même moment marche et recule ensemble,
Monte ensemble et descend, et d'un contraire pas
Chemine en même temps vers Inde et vers Atlas;
Comme celui qui veut dessus la côte anglaise
Guider les noirs paquets de l'herbe lauragaise,[1]
Tandis que vers la mer le roide fil de l'eau
De l'ondeuse Garonne emporte son bateau,
Peut marcher, s'il lui plaît, de la proue à la poupe,
Et maugré les efforts de la vagante troupe,
Les souffles de l'autan, et la roideur des eaux,
Aller en même temps vers Toulouse et Bordeaux. . . .

(id., Quatrième Jour)

. . . . .

Or, bien que notre esprit vive comme captif
Dans les ceps de ce corps, qu'il languisse, chétif,

---

[1] *herbe lauragaise:* woad, exported from Lauragais in the Languedoc

Sous un obscur tombeau, d'une tirade il vole
Et d'Imaue[1] outre Calpe,[2] et de la terre au pôle,
Plus vite que celui qui d'un flamboyant tour
Tout ce grand univers postillonne en un jour.
Car, quittant quelquefois les terres trop connues,
D'une allègre secousse il saute sur les nues,
Il noué[3] par les airs où, subtil, il apprend
De quoi se fait la neige, et la grêle, et le vent,
De quoi se fait l'éclair, la glace, la tempête,
La pluié, le tonnerre, et la triste comète.
Par les degrés de l'air il monte, audacieux,
Sur les planchers du monde, il visite les cieux
Etage après étage, il contemple leurs voûtes,
Il remarque l'accord de leurs contraires routes,
D'un infaillible jet et d'un certain compas
Il compte leurs brandons, il mesure leurs pas,
Il aune leur distance, et comme si le monde
N'enfermait dans le clos de sa figure ronde
Des sujets assez beaux, il s'élance dehors
Les murs de l'univers, et loin, loin de tous corps,
Il voit Dieu face à face, il voit les chastes gestes
Et le zèle fervent des courtisans célestes. . . .

(*id.*, *Sixième Jour*)

.   .   .   .   .   .

Le Dragon,[4] pour forcer l'humaine forteresse,
Imite d'un grand chef la guerrière finesse,
Qui plutôt qu'attaquer le fort jà menacé,
Remarque son assiette et sonde son fossé,
De l'aune de son œil mesure sa muraille,
Reconnaît tous ses flancs, met son camp en bataille,
Et, les approches faits, ardent, bat vers la part
Moins forte par nature et moins forte par art.
Car, ayant longuement du premier Androgyne[5]
Contemplé, vieux routier, et les mœurs et la mine,
Il braque ses canons, tire, donne l'assaut
En l'endroit qu'il remarque un évident défaut,
S'attaquant à la femme indiscrète, légère,
Faible, aime-nouveauté, crédule et mensongère. . . .

(*La Seconde Semaine: L'Imposture*)

---

[1] *Imaue:* the Imaus or Hindu Kush   [2] *Calpe:* Gibraltar
[3] *noue:* from *nouer,* to swim   [4] *Le Dragon:* the Serpent
[5] *premier Androgyne:* Adam and Eve. See Plato, *Banquet*

AGRIPPA D'AUBIGNÉ

Miséricorde, ô cieux, ô dieux impitoyables,
Epouvantables flots, ô vous, pâles frayeurs
Qui même avant la mort faites mourir les cœurs,
En horreur, en pitié voyez ces misérables!
   Ce navire se perd, dégarni de ses câbles,
Ces câbles, ses moyens, de ses espoirs menteurs:
La voile est mise à bas; les plus fermes rigueurs
D'une fière beauté sont les rocs imployables,
   Les mortels changements sont les sables mouvants,
Les sanglots sont éclairs, le soupirs sont les vents,
Les attentes sans fruit sont écumeuses rives
Où, au bord de la mer, les éplorés amours,
Voguant de petits bras, las et faible secours,
Aspirent en nageant à faces demi-vives.

(Le Printemps: l'Hécatombe à Diane)

✿

Sort inique et cruel! le triste laboureur
Qui s'est arné[1] le dos à suivre sa charrue,
Qui sans regret semant la semence menue
Prodigua de son temps l'inutile sueur;
   Car un hiver trop long étouffa son labeur,
Lui dérobant le ciel par l'épais d'une nue;
Mille corbeaux pillards saccagent à sa vue
L'épi demi-pourri, demi-sec, demi-meur.[2]
   Un été pluvieux, un automne de glace
Font les fleurs et les fruits joncher l'humide place.
Ah! services perdus! Ah! vous, promesses vaines!
Ah! espoir avorté, inutiles sueurs!
Ah! mon temps consommé en glaces et en pleurs,
Salaire de mon sang, et loyer de mes peines!

(id.)

---

[1] *arné:* broken or dislocated   [2] *meur:* mûr

Je verrai aux enfers les peines préparées
A celles-là qui ont aimé légèrement,
Qui ont foulé aux pieds les promesses jurées,
Et pour chaque forfait chaque propre tourment.
Dieux, frappez l'homicide, ou bien la justice erre,
Hors des hauts Cieux bannie ainsi que de la terre!

Aux plus subtils démons des régions hautaines
Je prêterai mon corps pour leur faire vêtir,
Pâle, défiguré, vrai miroir de mes peines;
En songe, en visions, ils lui feront sentir
Proche son ennemi, dont la face meurtrie
Demande sang pour sang, et vie pour la vie.

Je briserai la nuit les rideaux de sa couche,
Assiégeant des trois Sœurs infernales son lit,[1]
Portant le feu, la plainte et le sang en ma bouche.
Le réveil ordinaire est l'effroi de la nuit:
Mon cri contre le Ciel frappera la vengeance
Du meurtre ensanglanté fait par son inconstance.

Autre punition ne faut à l'inconstante
Que de vivre cent ans à goûter les remords
De sa légèreté inhumaine, sanglante.
Ses mêmes actions lui seront mille morts,
Ses traits la frapperont, et la plaie mortelle
Qu'elle fit en mon sein ressaignera sur elle.

Lors son teint périssant et ses beautés perdues
Seront l'horreur de ceux qui transis l'adoraient;
Ses yeux déshonorés des prunelles fondues
Seront tels que les miens, alors qu'ils se mouraient,
Et de ses blanches mains la poitrine offensée
Souffrira les assauts de la juste pensée.

Non, l'air n'a pas perdu ces soupirs misérables
Moqués, meurtris, payés par des traîtres souris:
Ces soupirs renaîtront, viendront épouvantables
T'effrayer à minuit de leurs funestes cris;
L'air a serré mes pleurs en noirs et gros nuages
Pour crever à minuit de grêles et d'orages!

(*Le Printemps*)

---

[1] *assiégeant . . . son lit:* setting the Furies to besiege her bed

Puisque le corps blessé, mollement étendu
Sur un lit qui se courbe aux malheurs qu'il supporte,
Me fait venir au ronge[1] et goûter mes douleurs,
Mes membres, jouissez du repos prétendu.
Tandis l'esprit lassé d'une douleur plus forte
Egale au corps brûlant ses ardentes chaleurs.

Le corps vaincu se rend, et, lassé de souffrir,
Ouvre au dard de la mort sa tremblante poitrine,
Etalant sus un lit ses misérables os;
Et l'esprit qui ne peut pour endurer mourir,
Dont le feu violent jamais ne se termine,
N'a moyen de trouver un lit pour son repos.

Les médecins fâcheux jugent diversement
De la fin de ma vie et de l'ardente flamme
Qui même fait le corps pour mon âme souffrir.
Mais qui pourrait juger de l'éternel tourment
Qui me presse d'ailleurs? — je sais bien que mon âme
N'a point de médecins qui la puissent guérir.

Mes yeux enflés de pleurs regardent mes rideaux
Cramoisis, éclatants du jour d'une fenêtre
Qui m'offusque la vue et fait cliner les yeux,
Et je me ressouviens des célestes flambeaux,
Comme le lis vermeil de ma Dame fait naître
Un vermeillon pareil à l'aurore des cieux.

Je vois mon lit qui tremble ainsi comme je fais;
Je vois trembler mon ciel,[2] le châlit et la frange,
Et les soupirs des vents passer en tremblottant:
Mon esprit tremble ainsi, et gémit sous le faix
D'un amour plein de vent qui muable se change
Aux vouloirs d'un cerveau plus que l'air inconstant.

Puis, quand je ne vois rien que mes yeux puissent voir
Sans bâtir là-dessus les lois de mon martyre,
Je coule dans le lit ma pensée et mes yeux:
Ainsi puisque mon âme essaie à concevoir
Ma fin par tous moyens, j'attends et je désire
Mon corps en un tombeau, et mon esprit ès cieux.

(*id.*)

---

[1] *me fait venir au ronge:* makes me live with my thoughts
(*ronger: ruminer*)   [2] *ciel:* ceiling of four-poster bed

A l'éclair violent de ta face divine,
N'étant qu'homme mortel, ta céleste beauté
Me fit goûter la mort, la mort et la ruine,
Pour de nouveau venir à l'immortalité.

Ton feu divin brûla mon essence mortelle,
Ton céleste m'éprit et me ravit aux cieux;
Ton âme était divine, et la mienne fut telle:
Déesse, tu me mis au rang des autres Dieux.

Ma bouche osa toucher la bouche cramoisie,
Pour cueillir sans la mort l'immortelle beauté;
J'ai vécu de nectar, j'ai sucé l'ambroisie,
Savourant le plus doux de la divinité.

Aux yeux des Dieux jaloux, remplis de frénésie,
J'ai des autels fumants comme les autres Dieux,
Et pour moi, Dieu secret, rougit la Jalousie
Quand mon astre inconnu a déguisé les cieux.

Même[1] un Dieu contrefait, refusé de la bouche,
Venge à coups de marteaux son impuissant courroux,
Tandis que j'ai cueilli le baiser et la couche
Et le cinquième fruit du nectar le plus doux.

Ces humains aveuglés envieux me font guerre:
Dressant contre le ciel l'échelle, ils ont monté;
Mais de mon Paradis je méprise leur terre,
Et le ciel ne m'est rien au prix de ta beauté.

(id.)

Prière du soir

Dans l'épais des ombres funèbres,
Parmi l'obscure nuit, image de la mort,
Astre de nos esprits, sois l'étoile du nord,
Flambeau de nos ténèbres.

Délivre-nous des vains mensonges,
Et des illusions des faibles en la foi;
Que le corps dorme en paix, que l'esprit veille à toi
Pour ne veiller à songes.

[1] *Même: surtout*

Le cœur repose en patience,
Dorme la froide crainte et le pressant ennui;
Si l'œil est clos en paix, soit clos ainsi que lui
L'œil de la conscience.

Ne souffre pas en nos poitrines
Les sursauts des méchants sommeillant en frayeur,
Qui sont couverts de plomb et se courbent en peur
Sur un chevet d'épines.

A ceux qui chantent tes louanges,
Ton visage est leur ciel,[1] leur chevet ton giron;
Abrités de tes mains, les rideaux d'environ
Sont le camp de tes Anges.

❧

.　　.　　.　　.　　.　　.

Les Rois, qui sont du peuple et les rois et les pères,
Du troupeau domestic sont les loups sanguinaires;
Ils sont l'ire allumée et les verges de Dieu,
La crainte des vivants; ils succèdent au lieu
Des héritiers des morts; ravisseurs de pucelles,
Adultères, souillant les couches des plus belles,
Des maris assommés ou bannis pour leur bien,
Ils courent sans repos, et quand ils n'ont plus rien
Pour saouler l'avarice, ils cherchent autre sorte
Qui contente l'esprit d'une ordure plus forte.
Les vieillards enrichis tremblent le long du jour;
Les femmes, les maris, privés de leur amour,
Par l'épais de la nuit se mettent à la fuite;
Les meurtriers soudoyés s'échauffent à la suite.
L'homme est en proie à l'homme, un loup à son pareil:
Le père étrangle au lit le fils, et le cercueil
Préparé par le fils sollicite le père;
Le frère avant le temps hérite de son frère.
On trouve des moyens, des crimes tout nouveaux,
Des poisons inconnus; ou les sanglants couteaux
Travaillent au midi, et le furieux vice
Et le meurtre public ont le nom de justice.
Les bélitres armés ont le gouvernement,
Le sac de nos cités. Comme anciennement

[1] *ciel:* ceiling of four-poster bed

71

Une croix bourguignonne[1] épouvantait nos pères,
Le blanc[2] les fait trembler, et les tremblantes mères
Croulent[3] à l'estomac[4] leurs poupons éperdus
Quand les grondants tambours sont battants entendus.
Les places de repos sont places étrangères,
Les villes du milieu sont villes frontières,
Le village se garde, et nos propres maisons
Nous sont le plus souvent garnisons et prisons.
L'honorable bourgeois, l'exemple de sa ville,
Souffre devant ses yeux violer femme et fille,
Et tomber sans merci dans l'insolente main
Qui s'étendait naguère à mendier du pain.
Le sage justicier est traîné au supplice,
Le malfaiteur lui fait son procès: l'injustice
Est principe de droit; comme au monde à l'envers,
Le vieil père est fouetté de son enfant pervers;
Celui qui en la paix cachait son brigandage
De peur d'être puni, étale son pillage
Au son de la trompette; au plus fort des marchés
Son meurtre et son butin sont à l'encan prêchés,
Si[5] qu'au lieu de la roue, au lieu de la sentence,
La peine du forfait se change en récompense.
Ceux qui n'ont discerné les querelles des grands,
Au lit de leur repos tressaillent, entendant
En paisible minuit que la ville surprise
Ne leur permet sauver rien plus que la chemise.
Le soldat trouve encor quelque espèce de droit,
Et même, s'il pouvait, sa peine il lui vendroit. . . .

(*Les Tragiques, Misères*)

. . . . . .

Le printemps de l'Eglise et l'été sont passés,
Si[6] serez-vous par moi, verts boutons,[7] amassés.
Encore éclorrez-vous, fleurs si franches, si vives,
Bien que vous paraissiez dernières et tardives.
On ne vous lairra[8] pas, simples[9] de si grand prix,

---

[1] *croix bourguignonne:* allusion to the civil warfare between the
Armagnacs and the *Bourguignons* under Charles VI
[2] *blanc:* the colour adopted by the Sainte Ligue
[3] *croulent:* lit. shake; here, clasp quaking
[4] *estomac:* breast   [5] *si:* to such effect
[6] *si:* yet   [7] *verts boutons:* the Huguenot martyrs   [8] *lairra: laissera*
[9] *simples:* here taken primarily in the sense of herbs

Sans vous voir et flairer au céleste pourpris.[1]
Une rose d'automne est plus qu'une autre exquise:
Vous avez éjoui l'automne de l'Eglise.
Les grands feux de la Chienne[2] oubliaient à brûler,
Le froid du Scorpion rendait plus calme l'air:
Cet air doux qui tout autre en malices excède
Ne fit tièdes vos cœurs en une saison tiède. . . .

(id., Feux)

❧

.   .   .   .   .   .

Or cependant qu'ainsi par la ville on travaille,
Le Louvre retentit, devient champ de bataille,
Sert après d'échafaud, quand fenêtres, créneaux
Et terrasses servaient à contempler les eaux,
Si encore sont eaux. Les dames mi-coiffées
A plaire à leurs mignons s'essaient échauffées,
Remarquent les meurtris, les membres, les beautés,
Bouffonnent salement sur leurs infirmités.
A l'heure que le ciel fume de sang et d'âmes,
Elles ne plaignent rien que les cheveux des dames.
C'est à qui aura lieu à marquer de plus près
Celles que l'on égorge et que l'on jette après,
Les unes qu'ils forçaient avec mortelles pointes
D'elles-mêmes tomber, pensant avoir éteintes
Les âmes quant et quant,[3] que Dieu ne pouvant voir
Le martyre forcé, prendrait pour désespoir
Le cœur bien espérant. Notre Sardanapale,[4]
Ridé, hideux, changeant, tantôt feu, tantôt pâle
Spectateur, par ses cris tous enroués servait
De trompette aux marauds. Le hasardeux avait
Armé son lâche corps; sa valeur étonnée
Fut, au lieu de conseil, de putains entournée.
Ce Roi, non juste Roi, mais juste arquebusier,
Giboyait aux passants trop tardifs à noyer.
Vantant ses coups heureux, il déteste, il renie,
Pour se faire vanter à telle compagnie.

---

[1] *pourpris:* the courts of Heaven   [2] *Chienne: la canicule*—the dog-days
[3] *quant et quant:* at the same time   The persecutors hope to deceive
God into thinking that the martyrs have committed the mortal sin of
suicide
[4] *Sardanapale:* i.e. Charles IX. Sardanapalus, said to have been king
of Assyria, became a symbol of effeminacy, vice and cruelty

— On voyait par l'orchestre, en tragique saison,
Des comiques Gnatons, des Thaïs, un Thrason.[1] —
La mère[2] avec son train hors du Louvre s'éloigne,
Veut jouir de ses fruits, estimer la besogne.
Une de son troupeau trotte à cheval trahir
Ceux qui sous son secret avaient pensé fuir.
En tel état la cour, au jour d'éjouissance,
Se pourmène au travers des entrailles de France. . . .

(id., Fers)

.   .   .   .

Mais quoi! c'est trop chanté. Il faut tourner les yeux
Eblouis de rayons dans le chemin des cieux.
C'est fait! Dieu vient régner; de toute prophétie
Se voit la période à ce point accomplie.
La terre ouvre son sein, du ventre des tombeaux
Naissent des enterrés les visages nouveaux.
Du pré, du bois, du champ, presque de toutes places
Sortent les corps nouveaux et les nouvelles faces.
Ici les fondements des châteaux rehaussés
Par les ressuscitants promptement sont percés.
Ici un arbre sent des bras de sa racine
Grouiller un chef vivant, sortir une poitrine.
Là l'eau trouble bouillonne, et puis s'éparpillant,
Sent en soi des cheveux et un chef s'éveillant.
Comme un nageur venant du profond de son plonge,
Tous sortent de la mort comme l'on sort d'un songe.
Les corps par les tyrans autrefois déchirés
Se sont en un moment en leurs corps asserrés,[3]
Bien qu'un bras ait vogué par la mer écumeuse
De l'Afrique brûlée en Tylé[4] froiduleuse.[5]
Les cendres des brûlés volent de toutes parts;
Les brins plus tôt unis qu'ils ne furent épars
Viennent à leur poteau, en cette heureuse place,
Riant au ciel riant d'une agréable audace. . . .
Voici le Fils de l'Homme et du grand Dieu le Fils,
Le voici arrivé à son terme préfix.
Déjà l'air retentit et la trompette sonne,
Le bon prend assurance, et le méchant s'étonne,

---

[1] Gnaton, Thaïs, Thrason: a parasite, a courtesan and a bombastic
soldier in Terence's comedy The Eunuch
[2] La mère: the Queen Mother, Catherine de' Medici
[3] asserrés: gathered together
[4] Tylé: Ultima Thule   [5] froiduleuse: usually froidureuse

Les vivants sont saisis d'un feu de mouvement,
Ils sentent mort et vie en un prompt changement;
En une période ils sentent leurs extrêmes;
Ils ne se trouvent plus eux-mêmes comme eux-mêmes,
Une autre volonté et un autre savoir
Leur arrache des yeux le plaisir de se voir;
Le ciel ravit leurs yeux: des yeux premiers l'usage
N'eût pu du nouveau ciel porter le beau visage.
L'autre ciel, l'autre terre ont cependant fui,
Tout ce qui fut mortel se perd évanoui.
Les fleuves sont séchés, la grand mer se dérobe,
Il fallait que la terre allât changer de robe.
Montagnes, vous sentez douleurs d'enfantements;
Vous fuyez comme agneaux, ô simples éléments!
Cachez-vous! changez-vous! Rien mortel ne supporte
Le front de l'Eternel ni sa voix rude et forte.
Dieu paraît: le nuage entre lui et nos yeux
S'est tiré à l'écart, il s'est armé de feux;
Le ciel neuf retentit du son de ses louanges;
L'air n'est plus que rayons, tant il est semé d'anges;
Tout l'air n'est qu'un soleil, le soleil radieux
N'est qu'une noire nuit au regard de ses yeux,
Car il brûle le feu, au soleil il éclaire,
Le centre n'a plus d'ombre et ne fuit sa lumière.
Un grand Ange s'écrie à toutes nations:
'Venez répondre ici de toutes actions,
L'Eternel veut juger'. Toutes âmes venues
Font leurs sièges en rond en la voûte des nues,
Et là les Chérubins ont au milieu planté
Un trône rayonnant de sainte majesté.
Il n'en sort que merveille et qu'ardente lumière;
Le soleil n'est pas fait d'une étoffe si claire.
L'amas de tous vivants en attend justement
La désolation ou le contentement.
Les bons du Saint-Esprit sentent le témoignage,
L'aise leur saute au cœur et s'épand au visage,
Car s'ils doivent beaucoup, Dieu leur en a fait don,
Ils sont vêtus de blanc et lavés de pardon.
O tribus de Juda! vous êtes à la dextre;
Edom, Moab, Agar tremblent à la senestre.
Les tyrans abattus, pâles et criminels,
Changent leurs vains honneurs aux tourments éternels;
Ils n'ont plus dans le front la furieuse audace,

Ils souffrent en tremblant l'impérieuse face,
Face qu'ils ont frappée, et remarquent assez
Le chef, les membres saints qu'ils avaient transpercés.
Ils le virent lié: le voici les mains hautes;
Ses sévères sourcils viennent compter leur fautes;
L'innocence a changé sa crainte en majestés,
Son roseau en acier tranchant des deux côtés,
Sa croix au tribunal de présence divine;
Le ciel l'a couronné, mais ce n'est plus d'épine. . . .

(id., Jugement)

. . . .

L'âme ne souffrira les doutes pour choisir,
Ni l'imperfection que marque le désir.
Le corps fut vicieux qui renaîtra sans vices,
Sans tache, sans porreaux,[1] rides et cicatrices. . . .
Ainsi dedans la vie immortelle et seconde,
Nous aurons bien les sens que nous eûmes au monde,
Mais, étant d'actes purs, ils seront d'action
Et ne pourront souffrir infirme passion.
Purs en sujets très purs, en Dieu ils iront prendre
Le voir, l'odeur, le goût, le toucher et l'entendre.
Au visage de Dieu seront nos saints plaisirs,
Dans le sein d'Abraham fleuriront nos désirs,
Désirs parfaits amours, hauts désirs sans absence,
Car les fruits et les fleurs n'y font qu'une naissance.
  Chétif, je ne puis plus approcher de mon œil
L'œil du ciel; je ne puis supporter le soleil.
Encor tout ébloui, en raisons je me fonde
Pour de mon âme voir la grand âme du monde,
Savoir ce qu'on ne sait et qu'on ne peut savoir,
Ce que n'a ouï l'oreille et que l'œil n'a pu voir.
Mes sens n'ont plus de sens, l'esprit de moi s'envole,
Le cœur ravi se tait, ma bouche est sans parole:
Tout meurt, l'âme s'enfuit, et reprenant son lieu,
Extatique se pâme au giron de son Dieu.

(id., Jugement)

[1] *porreaux:* warts

JEAN BERTAUT

Complainte

Ce n'est point pour moi que tu sors,
Grand soleil, du milieu de l'onde,
Car tu ne luis point pour les morts,
Et je suis du tout mort au monde,
Vif aux ennuis tant seulement,
Et mort à tout contentement.

Aussi fuis-je à voir ton flambeau,
Depuis qu'un exil volontaire
M'enterra comme en un tombeau
Dans ce lieu triste et solitaire,
Où les vers de cent mille ennuis
Me rongent les jours et les nuits.

Or sens-je combien les plaisirs
Sont amers à la souvenance,
Lorsqu'en conservant les désirs
Nous en perdons la jouissance,
Et de combien n'avoir point eu
Est plus doux que d'avoir perdu.

Mes plaisirs s'en sont envolés,
Cédant au malheur qui m'outrage;
Mes beaux jours se sont écoulés
Comme l'eau qu'enfante un orage,
Et s'écoulant, ne m'ont laissé
Rien que le regret du passé.

Ah! regret qui fais lamenter
Ma vie au cercueil enfermée,
Cesse de plus me tourmenter
Puis que ma vie est consumée:
Ne trouble point de tes remords
La triste paix des pauvres morts.

Assez lorsque j'étais vivant
J'ai senti tes dures atteintes;
Assez tes rigueurs éprouvant
J'ai frappé le ciel de mes plaintes;

Pourquoi perpétuant mon deuil
Me poursuis-tu dans le cercueil?

Pourquoi viens-tu ramentevoir
A ma misérable mémoire
Le temps où mon cœur s'est fait voir
Comblé d'heur, de joie et de gloire,
Maintenant qu'il l'est de tourments,
D'ennuis et de gémissements?

Vois-tu pas bien qu'en ces malheurs
Qui foulent aux pieds ma constance,
Je sens d'autant plus de douleurs
Que mon âme a de souvenance,
Et, n'étant plus, suis tourmenté
Du souvenir d'avoir été?

Hélas! les destins courroucés
Ayant ruiné mes attentes,
Tous mes contentements passés
Me font des angoisses présentes;
Et m'est maintenant douloureux
D'avoir vu mes jours bienheureux.

O ma seule gloire et mon bien,
Qui n'es plus qu'un petit de poudre,
Et sans qui je ne suis plus rien
Qu'un tronc abattu par la foudre,
De quel point de félicité
Ton trépas m'a précipité!

Hélas! au lieu que, toi vivant,
Nul ennui ne me faisait plaindre,
Un tel heur alors me suivant
Que j'espérais tout sans rien craindre,
Maintenant réduit à plorer
Je crains tout sans rien espérer.

Mais que peut craindre désormais,
Quelques maux dont la vie abonde,
Un cœur misérable à jamais
Qui n'a plus rien à perdre au monde,
Et qui, vivant désespéré,
Vit à tout malheur préparé?

Non, non: ton trépas m'a rendu
D'espoir et de crainte délivre.
En te perdant j'ai tout perdu,
Je ne crains plus rien que de vivre.
Vivre encore est le seul malheur
Qui peut accroître ma douleur.

Car, gémissant dessous le faix
Dont m'accable une peine extrême,
Et survivant comme je fais
A tout mon heur, voire à moi-même,
Vivre m'est comme un châtiment
D'avoir vécu trop longuement.

JEAN DE LA CEPPÈDE

Or sus donc, serrez fort, liez fort, ô canaille,
Celui qui vient à vous pour dénouer vos nœuds!
Tiraillez, travaillez[1] cettui-ci qui travaille
Pour soulager les griefs de vos travaux peineux.
Resserrez, captivez dans un roc caverneux
Cil, qui sa liberté pour vos libertés baille.
Combattez, abattez cettui-ci qui bataille
Pour abattre, abattu, vos antiques haineux.[2]
O liens, ô travaux, ô mystiques étreintes,
O combats! si les Juifs de vos fortes épreintes[3]
Ne font bien leur profit, profitez-les sur nous!
Déliez nos liens, soulagez nos misères,
Délivrez-nous des fers de l'éternel courroux,
Et combattez l'effort de nos forts adversaires!

~~~

Aux monarques vainqueurs la rouge cotte-d'armes
Appartient justement. Ce Roi victorieux
Est justement vêtu par ces moqueurs gens-d'armes
D'un manteau qui le marque et Prince et glorieux.
O pourpre, emplis mon têt[4] de ton jus précieux,
Et lui fais distiller mille pourprines[5] larmes,
A tant que meditant ton sens mystérieux
Du sang trait de mes yeux j'ensanglante ces carmes.[6]

---

travaillez: torture   [2] *haineux:* enemies   [3] *épreintes:* pressures
   [4] *têt: tête*   [5] *pourprines:* crimson   [6] *carmes:* songs

Ta sanglante couleur figure nos péchés
Au dos de cet Agneau par le Père attachés,
Et ce Christ t'endossant se charge de nos crimes.
O Christ, ô saint Agneau! daigne-toi de cacher
Tous mes rouges péchés — brindelles des abîmes —
Dans les sanglants replis du manteau de ta chair!

❦

Voici l'Homme! ô mes yeux, quel objet déplorable:
La honte, le veiller, la faute d'aliment,
Les douleurs, et le sang perdu si largement
L'ont bien tant déformé qu'il n'est plus désirable.
Ces cheveux, l'ornement de son chef vénérable,
Sanglantés, hérissés par ce couronnement,
Embrouillés dans ces joncs, servent indignement
A son têt ulcéré d'une haie exécrable.
Ces yeux, tantôt si beaux, rebattus, renfoncés,
Ressalis, sont, hélas! deux soleils éclipsés;
Le coral de sa bouche est ores jaune pâle;
Les roses et les lis de son teint sont flétris;
Le reste de son corps est de couleur d'opale,
Tant de la tête aux pieds ses membres sont meurtris.

❦

On vient à la main droite: elle a eu bel à teindre
De sang le lieu du trou; il est plus loin pourtant,
Puis les nerfs retirés ont retiré d'autant
Et raccourci le bras: elle n'y peut atteindre.
Aussitôt d'une corde on commence à l'étreindre,
Puis à force on la tire et la retire tant
Qu'on la fait joindre au trou, où le bourreau, plantant
L'autre clou, fut pourpré du sang qu'il fit épreindre.[1]
De même au trou d'en bas les pieds demeurent courts:
Les bourreaux ont de même à la corde recours.
C'est lors qu'on oit crouler cette belle structure.
Tout ce corps se déjoint, et le dur craquement
Des membres disloqués, et des nerfs la rupture,
Font croire qu'on veut faire un vif démembrement.

[1] *épreindre:* spurt out

Dès que cette oraison fut par lui prononcée,
Il laisse un peu sa tête à main droite pencher,
Non tant pour les douleurs dont elle est offensée,
Que pour semondre ainsi la Parque d'approcher.

Voilà soudain la peau de son front dessécher;
Voilà de ses beaux yeux tout à coup enfoncée
L'une et l'autre prunelle, et leur flamme éclipsée,
Leur paupière abattue, et leurs rehauts se cacher.

Ses narines à peine étant plus divisées
Rendent son nez aigu; ses temples sont creusées;
Sur ses lèvres s'épand la pâleur de la mort.

Son haleine est deux fois perdue et recouverte;
A la tierce il expire, avec un peu d'effort,
Les yeux à demi-clos, et la bouche entr'ouverte.

Paraphrase de l'Hymne de la Passion (Vexilla Regis)

Les cornettes du Roi volent par la campagne;
La Croix mystérieuse éclate un nouveau jour,
Où l'auteur de la chair de sa chair s'accompagne,
Et fait de son gibet un théâtre d'amour.

Là pour notre rachept,[1] là pour notre doctrine[2]
Il tend ore ses mains, tend ses deux pieds aux cloux;
Tandis les cloux d'amour clouent dans sa poitrine
Son cœur tout amoureux qui s'immole pour nous.

Mort sur cette potence une lance outrageuse
Lui perce le côté, d'où surgeonne[3] soudain
De son sang et d'eau vive une onde avantageuse
Pour laver le bourbier qu'il a tant à dédain.

C'est ce qu'obscurément le bon David soupire;
C'est ores que suivant ses prophétiques vers,
Du Bois, le Tout-Puissant établit son empire,
Qu'au Bois, que par le Bois il régit l'univers.

Arbre brillant et beau que la pourpre royale
Pare, orne, vermillone, enlumine, enrichit,
De quel tige t'élut cette âme déloyale
Qui pour ces membres saints en gibet t'affranchit?

---

[1] *rachept: rachat*   [2] *doctrine:* instruction   [3] *surgeonne:* wells up

Arbre trois fois heureux, qui vois pendre à tes branches
La rançon de ce Tout, tu balances ce Corps
Qui nos péchés balance; en toi sont nos revanches:
Tu reprends sa reprise au Corsaire des morts.

O Croix! que mon espoir à tes bouts aboutisse!
A ce jour que le sang sur toi coule à randon,
Augmente, s'il te plaît, aux justes ta justice,
Et donne aux criminels le désiré pardon.

Esprits que cette Croix, que ce gibet recrée,
Au saint los[1] du Trine-un rangez tous vos propos;
Trine-un, qui nous sauvez par cette Croix sacrée,
Guidez-nous, guindez-nous au sublime repos!

JACQUES DAVY, CARDINAL DU PERRON

Au bord tristement doux des eaux je me retire,
Et vois couler ensemble et les eaux et mes jours;
Je m'y vois sec et pâle, et si[2] j'aime toujours
Leur rêveuse mollesse où ma peine se mire.
Au plus secret des bois je conte mon martyre,
Je pleure mon martyre en chantant mes amours,
Et si[2] j'aime les bois, et les bois les plus sourds,
Quand j'ai jeté mes cris, me les viennent redire.
Dame dont les beautés me possèdent si fort,
Qu'étant absent de vous je n'aime que la mort,
Les eaux en votre absence et les bois me consolent:
Je vois dedans les eaux, j'entends dedans les bois,
L'image de mon teint et celle de ma voix
Toutes peintes de morts qui nagent et qui volent.

Cantique de la Vierge Marie

Quand au somme mortel la Vierge eut clos les yeux,
Les Anges qui veillaient autour de leur Maîtresse
Elevèrent son corps en la gloire des Cieux,
Et les Cieux furent pleins d'immortelle allégresse.

[1] *los:* praise   [2] *si:* yet, nevertheless

Les plus hauts séraphins à son avènement
Volaient au-devant d'elle et lui cédaient leur place,
Se sentant tout ravis d'aise et d'étonnement
De pouvoir contempler la splendeur de sa face.

Dessus les Cieux des Cieux elle va paraissant,
Les flambeaux étoilés lui servent de couronne,
La lune est sous ses pieds en forme de croissant,
Et comme un vêtement le soleil l'environne.

Elle est là-haut assise auprès du Roi des rois
Pour rendre à nos clameurs ses oreilles propices,
Et sans cesse l'adjure au saint nom de sa Croix
De purger en son sang nos erreurs et nos vices.

Elle rend nos désirs par ses vœux exaucés,
Et pour mieux impétrer[1] ce dont elle le presse,
Remet devant ses yeux tous les actes passés
Qui le peuvent toucher de joie ou de tristesse.

Elle lui va montrant pour fléchir sa rigueur
Les mamelles qui tendre au berceau l'allaitèrent,
Dont le doux souvenir lui pénètre le cœur,
Et les flancs bienheureux qui neuf mois le portèrent.

Elle lui ramentoit[2] la douleur et l'ennui,
Les sanglants déplaisirs et les gênes terribles
Que durant cette vie elle endura pour lui,
Quand il souffrait pour nous tant de peines horribles.

Comme en le voyant lors si rudement traité,
Son cœur fut entamé d'une poignante épine,
Et puis comme à sa mort pleine de cruauté
Le glaive de douleur lui navra la poitrine.

Hélas! de quels regrets et de quel déconfort
La Vierge en son esprit se sentit traversée,
Quand elle vit livrer son cher Fils à la mort,
Et de combien de cloux son âme fut percée!

[1] *impétrer :* to obtain
[2] *ramentoit :* recalls to his memory (from *ramentevoir*)

Elle le vit meurtrir en tant et tant d'endroits,
Souffrir mille tourments et mille violences,
Et puis comme un trophée attacher sur la Croix
Toute notre injustice et toutes nos offenses.

Elle serrait la Croix de ses bras précieux,
Regardant par pitié ses blessures cruelles,
Et répandait autant de larmes de ses yeux
Comme il versait de sang de ses plaies mortelles. . . .

Pour toute la douleur qui son âme atteignit,
Pour tous les déplaisirs et les regrets funèbres,
Jamais dedans son cœur la foi ne s'éteignit,
Mais demeura luisant au milieu des ténèbres.

C'est celle dont la foi dure éternellement,
C'est celle dont la foi n'eut jamais la pareille,
C'est celle dont la foi pour notre sauvement
Crut à la voix de l'Ange, et conçut par l'oreille.

C'est l'astre lumineux qui jamais ne s'éteint,
Où comme en un miroir tout le Ciel se contemple,
Le luisant tabernacle et le lieu pur et saint
Où Dieu même a voulu se consacrer un temple.

C'est le Palais royal tout rempli de clarté,
Plus pur et transparent que le Ciel qui l'enserre;
C'est le beau Paradis vers l'Orient planté,
Les délices du Ciel et l'espoir de la Terre.

C'est la myrrhe et la fleur et le baume odorant
Qui rend de sa senteur nos âmes consolées,
C'est le jardin reclus souèvement flairant,
C'est la rose des champs et le lis des vallées.

C'est le rameau qui garde en tout temps sa couleur,
La branche de Jessé, la branche pure et sainte
Qui rapporte son fruit et ne perd point sa fleur,
Qui demeure pucelle et qui se voit enceinte.

C'est l'aube du matin qui produit le soleil
Tout couvert de rayons et de flammes ardentes,
L'astre des navigants, le phare nompareil
Qui la nuit leur éclaire au milieu des tourmentes.

Etoile de la mer, notre sûr réconfort,
Sauve-nous des rochers, du vent et du naufrage;
Aide-nous de tes vœux pour nous conduire au port,
Et nous montre ton Fils sur le bord du rivage.

Stances sur la venue du Roi à Paris[1]

Après tant de combats, dignes de tant d'histoires,
Tout couvert de lauriers, tout chargé de victoires,
Reviens voir, ô grand Roi, les hauts murs de Paris;
Et toi qui pour l'honneur nul péril ne refuses,
Reviens tout plein d'honneur, après tant de périls,
Cueillir les fruits de Mars dedans le champ des Muses.

Paris, l'amour du Ciel, des lettres le séjour,
Le temple de Pallas, t'attend à ce beau jour,
Dont nul obscur oubli n'éteindra la mémoire,
Par mille doctes voix ton triomphe entonnant;
Paris, œil des cités, théâtre de la gloire,
A qui tout l'univers sert d'écho résonnant.

Devant toi tu verras cheminer mainte image
De ta vertu guerrière, ornement de notre âge,
Et le peuple, attaché par l'âme et par les yeux,
Adorer tes exploits fertiles en conquêtes
Qui de l'Hydre civile,[2] animal factieux,
Pour te rendre seul chef tranchent toutes les têtes.

Dieppe[3] y sera portraite, et les champs occupés
Par tes sujets mutins, tôt après dissipés,
Champs dont la mer anglaise humecte le rivage,
Où Neptune étonné de changer de couleur
Vit disputer la force avecque le courage,
Et combattre le nombre avecque la valeur.

Tes ennemis alors enivrés d'espérance
Pensaient bien être à bout du destin de la France,

---

[1] *Stances . . . :* Du Perron describes various scenes in the pageant which is to welcome Henri IV on his triumphal entry into Paris after the surrender of the city (1594)
[2] *L'Hydre civile:* the many-headed rebellion
[3] *Dieppe:* because of Henri's victory over the Duc de Mayenne at Arques

Te laissant pour tout choix ou la fuite ou la mort;
Ils observaient des vents l'inconstance opportune,
Croyant que tes vaisseaux s'appareillaient au port
Pour embarquer sur l'eau le bris de ta fortune.

Mais leur dessein sans plus fut des vents emporté:
Tu pris une autre route, et ton bras redouté
S'ouvrit avec le fer mainte voie inconnue,
Pour unique salut tout salut négligeant,
Comme un foudre enfermé se fait jour par la nue
Et fend l'ombrage épais qui l'allait assiégeant. . . .

Après, dedans Paris paraîtra Paris même,
De tes heureux exploits le chef-d'œuvre suprême,
Avec l'art des couleurs tout tel représenté
Que quand tiré des fers de l'Espagne[1] sévère,
Admirant ta valeur et sentant ta bonté
Il te reçut pour maître et t'épreuva pour Père. . . .

Puis, comme autour de toi le peuple à l'envi
Sera de ce spectacle en extase ravi,
Et plein du doux transport dont ta gloire le touche,
Bénira ton Démon des vainqueurs le vainqueur,
Te dédiant ses yeux, sa pensée et sa bouche,
Et pour te recevoir ouvrant son propre cœur,

Les Anges qui de Dieu délectent les oreilles,
Anges tuteurs des rois, ministres des merveilles,
Coulant d'un vol léger par l'air plus gracieux
Et déployant au vent l'or de leurs tresses molles,
Prononceront ces mots en langage des Cieux,
Lâchant tous d'un accord le frein à leurs paroles:

'Peuple, ce nouveau Roi que tant de presse ceint,
Aimé de ses sujets, de ses ennemis craint,
Descend pour repurger de prodiges le monde;
Il vient faire régner la justice aux cités,
Et dans les champs déserts fleurir la paix féconde,
— Trésors par lui du Ciel en terre rapportés.

[1] *L'Espagne:* Philippe II of Spain sent troops into France to support
the Sainte Ligue

JACQUES DAVY, CARDINAL DU PERRON

'Adore en sa splendeur de Dieu l'ombre invisible;
Célèbre sa clémence à tes vœux accessible;
Révère sa valeur, qui pour toi s'immolant,
Rachète ton salut par des périls extrêmes,
Et va son innocence aux siècles révélant:
Vertus qui font les Rois, et non les diadèmes.

'Le zèle et la piété ses desseins conduiront;
Bien loin de son état les crimes s'enfuiront;
Sous son auguste sceptre orné de fleurs divines
La vigne du Seigneur se chargera de fruits,
Et plus loin que jamais étendant ses racines,
Reclorra ses saints murs par le schisme[1] détruits.

'De l'onde où le soleil peigne au matin sa tresse
Jusqu'à l'onde du soir où le sommeil le presse,
Comme un luisant éclair son fer resplendira.
Il teindra son épée au sang des infidèles,
Et vrai Roi très-chrétien son règne agrandira
Des règnes et des rois au nom de Christ rebelles.

'Il changera vainqueur leur créance et leurs mœurs,
Adoucira par art leurs barbares humeurs,
Leur donnera des lois, des pasteurs et des princes,
Et, faisant refleurir l'heur du siècle innocent,
Remettra l'âge d'or par toutes les provinces:
Le juste Ciel l'ordonne, et la terre y consent.'

Ainsi pour consacrer la foi de tes louanges
Les esprits députés de la troupe des Anges
Avec leur saint concert ton triomphe orneront,
De tes heureux destins messagers authentiques,
Et, ces mots prononcés, aux Cieux retourneront,
Laissant tout l'air rempli d'oracles prophétiques.

[1] *le schisme:* the Reformation

87

JEAN DE SPONDE

Mais si[1] faut-il mourir! et la vie orgueilleuse,
Qui brave de[2] la mort, sentira ses fureurs;
Les soleils hâleront ces journalières fleurs,
Et le temps crèvera cette ampoule venteuse.

Ce beau flambeau qui lance une flamme fumeuse
Sur le vert de la cire éteindra ses ardeurs;
L'huile de ce tableau ternira ses couleurs,
Et ces flots se rompront à la rive écumeuse.

J'ai vu ces clairs éclairs passer devant mes yeux,
Et le tonnerre encor qui gronde dans les cieux.
Ou d'une ou d'autre part éclatera l'orage.
J'ai vu fondre la neige, et ces torrents tarir,
Ces lions rugissants, je les ai vus sans rage.
Vivez, hommes, vivez — mais si faut-il mourir.

❦

Et quel bien que la mort? où la vermine ronge
Tous ces nerfs, tous ces os; où l'âme se départ
De cette orde charogne, et se tient à l'écart,
Et laisse un souvenir de nous comme d'un songe?

Ce corps, qui dans la vie en ses grandeurs se plonge,
Si[1] soudain dans la mort étouffera sa part,
Et sera ce beau nom qui tant partout s'épart
Borné de vanité, couronné de mensonge.

A quoi cette âme, hélas! et ce corps désunis,
Du commerce du monde hors du monde bannis?
A quoi ces nœuds si beaux que le trépas délie?
Pour vivre au Ciel il faut mourir plus tôt ici.
Ce n'en est pas pourtant le sentier raccourci,
Mais quoi? nous n'avons plus ni d'Enoch, ni d'Elie.[3]

---

[1] *si:* yet, nevertheless
[2] *brave de:* contemns, scoffs at
[3] *Enoch, Elie:* Enoch and Elijah did not suffer death, but were
translated directly to heaven

BÉROALDE DE VERVILLE

J'adore vos beaux yeux et déteste l'horreur
De votre cruauté, meurtrière de mon âme,
Et me déplaît de voir qu'une si belle dame
Avec tant de beautés loge tant de rigueur.
　　Las! s'il est destiné qu'à mon fatal malheur
Vos yeux en mon humeur fassent durer leur flamme,
Permettez que ma main mon triste cœur entame,
Pour chasser de mon sang ma vie et ma douleur.
　　Ne me vaut-il pas mieux qu'une heure bienheureuse
Termine en un moment ma vie langoureuse,
Qu'après vous vivottant mourir cent fois le jour?
Laissez-moi donc tuer: mais tuez-moi vous-même,
Afin que plus content dedans les mains que j'aime
Je laisse ma douleur, ma vie et mon amour!

(Soupirs amoureux)

❧

Je suis faible de moi, je ne suis rien que terre,
Je suis tôt étonné, et d'un petit effort
Je péris abattu au vouloir de la mort
Qui mêle dedans moi une cruelle guerre.
　　Je me meurs, je languis, pensif et morne j'erre
Par les tristes sentiers de mon contraire sort,
Et de ma volonté le mutiné discord
Jusqu'aux creux de l'enfer misérable m'atterre.
　　Je péris en mon mal, mais quand du Ciel voûté
Je cherche la lueur en ma calamité,
Je sens dedans mes os une force seconde:
De la Divinité je me sens éclairé,
Sa main m'est secourable, et de désespéré
Me rend fort sur l'enfer, sur la mort et le monde.

(La Muse céleste)

JEAN-BAPTISTE CHASSIGNET

Pense combien de temps, pauvre homme misérable,
Il y a que tu bois, manges, veilles et dors,
Dors, manges, veilles, bois, et détords et retords
De ce même fuseau le filet variable.

En fin de tant de maux la charge insupportable,
Qui sur toi chaque jour décharge ses efforts,
Et la satiété de tant vivre en ce corps,
Te feront désirer la mort inévitable.
　C'est peu de cas de vivre: un tel bien est permis
Egalement à tous, jusqu'aux moindres fourmis
Qui vivent en commun dessous la terre épaisse.
Mais de laisser la vie en résolution,
Et mourir gouverneur de son affection,
C'est là le plus haut point de l'humaine sagesse.

⁓⁂⁓

　Est-il rien de plus vain qu'un songe mensonger,
Un songe passager vagabond et muable?
La vie est toutefois au songe comparable,
Au songe vagabond muable et passager.
　Est-il rien de plus vain que l'ombrage léger,
L'ombrage remuant, inconstant et peu stable?
La vie est toutefois à l'ombrage semblable,
A l'ombrage tremblant sous l'arbre d'un verger.
　Aussi pour nous laisser une preuve assurée
Que cette vie était seulement une entrée
Et départ de ce lieu, entra soudainement
Le sage Pythagore en sa chambre secrète,
Et n'y fut point si tôt — ô preuve bientôt faite! —
Comme il en ressortit encor plus vitement.

⁓⁂⁓

　Mortel, pense quel est dessous la couverture
D'un charnier mortuaire un corps mangé de vers,
Décharné, dénervé, où les os découverts,
Dépoulpés, dénoués, délaissent leur jointure;
　Ici l'une des mains tombe de pourriture,
Les yeux d'autre côté détournés à l'envers
Se distillent en glaire, et les muscles divers
Servent aux vers goulus d'ordinaire pâture.
　Le ventre déchiré cornant[1] de puanteur
Infecte l'air voisin de mauvaise senteur,
Et le nez mi-rongé difforme le visage.
Puis, connaissant l'état de ta fragilité,
Fonde en Dieu seulement, estimant vanité
Tout ce qui ne te rend plus savant et plus sage.

---

[1] *cornant:* stinking

90

Nos corps aggravantés[1] sous le poids des tombeaux,
Quand du clairon bruyant la clameur résonnante
Elancera le feu sur la terre flambante,
Purifiant du ciel les étonnés flambeaux,
 Du cercueil oublieux ressortiront plus beaux,
Comme on voit par les champs la palme verdoyante,
Malgré le faix pesant, plus belle et fleurissante
Contre le ciel ouvert relever ses rameaux.
 Lors nous serons ravis, autant que le pilote
Qui, dormant en la nef quand douteuse elle flotte,
Se voit au réveiller dans le môle arrivé;
Et jouissant là-haut d'une paix éternelle,
Le corps ne sera plus à son âme rebelle,
Ni l'esprit de son corps si longuement privé.

FRANÇOIS DE MALHERBE

Les Larmes de saint Pierre

.   .   .   .   .   .

A la fin égaré — car la nuit qui le trouble
Par les eaux de ses pleurs son ombrage redouble —
Soit un cas d'aventure, ou que Dieu l'ait permis,
Il arrive au jardin où la bouche du traître,
Profanant d'un baiser la bouche de son maître,
Pour en priver les bons aux méchants l'a remis.

Comme un homme dolent, que le glaive contraire
A privé de son fils et du titre de père,
Plaignant deçà delà son malheur advenu,
S'il arrive à la place où s'est fait le dommage,
L'ennui renouvelé plus rudement l'outrage
En voyant le sujet à ses yeux revenu,

Le vieillard qui n'attend d'une telle rencontre,
Sitôt qu'au dépourvu sa fortune lui montre
Le lieu qui fut témoin d'un si lâche méfait,
De nouvelles fureurs se déchire et s'entame,
Et de tous les pensers qui travaillent son âme
L'extrême cruauté plus cruelle se fait.

[1] *aggravantés:* crushed

Toutefois il n'a rien qu'une tristesse peinte,
Ses ennuis sont des jeux, son angoisse une feinte,
Son malheur un bonheur, et ses larmes un ris
Au prix de ce qu'il sent, quand sa vue abaissée
Remarque les endroits où la terre pressée
A des pieds du Sauveur les vestiges écrits.

C'est alors que ses cris en tonnerre s'éclatent,
Ses soupirs se font vents qui les chênes combattent,
Et ses pleurs qui tantôt descendaient mollement
Ressemblent un torrent qui des hautes montagnes
Ravageant et noyant les voisines campagnes,
Veut que tout l'univers ne soit qu'un élément.

Il y fiche ses yeux, il les baigne, il les baise,
Il se couche dessus, et serait à son aise
S'il pouvait avec eux à jamais s'attacher;
Il demeure muet du respect qu'il leur porte,
Mais enfin, la douleur se rendant la plus forte
Lui fait encore un coup une plainte arracher:

'Pas adorés de moi, quand par accoutumance
Je n'aurais comme j'ai de vous la connaissance,
Tant de perfections vous découvrent assez:
Vous avez une odeur des parfums d'Assyrie;
Les autres ne l'ont pas, et la terre flétrie
Est belle seulement où vous êtes passés.

Beaux pas de ces beaux pieds, que les astres connaissent,
Comme ores à mes yeux vos marques apparaissent!
Telle autrefois de vous la merveille me prit
Quand déjà demi-clos sous la vague profonde,
Vous ayant appelé, vous affermîtes l'onde,
Et m'assurant les pieds m'étonnâtes l'esprit.

Mais — ô de tant de biens indigne récompense!
O dessus les sablons inutile semence! —
Une peur, ô Seigneur, m'a séparé de toi;
Et d'une âme semblable à la mienne parjure,
Tous ceux qui furent tiens, s'ils ne t'ont fait injure,
Ont laissé ta présence et t'ont manqué de foi.

De douze deux fois cinq étonnés de courage
Par une lâche fuite évitèrent l'orage,
Et tournèrent le dos quand tu fus assailli;
L'autre, qui fut gagné d'une sale avarice,
Fit un prix de ta vie à l'injuste supplice,
Et l'autre en te niant plus que tous a failli.' . . .

En ces propos mourants ses complaintes se meurent,
Mais vivantes sans fin ses angoisses demeurent
Pour le faire en langueur à jamais consumer;
Tandis la nuit s'en va, ses chandelles s'éteignent,
Et déjà devant lui les campagnes se peignent
Du saffran que le jour apporte de la mer.

L'Aurore d'une main en sortant de ses portes
Tient un vase de fleurs languissantes et mortes;
Elle verse de l'autre une cruche de pleurs,
Et d'un voile tissu de vapeur et d'orage
Couvrant ses cheveux d'or, découvre en son visage
Tout ce qu'une âme sent de cruelles douleurs. . . .

Le jour est déjà grand, et la honte plus claire
De l'apôtre ennuyé l'avertit de se taire;
Sa parole se lasse et le quitte au besoin;
Il voit de tous côtés qu'il n'est vu de personne,
Toutefois le remords que son âme lui donne
Temoigne assez le mal qui n'a point de témoin.

Aussi l'homme qui porte une âme belle et haute,
Quand seul en une part il a fait une faute,
S'il n'a de jugement son esprit dépourvu,
Il rougit de lui-même, et combien qu'il ne sente
Rien que le ciel présent et la terre présente,
Pense qu'en se voyant tout le monde l'a vu.

Prière pour le roi allant en Limousin[1]

O Dieu, dont les bontés, de nos larmes touchées,
Ont aux vaines fureurs les armes arrachées
Et rangé l'insolence aux pieds de la raison,
Puisqu'à rien d'imparfait ta louange n'aspire,

[1] *Prière . . . :* Henri IV went to Limoges in 1605 to hold the special
assizes known as the *Grands Jours*

Achève ton ouvrage au bien de cet empire,
Et nous rends l'embonpoint comme la guérison.

Nous sommes sous un Roi si vaillant et si sage,
Et qui si dignement a fait l'apprentissage
De toutes les vertus propres à commander,
Qu'il semble que cet heur nous impose silence,
Et qu'assurés par lui de toute violence,
Nous n'avons plus sujet de te rien demander.

Certes, quiconque a vu pleuvoir dessus nos têtes
Les funestes éclats des plus grandes tempêtes
Qu'excitèrent jamais deux contraires partis,
Et n'en voit aujourd'hui nulle marque paraître,
En ce miracle seul il peut assez connaître
Quelle force a la main qui nous a garantis.

Mais quoi ? de quelque soin qu'incessamment il veille,
Quelque gloire qu'il ait à nulle autre pareille,
Et quelque excès d'amour qu'il porte à notre bien,
Comme échapperons-nous en des nuits si profondes,
Parmi tant de rochers que lui cachent les ondes,
Si ton entendement ne gouverne le sien ?

Un malheur inconnu glisse parmi les hommes,
Qui les rend ennemis du repos où nous sommes :
La plupart de leurs vœux tendent au changement,
Et comme s'ils vivaient des misères publiques,
Pour les renouveler ils font tant de pratiques,
Que qui n'a point de peur n'a point de jugement.

En ce fâcheux état, ce qui nous réconforte,
C'est que la bonne cause est toujours la plus forte,
Et qu'un bras si puissant t'ayant pour son appui,
Quand la rébellion, plus qu'une hydre féconde,
Aurait pour le combattre assemblé tout le monde,
Tout le monde assemblé s'enfuirait devant lui.

Conforme donc, Seigneur, ta grâce à nos pensées.
Ote-nous ces objets, qui des choses passées
Ramènent à nos yeux le triste souvenir ;
Et comme sa valeur, maîtresse de l'orage,
A nous donner la paix a montré son courage,
Fais luire sa prudence à nous l'entretenir.

Il n'a point son espoir au nombre des armées,
Etant bien assuré que ces vaines fumées
N'ajoutent que de l'ombre à nos obscurités.
L'aide qu'il veut avoir, c'est que tu le conseilles.
Si tu le fais, Seigneur, il fera des merveilles,
Et vaincra nos souhaits par nos prospérités.

Les fuites des méchants, tant soient-elles secrètes,
Quand il les poursuivra n'auront point de cachettes;
Aux lieux les plus profonds ils seront éclairés;
Il verra sans effet leur honte se produire,
Et rendra les desseins qu'ils feront pour lui nuire
Aussitôt confondus comme délibérés.

La rigueur de ses lois, après tant de licence,
Redonnera le cœur à la faible innocence
Que dedans la misère on faisait envieillir;
A ceux qui l'oppressaient il ôtera l'audace,
Et sans distinction de richesse ou de race
Tous de peur de la peine auront peur de faillir.

La terreur de son nom rendra nos villes fortes;
On n'en gardera plus ni les murs ni les portes;
Les veilles cesseront au sommet de nos tours;
Le fer mieux employé cultivera la terre,
Et le peuple qui tremble aux frayeurs de la guerre
Si ce n'est pour danser, n'aura[1] plus de tambours.

Loin des mœurs de son siècle il bannira les vices,
L'oisive nonchalance et les molles délices
Qui nous avaient portés jusqu'aux derniers hasards;
Les vertus reviendront de palmes couronnées,
Et ses justes faveurs aux mérites données
Feront ressusciter l'excellence des arts.

La foi de ses aïeux, ton amour, et ta crainte,
Dont il porte dans l'âme une éternelle empreinte,
D'actes de piété ne pourront l'assouvir;
Il étendra ta gloire autant que sa puissance,
Et, n'ayant rien si cher que ton obéissance,
Où tu le fais régner il te fera servir.

[1] *n'aura :* some editions give *n'orra* (from *ouïr*)

Tu nous rendras alors nos douces destinées :
Nous ne reverrons plus ces fâcheuses années
Qui pour les plus heureux n'ont produit que des pleurs.
Toute sorte de biens comblera nos familles ;
La moisson de nos champs lassera les faucilles
Et les fruits passeront la promesse des fleurs.

La fin de tant d'ennuis dont nous fûmes la proie
Nous ravira les sens de merveille et de joie,
Et d'autant que le monde est ainsi composé
Qu'une bonne fortune en craint une mauvaise,
Ton pouvoir absolu, pour conserver notre aise,
Conservera celui qui nous l'aura causé.

Quand un roi fainéant, la vergogne des princes,
Laissant à ses flatteurs le soin de ses provinces,
Entre les voluptés indignement s'endort,
Quoique l'on dissimule, on n'en fait point d'estime,
Et si la vérité se peut dire sans crime,
C'est avecques plaisir qu'on survit à sa mort.

Mais ce Roi, des bons rois l'éternel exemplaire,
Qui de notre salut est l'ange tutélaire,
L'infaillible refuge et l'assuré secours,
Son extrême douceur ayant dompté l'envie,
De quels jours assez longs peut-il borner sa vie
Que notre affection ne les juge trop courts ?

Nous voyons les esprits nés à la tyrannie,
Ennuyés de couver leur cruelle manie,
Tourner tous leurs conseils à notre affliction,
Et lisons clairement dedans leur conscience
Que s'ils tiennent la bride à leur impatience,
Nous n'en sommes tenus qu'à sa protection.

Qu'il vive donc, Seigneur, et qu'il nous fasse vivre,
Que de toutes ces peurs nos âmes il délivre,
Et rendant l'univers de son heur étonné,
Ajoute chaque jour quelque nouvelle marque
Au nom qu'il s'est acquis du plus rare monarque
Que ta bonté propice ait jamais couronné.

Cependant son Dauphin d'une vitesse prompte
Des ans de sa jeunesse accomplira le compte,
Et suivant de l'honneur les aimables appâts
De faits si renommés ourdira son histoire,
Que ceux qui dedans l'ombre éternellement noire
Ignorent le soleil ne l'ignoreront pas.

Par sa fatale main qui vengera nos pertes,
L'Espagne pleurera ses provinces désertes,
Ses châteaux abattus et ses champs déconfits,
Et si de nos discords l'infâme vitupère[1]
A pu la dérober aux victoires du père,
Nous la verrons captive aux triomphes du fils.

Chanson

Sus, debout, la merveille des belles!
Allons voir sur les herbes nouvelles
Luire un émail dont la vive peinture
Défend à l'art d'imiter la nature.

L'air est plein d'une haleine de roses;
Tous les vents tiennent leurs bouches closes,
Et le soleil semble sortir de l'onde
Pour quelque amour plus que pour luire au monde.

On dirait, à lui voir sur la tête
Ses rayons comme un chapeau de fête,
Qu'il s'en va suivre en si belle journée
Encore un coup la fille de Pénée.[2]

Toute chose aux délices conspire.
Mettez-vous en votre humeur de rire:
Les soins profonds d'où les rides nous viennent
A d'autres ans qu'aux vôtres appartiennent.

Il fait chaud, mais un feuillage sombre,
Loin du bruit, nous fournira quelque ombre
Où nous ferons parmi les violettes
Mépris de l'ambre et de ses cassolettes.

[1] *vitupère:* blame, crime
la fille de Pénée: Daphne, beloved of Apollo

97

Près de nous sur les branches voisines
Des genêts, des houx et des épines,
Le rossignol, déployant ses merveilles,
Jusqu'aux rochers donnera des oreilles.

Et peut-être à travers des fougères
Verrons-nous de bergers à bergères,
Sein contre sein et bouche contre bouche,
Naître et finir quelque douce escarmouche.

C'est chez eux qu'Amour est à son aise:
Il y saute, il y danse, il y baise,
Et foule aux pieds les contraintes serviles
De tant de lois qui le gênent aux villes.

Oh! qu'un jour mon âme aurait de gloire
D'obtenir cette heureuse victoire!
Si la pitié de mes peines passées
Vous disposait à semblables pensées!

Votre honneur, le plus vain des idoles,
Vous remplit de mensonges frivoles,
Mais quel esprit que la raison conseille,
S'il est aimé, ne rend point de pareille?

Imitation du Psaume Lauda anima mea Dominum

N'espérons plus, mon âme, aux promesses du monde:
Sa lumière est un verre, et sa faveur une onde
Que toujours quelque vent empêche de calmer.
Quittons ces vanités, lassons-nous de les suivre:
C'est Dieu qui nous fait vivre,
C'est Dieu qu'il faut aimer.

En vain, pour satisfaire à nos lâches envies,
Nous passons près des rois tout le temps de nos vies
A souffrir des mépris et ployer les genoux.
Ce qu'ils peuvent n'est rien: ils sont comme nous sommes,
Véritablement hommes,
Et meurent comme nous.

Ont-ils rendu l'esprit, ce n'est plus que poussière
Que cette majesté si pompeuse et si fière
Dont l'éclat orgueilleux étonne l'univers;
Et dans ces grands tombeaux où leurs âmes hautaines
   Font encore les vaines,
   Ils sont mangés des vers.

Là se perdent ces noms de maîtres de la terre,
D'arbitres de la paix, de foudres de la guerre.
Comme ils n'ont plus de sceptre, ils n'ont plus de flatteurs;
Et tombent avec eux d'une chute commune
   Tous ceux que leur fortune
   Faisait leurs serviteurs.

CHARLES-TIMOLÉON DE BEAUXONCLES
DE SIGOGNE(S)

Stances satiriques contre la fameuse Perrette[1]

. . . . . .

Féé de l'Occident, mule à vieille bossette,
Tes cheveux sont petits comme brins d'époussette,
Mais, après quatre mots de ton magique sort,
Chacun d'eux s'animant en rouge aspic se mue,
Et du vénin secret qui coule de leur glue
Donne à tous animaux maladie ou la mort.

A toute heure on te trouve, ayant ta rase tête
Couverte de la peau de quelque étrange bête,
A cheval en balai voler dessus Paris,
Passer dans les clochers, battre de porte en porte,
Et au Moine bourru[2] tenir fidèle escorte,
Frapper sur les bassins de tes charivaris.

Souvent, pour exercer l'art de ton sorcelage,
Tu vas, changée en louve, au carr'four d'un village,

---

[1] *Perrette:* apparently Charlotte du Tillet. She was an enemy of
Henri IV's mistress Henriette d'Entragues, Marquise de Verneuil,
with whom Sigognes was closely associated.
 [2] *Moine bourru:* a traditional ghost, said to be clad like a monk

Cruelle, dévorant les petits et les grands,
Du tout inexorable aux pleurs et à la plainte;
Puis, la panse remplie et la mâchoire teinte,
Tu dépouilles ton charme et ta forme reprends.

Ou bien, des trépassés ouvrant les sépultures,
Tu te formes un corps de leurs vaines figures,
Faisant tout résonner d'épouvantables cris,
Et mettant en frayeur la veuve qui lamente,
Ou le père attristé qui la nuit se tourmente
Pour la perte d'un fils que la mort lui a pris.

Ton sort rebarboté[1] fait que la lune pâle
Se détache du ciel et en terre dévale,[2]
Perdant le souvenir de toutes ses amours;
La part où il te plaît tu assembles ton foudre;
Séchant feuilles et fleurs, tu mets les blés en poudre,
Et des fleuves courants tu arrêtes le cours.

Les Maures de parfum[3] pendus à tes oreilles
Et ton mufle bronzé sont trois têtes pareilles;
Mais ton enchantement les anime, les soirs,
Inspirant la parole à leurs lèvres muettes,
Pour consulter après les choses plus secrètes
Aux douteux entretiens de tes oracles noirs.

Tes bracelets de nuit, et tes chaînes encores
Ont, le jour du sabbat, du bouc que tu adores
Les impies autels maintes fois parfumé;
Et ton étique corps, dedans ta robe vague,
Ne porte diamant attaché, perle ou bague,
Ni grains, où tu ne tienne un démon enfermé. . . .

❧

Elle ne pèse pas une aune de dentelle,
Une livre de plume, une feuille d'œillet,
Un ciron de deux jours, la pince d'un collet,
Et la septième part d'un morceau de ficelle.

[1] *Ton sort rebarboté:* the spell you go about muttering
[2] *dévale:* comes down
[3] *Maures de parfum:* bottles of scent in the likeness of Moors' heads,
worn as ear-rings

CHARLES-TIMOLÉON DE SIGOGNES

Elle se fait traîner, la nymphe de Cotelle,[1]
Et son coche, et son train, par un cheval malet[2];
Lorsqu'elle a dans la poche un gant ou un poulet,
Sous ce pesant fardeau son petit corps chancelle.

Du Louvre aux Augustins,[3] sans prendre de bateau,
Elle passe souvent dans le fond d'un plateau.
Il la faut enlever: soufflons à la pareille!
Son vertugadin s'enfle . . . elle va s'ébranler . . .
Sans qu'elle tombe en bas soutenons-la en l'air
Comme on fait de savon en l'air une bouteille![4]

PIERRE MOTIN

Sur toutes les couleurs j'aime la feuille morte,
Qui ne change jamais la beauté de son teint,
Non plus que mon amour d'un beau désir atteint:
C'est aussi la couleur que ma maîtresse porte.

Mais comment, ô beaux yeux dont la puissance forte
Allume dans mon cœur un beau feu pur et saint,
Pourquoi, beaux yeux, le vert en vos couleurs n'est point,
Comme cette couleur qui la tristesse apporte?

Est-ce pour figurer un trépas rigoureux
A ceux que vos beautés ont rendus langoureux?
Est-ce pour faire voir quelque rigueur nouvelle,
Qu'un rameau sec et vert d'une couleur vous sert?
Je ne sais. Mais gardez qu'Amour d'une étincelle
Vous montre qu'un bois sec brûle mieux que le vert!

⚬⚬⚬

Et tu n'es pas venue, après ta foi jurée
Que nous serions tous deux à ce jour désiré
Dans ce jardin promis à l'écart séparé!
Que la foi d'une fille est bien mal assurée!

Enfin, La Croix, enfin te voilà parjurée —
Ou le soleil trop chaud et son rayon doré,
Du beau teint d'une fille ennemi conjuré,
T'a retenu' seulette au logis retirée?

---

[1] *nymphe de Cotelle:* a small figure cut out of boxwood, as made at Croutelles, near Poitiers   [2] *cheval malet:* probably a phantom horse
[3] *Augustins:* the convent church of the Austin friars
[4] *bouteille:* bubble

— Non, ce n'est pas cela, c'est ton esprit léger,
Bizarre, fantastic, volage et mensonger:
Cette mutation aux femmes est coutume.
Je pense, en contemplant ton amour refroidi,
Lorsque tu me promis, que c'était le lundi:
Le lundi, c'est le jour où commande la lune.

❧

. . . .

Si vous n'êtes qu'un songe, ô délices soudaines,
Comme ce n'en est qu'un que les faveurs mondaines
Qui ne font que passer et de nous se moquer,
Je veux pour vous avoir le Sommeil invoquer.
Sommeil, dont le pouvoir, comme Fortune, égale
Le pauvre malheureux à la grandeur royale,
Doux et paisible roi de la moitié du temps,
Qui fais par ton secours les plus tristes contents,
Et rends au cœur sujet à l'amoureux empire
Tous les contentements que son âme soupire,
Je ne t'invoque pas pour aller figurer
Quelque mal aux mortels et les désespérer:
Je ne veux rien, sinon que mes flammes déçues
Ressentent les faveurs que par toi j'ai reçues,
Et qu'un de tes enfants qui s'envolent au soir
Vienne dessus mes yeux pour tout jamais s'asseoir,
Qu'il m'ombrage le front avec son aile noire,
Me ravisse les sens et toute la mémoire. . . .
Si mes plaisirs alors n'étaient point une idée,
Si quelque Déité fut par moi possédée,
Reviens, chère Déesse, et me fais recevoir
En songe les plaisirs que tu me fis avoir,
De peur qu'en témoignant d'en avoir repentance,
Tu paraisses mortelle avec ton inconstance.
Mais si par un esprit à ma plainte venu,
D'un faux mais doux objet je fus entretenu,
Soit qu'il vienne du Ciel, ou du creux de l'Averne,
Que fût-il dans le rond d'une bague ou d'un cerne,
Dans l'enclos d'un cristal le puissé-je arrêter,
Et serré d'une chaîne à mon col le porter!
Démon qui vis de l'air et qui jamais ne manges,
Te paissant des odeurs des rivages étranges,
Je te fais un parfum tout de baume et d'encens.
Viens de ta douce erreur me charmer tous les sens!

102

Et revenez encore, ô délices parties,
Songes, esprits, vapeurs, ou vérités senties,
Courte mais chère nuit, ténèbres où l'amour,
Fit au lieu du soleil par sa flamme le jour!...

VAUQUELIN DES YVETEAUX

De toutes passions j'éteins la violence,
Je me passe aisément des caresses du Roi,
L'amour de mon pays ne peut plus rien sur moi,
Je hais ce que chacun estime en apparence.
De tout, sans me fâcher, on peut faire défense,
Et sans me réjouir établir toute loi,
Car j'ai perdu le goût, et bientôt je me vois
Aussi las des effets comme de l'espérance.
Mais comme je suis mort au reste des plaisirs,
Je me sens si sensible au feu de mes désirs
Que cent fois hors de moi mon âme se promène,
Et dédaignant la terre et n'aspirant qu'aux Cieux,
La grandeur de la cour et sa pompe plus vaine
Sans toucher mon esprit passe devant mes yeux.

❧

Avoir peu de parents, moins de train que de rente,
Et cercher en tout temps l'honnête volupté,
Contenter ses désirs, maintenir sa santé,
Et l'âme de procès et de vices exempte;
A rien d'ambitieux ne mettre son attente,
Voir ceux de sa maison en quelque autorité,
Mais sans besoin d'appui garder sa liberté
De peur de s'engager à rien qui mécontente;
Les jardins, les tableaux, la musique, les vers,
Une table fort libre et de peu de couverts,
Avoir bien plus d'amour pour soi que pour sa dame,
Etre estimé du Prince, et le voir rarement,
Beaucoup d'honneur sans peine, et peu d'enfants sans
    femme,
Font attendre à Paris la mort fort doucement.

Oh quelle la vis-je à l'abord!
Elle était seule sur le bord
De la vive et claire fontaine
Qui prend des alisiers son nom.
Près d'elle il n'y avait sinon
Ses pensers, et en eux Sireine;

Aux yeux, des larmes une mer,
Au cœur, un poison plus amer
Que n'est le plus amer absinthe.
Je vis — oh pitoyable voir! —
Qu'en terre elle se laissa choir
Comme une fleur du chaud atteinte.

Lors ses yeux l'onde accompagnant,
J'ouïs sa voix ainsi plaignant:
'O absence, cruelle absence!
Si tu es la mort des amours,
Pourquoi dois-je pleurer toujours
Sans que j'épreuve ta puissance?' . . . .

(Le Sireine)

La belle dont l'amour me prive du repos
Reposait doucement à l'ombre d'un bocage;
Là volaient les amours autour de son visage,
Qui naissaient de ses yeux encor qu'ils fussent clos.
    Là, les zéphirs changés en amoureux propos
Rendaient pour ses amours un amoureux hommage,
Et les arbres chargés de tant d'amours éclos
N'en étaient garantis par les lois de leur âge.
    Hommes, faunes, ni dieux, rien n'était à l'entour
Contemplant ce sommeil, qui ne brûlât d'amour
Et perdît le repos pendant qu'elle repose.
Quelle êtes-vous, beauté, quand vaincre vous voulez,
Puisque, sans ce dessein, tellement vous brûlez
Que vous voir, vous aimer, n'est qu'une même chose?

(L'Astrée)

Quelle erreur insensée a séduit nos esprits,
Quelle faute de cœur nous tient dans le mépris
        Où si longtemps nous sommes?

Quel fut l'aveuglement qui les femmes déçut
En leur faisant chercher l'amour parmi les hommes,
    Où jamais il ne fut?

Quel siècle n'a point vu les dures cruautés,
Les barbares effets et les déloyautés
    De leurs cruelles âmes?
Quels sauvages déserts, quels lieux plus reculés,
Et quels dieux n'ont ouï les cris de tant de femmes,
    Mais en vain appelés?

Thésée, où t'enfuis-tu? Pâris, de quelle loi
Te sers-tu contre Œnone? Et toi, Troyen, pourquoi
    T'enfuis-tu de Carthage?
Une seule raison les défend contre nous:
Tout homme fait ainsi, ce n'est pas un outrage
    De faire comme tous.

Homme, non pas humain, mais farouche animal!
Sexe au monde inventé pour nous faire du mal!
    Honte de la nature
Qui ne faillit jamais sinon te produisant!
Dieux, pourquoi mîtes-vous sous une loi si dure
    La femme en la faisant?

Dure et sévère loi, tu fais que nous vivons
Le serpent dans le sein: dire nous te pouvons
    Non loi, mais tyrannie.
O combien durera notre captivité?
Encor que d'un moment elle eût été finie,
    Trop longue elle eût été!

                                 (*id.*)

JEAN-OGER GOMBAULD

  Que vîtes-vous, mes yeux, d'un regard téméraire?
Et de quoi, ma pensée, oses-tu discourir?
Quels divers sentiments me font vivre et mourir,
Me forcent de parler autant que de me taire?
  Quelle innocente erreur, quel malheur volontaire
Se fait également redouter et chérir?
Etait-ce pour me perdre ou bien pour m'acquérir,
Pour m'être favorable ou pour m'être contraire?

Quelle ruse d'amour, quel objet me surprit ?
Souvent l'image seule en trouble mon esprit,
Et d'un extrême bien j'en fais un mal extrême.
Souvent je doute encore, et de sens dépourvu,
Dans la difficulté de me croire moi-même,
Je pense avoir songé ce que mes yeux ont vu.

La voix qui retentit de l'un à l'autre pôle,
La terreur et l'espoir des vivants et des morts,
Qui du rien sait tirer les esprits et les corps
Et qui fit l'univers d'une seule parole ;
La voix du Souverain qui les cèdres désole
Cependant que l'épine étale ses trésors,
Qui contre la cabane épargne ses efforts
Et réduit à néant l'orgueil du Capitol ;
Le tonnerre éclatant, cette divine voix
A qui savent répondre et les monts et les bois
Et qui fait qu'à leur fin toutes choses se rendent,
Que les cieux les plus hauts, que les lieux les plus bas,
Que ceux qui ne sont point et que les morts entendent :
Mon âme, elle t'appelle — et tu ne l'entends pas.

Cette source de mort, cette homicide peste,
Le péché, dont l'enfer a le monde infecté,
M'a laissé, pour tout être, un bruit d'avoir été,
Et je suis de moi-même une image funeste.
L'Auteur de l'univers, le Monarque céleste
S'était rendu visible en ma seule beauté :
Ce vieux titre d'honneur qu'autrefois j'ai porté
Et que je porte encore, est tout ce qui me reste.
Mais c'est fait de ma gloire, et je ne suis plus rien
Qu'un fantôme qui court après l'ombre d'un bien,
Ou qu'un corps animé du seul ver qui le ronge.
Non, je ne suis plus rien, quand je veux m'éprouver,
Qu'un esprit ténébreux qui voit tout comme en songe,
Et cherche incessamment ce qu'il ne peut trouver.

Laurent, dont le zèle feint
Passe pour un vrai mérite,
Croit être devenu saint
A force d'être hypocrite.

106

MATHURIN RÉGNIER

L'Importun, ou le Fâcheux

. . . . . .

J'oyais un de ces jours la messe à deux genoux,
Faisant mainte oraison, l'œil au ciel, les mains jointes,
Le cœur ouvert aux pleurs et tout percé de pointes
Qu'un dévot repentir élançait dedans moi,
Tremblant des peurs d'enfer et tout brûlant de foi,
Quand un jeune frisé, relevé de moustache,
De galoche, de botte, et d'un ample panache,
Me vint prendre et me dit, pensant dire un bon mot:
'Pour un poète du temps vous êtes trop dévot.'
Moi, civil, je me lève et le bonjour lui donne.
Qu'heureux est le folâtre à la tête grisonne
Qui brusquement eût dit, avec une sambieu[1]:
'Oui bien pour vous, Monsieur, qui ne croyez en Dieu!'
    Sotte discrétion! je voulus faire accroire
Qu'un poète n'est bizarre et fâcheux qu'après boire.
Je baisse un peu la tête, et tout modestement
Je lui fis à la mode un petit compliment.
Lui, comme bien appris, le même me sut rendre,
Et cette courtoisie à si haut prix me vendre
Que j'aimerais bien mieux, chargé d'âge et d'ennuis,
Me voir à Rome pauvre entre les mains des Juifs.
    Il me prit par la main après mainte grimace,
Changeant sur l'un des pieds à toute heure de place,
Et dansant tout ainsi qu'un barbe encastelé,
Me dit, en remâchant un propos avalé:
'Que vous êtes heureux, vous autres belles âmes,
Favoris d'Apollon, qui gouvernez les dames,
Et par mille beaux vers les charmez tellement
Qu'il n'est point de beautés que pour vous seulement!
Mais vous les méritez: vos vertus non communes
Vous font digne, Monsieur, de ces bonnes fortunes.'
    Glorieux de me voir si hautement loué,
Je devins aussi fier qu'un chat amadoué,
Et sentant au palais mon discours se confondre,
D'un ris de saint Médard[2] il me fallut répondre.

---

[1] *sambieu:* an oath (*sang Dieu*)
[2] *ris de saint Médard:* hollow laughter. St Médard, said to cure tooth-
ache, was represented with parted lips.

Je poursuis. Mais, ami, laissons-le discourir,
Dire cent et cent fois: 'Il en faudrait mourir!'
Sa barbe pinçoter, cajoler la science,
Relever ses cheveux, dire: 'En ma conscience!'
Faire la belle main, mordre un bout de ses gants,
Rire hors de propos, montrer ses belles dents,
Se carrer sur un pied, faire arser[1] son épée,
Et s'adoucir les yeux ainsi qu'une poupée,
Cependant qu'en trois mots je te ferai savoir
Où premier à mon dam ce fâcheux me put voir.

    J'étais chez une dame en qui, si la satire
Permettait en ces vers que je le puisse dire,
Reluit, environné de la divinité,
Un esprit aussi grand que grande est sa beauté.

    Ce fanfaron chez elle eut de moi connaissance;
Et ne fut de parler jamais en ma puissance,
Lui voyant ce jour-là son chapeau de velours,
Rire d'un fâcheux conte et faire un sot discours,
Bien qu'il m'eût à l'abord doucement fait entendre
Qu'il était mon valet à vendre et à dépendre;
Et détournant les yeux: 'Belle, à ce que j'entends,
Comment! vous gouvernez les beaux esprits du temps!'
Et faisant le doucet de parole et de geste,
Il se met sur un lit, lui disant: 'Je proteste
Que je me meurs d'amour quand je suis près de vous;
Je vous aime si fort que j'en suis tout jaloux.'
Puis rechangeant de note, il montre sa rotonde[2]:
'Cet ouvrage est-il beau? Que vous semble du monde?
L'homme que vous savez m'a dit qu'il n'aime rien.
Madame, à votre avis, ce jourd'hui suis-je bien?
Suis-je pas bien chaussé? ma jambe est-elle belle?
Voyez ce taffetas: la mode en est nouvelle;
C'est œuvre de la Chine. A propos, on m'a dit
Que contre les clinquants le roi fait un édit.'[3]
Sur le coude il se met, trois boutons se délace:
'Madame, baisez-moi: n'ai-je pas bonne grâce?
Que vous êtes fâcheuse! A la fin on verra,
Rosette, le premier qui s'en repentira.'

    D'assez d'autres propos il me rompit la tête.
Voilà quand et comment je connus cette bête;

---

[1] *arser* (or *arresser*): *se dresser*   [2] *rotonde*: a broad, stiff collar
[3] *édit:* Henri IV's third decree against the use of gold and
silver trimmings (1607)

Te jurant, mon ami, que je quittai ce lieu
Sans demander son nom et sans lui dire adieu.

(Satire VIII)

.   .   .   .   .

O débile raison! où est ores ta bride?
Où ce flambeau qui sert aux personnes de guide?
Contre la passion trop faible est ton secours,
Et souvent, courtisane, après elle tu cours,
Et savourant l'appât qui ton âme ensorcelle,
Tu ne vis qu'à son goût et ne vois que par elle.
De là vient qu'un chacun, mêmes en son défaut,
Pense avoir de l'esprit autant qu'il lui en faut.
Aussi rien n'est parti si bien par la nature
Que le sens, car chacun en a sa fourniture;
Mais pour nous, moins hardis à croire nos raisons,
Qui réglons nos esprits par les comparaisons
D'une chose avec l'autre, épluchons de la vie
L'action qui doit être ou blâmée ou suivie,
Qui criblons le discours au choix se variant,
D'avec la fausseté la vérité triant
—Tant que l'homme le peut—, qui formons nos ouvrages
Aux moules si parfaits de ces grands personnages
Qui depuis deux mille ans ont acquis le crédit
Qu'en vers rien n'est parfait que ce qu'ils en ont dit,
Devons-nous aujourd'hui pour une erreur nouvelle,
Que ces clercs dévoyés forment en leur cervelle,
Laisser légèrement la vieille opinion,
Et suivant leur avis, croire à leur passion?
    Pour moi, les Huguenots pourraient faire miracles,
Ressusciter les morts, rendre de vrais oracles,
Que je ne pourrais pas croire à leur vérité.
En toute opinion je fuis la nouveauté.
Aussi doit-on plutôt imiter nos vieux pères,
Que suivre des nouveaux les nouvelles chimères.
De même en l'art divin de la Muse doit-on
Moins croire à leur esprit qu'à l'esprit de Platon.
    Mais, Rapin,[1] à leur goût si les vieux sont profanes,
Si Virgile, le Tasse et Ronsard sont des ânes,
Sans perdre en ces discours le temps que nous perdons,
Allons comme eux aux champs et mangeons des chardons.

(Satire IX)

Rapin: the poet Nicolas Rapin (1540-1608)

JEAN AUVRAY

.   .   .   .   .   .

Grand Roi, pourmenez-vous des Alpes ibériques
Jusqu'aux derniers confins des landes armoriques,
De la mer provençale aux Normands belliqueux:
A qui sont ces châteaux, ces palais somptueux,
Ces Louvres, ces Madrids?[1] à qui ces terres nobles,
Ces parcs délicieux, ces forêts, ces vignobles?
A qui ces beaux jardins, ces poissonneux viviers?
Ces meubles précieux, ce monde d'estafiers?
A qui ce train splendide et ces dames parées,
Ces carrosses brancards et litières dorées?
— A vos financiers, Sire, à ces gros partisans,[2]
Extraits pour la plupart d'infâmes[3] paysans,
Champignons d'une nuit, charlatans, gens d'affaire,
Alquimistes matois qui savent bien extraire
L'élixir de la bourse, et transmuer encor
Les montagnes de sel[4] en riches fleuves d'or.
Au reste ces frelons consomment en délices
Le journalier labeur des abeilles nourrices. . . .

(Le Banquet des Muses: Les Chevaliers sans reproche)

JEAN DE LINGENDES

.   .   .   .   .

Doux baiser, le plus doux vraiment
Que jamais reçut un amant:
Jugez de sa douceur extrême,
Et de quelle sorte il me plut,
Puisque cette bouche qui l'eut
Ne le peut pas dire elle-même.

Doux baiser, si doux en effet
Que le plaisir en fut parfait,

---

[1] *Madrids:* the castle built in 1528 by François Ier at Neuilly was
given the name of *Madrid* after the King's captivity in Spain
[2] *partisans:* contractors who undertook the collection of taxes
[3] *infâmes:* low-born
[4] *montagnes de sel:* allusion to the salt-tax or *gabelle*

Car l'Amour qui me le fit prendre,
Iris y semblant incliner,
Lui-même me le fit donner,
Et lui-même me le fit rendre.

Mon esprit se vint rendre alors
Enchanté sur ces rouges bords,
Ma vie en cette douce envie
Pour ma passion apaiser
N'étant plus pour tout qu'un baiser,
Mais un baiser qui fut ma vie.

Ainsi par ce baiser rendu
Ayant dans sa bouche perdu
Mon âme en ces douceurs charmée,
Je perdis la mémoire aussi
De n'avoir jamais plus souci
De chose auparavant aimée. . . .

(*Les Changements de la Bergère Iris*)

Philis auprès de cet ormeau
Où paissait son petit troupeau
Etant toute triste et pensive,
De son doigt écrivait un jour
Sur le sablon de cette rive:
'Alcidon est mon seul amour.'

Je ne devais pas m'assurer
De voir sa promesse durer,
Parce qu'en chose plus légère,
Ni plus ressemblante à sa foi,
L'ingrate et parjure bergère
Ne pouvait se promettre à moi.

Un petit vent qui s'élevait
En même instant qu'elle écrivait
Cette preuve si peu durable,
Effaça sans plus de longueur
Sa promesse dessus le sable
Et son amour dedans son cœur.

Connaissant votre humeur, je veux bien, ma Silvie,
    Que passant votre temps
Avec tous les amants dont vous êtes servie
    Vous les rendiez contents.

La mode de la Cour m'étant si bien connue,
    Pourrais-je avoir douté
Qu'on peut vivre en ce temps plus chaste et retenue
    Avec tant de beauté ?

J'approuve vos plaisirs et qu'il vous soit loisible
    D'en jouir bien à point,
Car donnant tant d'amour il serait impossible
    Que vous n'en eussiez point.

Mais puisque ce péché point de blâme n'apporte
    Quand on le cache bien,
Je voudrais seulement que vous fissiez en sorte
    Que je n'en susse rien.

Celle qui fait du mal se peut dire innocente
    En le tenant caché ;
Mais quand on fait du mal et qu'après on s'en vante,
    On fait double péché. . . .

Couvrez bien vos amours, sans craindre que j'estime
    Qu'on se doive fâcher,
Ni que l'on puisse encor vous reprocher du crime
    Que vous pourrez cacher.

Que si je vous surprends me faisant cette injure
    Un jour à l'impourvu,
Soutenez qu'il est faux jusqu'à tant que je jure
    De n'en avoir rien vu.

Car alors réputant pour des songes frivoles
    Tout ce qui sera fait,
Et démentant mes yeux pour croire à vos paroles,
    Je serai satisfait.

JACQUES DU LORENS

.   .   .   .

Si elle est chaste ou non, si elle prête ou vend
Ce plaisir qu'en amour la servitude attend,
Qu'on n'ose demander, et pour qui l'on soupire,
Jeanne son petit cœur ne me l'a voulu dire.
Je connais bien pourtant qu'elle sait tout au net,
Puis que sans sonner mot elle entre au cabinet.
Entre autre occasion j'apprendrai cette affaire:
Il est temps de parler, il est temps de se taire.
Ce serait un grand cas qu'une telle beauté
En ce siècle brutal gardât la chasteté,
Où d'un manteau, d'un froc, d'une longue soutane
Priape déguisé sollicite Diane. . . .

(Satire XIV, 1624)

Que je suis dégoûté de la plupart des hommes,
Plus je les considère en ce temps où nous sommes!
Mais sur tous je hais ceux dont le semblant est doux,
Qui n'entendent jamais la Messe qu'à genoux.
S'ils parlent, c'est de Dieu, de sa bonté extrême,
De se mortifier, renoncer à soi-même.
Ils disent à tous coups qu'avecque son prochain
Il faut traiter en frère et le cœur à la main;
Que le monde n'est pas l'éternelle demeure,
Et qu'il en faut partir, mais qu'on n'en sait pas l'heure.
   Après avoir tenu ce langage des Cieux,
Croirais-tu bien, Monsieur, qu'il sont fort vicieux,
Et que celui d'entre eux qui fait plus d'abstinence,
Dont la face est plus triste, a le moins d'innocence,
Et prêt sans marchander à faire un mauvais tour,
Pour ne tenir parole à chercher un détour,
Il prend son avantage en concluant l'affaire,
Encor que comme un prêtre il dise son Bréviaire.
S'il rit, c'est un hasard, et ne rit qu'à demi;
C'est avec un baiser qu'il trahit son ami;
Plus amateur de bien que Midas ni Tantale,
Je le vous garantis harpie originale.
Il se laisse quasi mourir de faim chez lui,
Mais il parle des dents à la table d'autrui.

Après ses oraisons, est-il hors de l'église,
A son proche voisin il trame une surprise,
Et lui rend des devoirs sous couleur d'amitié,
Mais s'il a de l'argent, il en est de moitié:
Il flatte son esprit avec certain ramage
Qui l'attire, le charme, et doucement l'engage;
Il cajole sa femme et la prie en bigot
De faire le péché qui fait un homme sot. . . .
Elle qui le croit saint, afin de lui complaire
Et croyant mériter, le laisse humblement faire. . . .
Il ne mérite pas de mourir dans son lit,
Ni d'avoir le moyen de pleurer son délit,
Ce cafard importun avecque son teint blême,
Plus libertin au fond qu'un moine de Thélème.[1] . . .

(Satire I, 1646)

ROBERT ANGOT DE L'ÉPERONNIÈRE

.   .   .   .   .

'Ecoutez! voilà l'heure: est-ce midi qui sonne?
Vraiment il est trop tard, le bonjour je vous donne.
L'heure m'a bien surprise, il faut doubler le pas
Afin que mon mari trouve prêt son repas.'
— 'Ma sœur, le rendez-vous dedans les Carmélites.'
— 'Je m'y rendrai sans faute, ou bien aux Jésuites.' . . .
L'on dirait, à les voir courir de rue en rue,
Un rosaire à la main, baissant toujours la vue,
Sans masque, sans manchon et sans vertugadin,
La tête enguilminée[2] ainsi qu'un Jacobin,
Deux pieds de crotte au cul, sous le bras un gros livre,
Baisant des grains bénits, des médailles de cuivre,
Des *Agnus* faits en cœur, de satin, brodés d'or,
Que c'est sainte Gertrude ou sainte Eléonor,
Tant par leur doux semblant leur âme contrefaite
Paraît belle au dehors, au dedans toute infette.[3]
Les voici pour dîner: tout tremble en la maison —
—Frapper l'un sans sujet, crier hors de saison,
Briser plats, casser pots, les jeter à la tête,
Tout retentir de bruit ainsi qu'en la tempête.

---

[1] *Thélème:* see Rabelais, *Gargantua*, chs. lii-lviii
[2] *enguilminée:* hooded (probably)   [3] *infette: infecte*

'Quoi! mon dîner n'est prêt? il est midi sonné!'
Dira cette diablesse après avoir tonné.
'Martine, courez tôt, allez à la fontaine;
Mettez le pot au feu. Vrai Dieu, que j'ai de peine!'
Et le pauvre mari qui n'ose sonner mot,
Assis auprès du feu, voit randouiller[1] le pot,
A jeun, las du procès, n'ayant ce qu'il désire,
Prend tout en patience et ne s'en fait que rire.
L'homme était trop heureux s'il n'eût eu pour tourment
Une femme à fléau par son embrassement;
Il eût passé ses ans sans peine et sans tristesse,
Libre, exempt de douleur, évitant la vieillesse;
Mais Dieu pour le punir l'a contraint épouser
La femme, qui ne peut en paix se reposer;
Car certes ce serait chose rare en conquête
D'y pouvoir rencontrer une femme sans tête,
Douce en son naturel, sans causer aucun mal
Au mari qu'elle étreint d'un lien conjugal.
Sans la femme et le vent qui soufflent sur la terre
Jamais nous n'eussions eu peste, famine, ou guerre.
Le serpent va sifflant, le fier lion rugit,
Le sot oison gazouille et le cheval hennit,
La teurte[2] se lamente et la mouche bourdonne,
La brebis va bêlant quand seule on l'abandonne,
Le chien jappe toujours, le loup ne fait qu'hurler,
Le pourceau naît grondant et le chat à miauler,
La mule brait sans cesse, et la femme tempête:
Ainsi ces animaux nous font mal à la tête.
    Mais que fait la belle âme attendant son dîner?
— Les Vêpres l'on va dire, il s'en faut retourner.
Elle boit deux bons coups ayant mangé sa soupe,
Et du plus cuit du pot un lopin elle coupe,
Qu'elle mâche en tirant des dents et du poignet,
Comme un oiseau de leurre ou comme un tiercelet
Tire son déjeuner du bec et de la serre
Ayant fait aux perdrix une sanglante guerre.
Elle saoule, elle sort, se trouve au rendez-vous.
Du ménage, rien moins: tout sens dessus dessous. . . .
                    (*Les Exercices de ce temps: La Mortification*)

[1] *randouiller:* to simmer (Norman dialect)   [2] *teurte: tourterelle*

. . . . . .

'Pour dire adieu, dansons un branle de village.[1]
— Madame, commencez, ne faites point la sage!
Vous plaît-il que je mène? entrons dedans le rond.
Sus! les poings aux côtés! regardez-moi le front!
Courage! allons par haut! sans feinte qu'on trémousse!'
— 'Violons, arrêtez-vous! ma robe se détrousse.
Certes je n'en peux plus. C'est assez pour mourir!
Au branle de village on ne fait que courir.
Vous m'avez mise en eau, ma chemise est brassée:
Je vais me seoir sur vous puisque m'avez lassée.'
Debout! l'on prend congé, l'on s'en va déjeuner.
— 'Puisque le four est chaud, il nous faut enfourner:
J'ai si grand appétit que je serais malade
Si je ne mange point de cette carbonnade!
O Dieu! que de pâtés! et que de venaison!
Faites-en porter un droit en notre maison!'
— 'Carabin,[2] où es-tu? D'une façon subtile
Enlève ce pâté caché sous ta roupille!' ...
–'Buvons un coup de vin!'–'Du nouveau?'–'Non, du vieux.
Je prends en liberté ce que j'aime le mieux.
A ta santé, mon cœur, et à ta bonne mine!'
— 'Je vous pleige[3] en la table ainsi qu'en la courtine![4]
C'est trop resté céans[5]: sortons, prenons congé.
J'ai l'estomac bouché pour avoir trop mangé.
Adieu, ma chère Dame, à vous aussi, mes belles.'
— 'Demain dès le matin, du Bal toutes nouvelles.'
On remonte en carrosse, on se trie, on se prend,
Chacun à son désir ainsi comme il entend. ...

(id.: Le Bal)

FRANÇOIS MAINARD

Quand dois-je quitter les rochers
Du petit désert qui me cache,
Pour aller revoir les clochers
De Saint-Paul et de Saint-Eustache?[6]

---

[1] *branle de village:* a kind of reel
[2] *carabin:* apprentice barber or surgeon
[3] *pleige:* pledge   [4] *courtine:* bed-curtain   [5] *céans:* in here
[6] *Saint-Paul, Saint-Eustache:* Paris churches

Paris est sans comparaison:
Il n'est plaisir dont il n'abonde;
Chacun y trouve sa maison,
C'est le pays de tout le monde.
    Apollon, faut-il que Mainard
Avec les secrets de ton art
Meure en une terre sauvage,
Et qu'il dorme après son trépas
Au cimetière d'un village
Que la carte ne connaît pas?

<center>~~~</center>

Aminte assis au bord d'une fontaine
Où chaque fois ce berger se mirait,
Triste et pensif, bassement soupirait
En se plaignant d'une aimable inhumaine.
    'Puissant Amour, disait cet affligé,
En une fleur Narcisse fut changé:
Termine ainsi mes ennuis et ma vie.
    Mais je voudrais qu'après ce changement
On me cueillît pour servir d'ornement
Aux cheveux blonds de ma belle Silvie.'

<center>~~~</center>

Alcippe, reviens dans nos bois.
    Tu n'as que trop suivi les Rois
Et l'infidèle espoir dont tu fais ton idole.
    Quelque bonheur qui seconde tes vœux,
Ils n'arrêteront pas le temps qui toujours vole
Et qui d'un triste blanc va peindre tes cheveux.

La Cour méprise ton encens:
    Ton rival monte, et tu descends,
Et dans le cabinet le favori te joue.
    Que t'a servi de fléchir le genou
Devant un dieu fragile et fait d'un peu de boue,
Qui souffre et vieillit pour mourir comme nous?

Romps tes fers, bien qu'ils soient dorés.
    Fuis les injustes adorés
Et descends dans toi-même à l'exemple du sage.
    Tu vois de près ta dernière saison:
Tout le monde connaît ton nom et ton visage,
Et tu n'es pas connu de ta propre raison.

117

Ne forme que des saints désirs,
Et te sépare des plaisirs
Dont la molle douceur te fait aimer la vie.
Il faut quitter le séjour des mortels,
Il faut quitter Philis, Amarante et Silvie,
A qui ta folle amour élève des autels.

Il faut quitter l'ameublement
Qui nous cache pompeusement,
Sous de la toile d'or, le plâtre de ta chambre.
Il faut quitter ces jardins toujours verts
Que l'haleine des fleurs parfume de son ambre,
Et qui font des printemps au milieu des hivers. . . .

Et comment pourrions-nous durer?
Le temps, qui doit tout dévorer,
Sur le fer et la pierre exerce son empire.
Il abattra ces fermes bâtiments
Qui n'offrent à nos yeux que marbre et que porphire,
Et qui jusqu'aux enfers portent leurs fondements.

On cherche en vain les belles tours
Où Pâris cacha ses amours,
Et d'où ce fainéant vit tant de funérailles.
Rome n'a rien de son antique orgueil,
Et le vide enfermé de ses vieilles murailles
N'est qu'un affreux objet et qu'un vaste cercueil.

Mais tu dois avecque mépris
Regarder ces petits débris:
Le temps amènera la fin de toutes choses,
Et ce beau ciel, ce lambris azuré,
Ce théâtre où l'Aurore épanche tant de roses,
Sera brûlé des feux dont il est éclairé.

Le grand astre qui l'embellit
Fera sa tombe de son lit;
L'air ne formera plus ni grêles ni tonnerres,
Et l'univers, qui dans son large tour
Voit courir tant de mers et fleurir tant de terres,
Sans savoir où tomber, tombera quelque jour.

ÉTIENNE DURANT

Quoi donc! tant de désirs, tant de peines souffertes,
Et tant de vœux offerts à l'œil qui m'a blessé
Se verront mépriser, et mon cœur délaissé
Brûlera malheureux en des flammes désertes?

Oui, je prendrai toujours les armes découvertes,
Comme Achille jadis par nature poussé,
Et ne lairrai[1] jamais d'un courage abaissé
L'espérance du gain pour la crainte des pertes.

Possible mes désirs, mes peines et mes vœux
Pourront dedans moi-même allumer tant de feux
Qu'approchant je pourrai t'échauffer de ma flamme.

Lors, consolé des maux que j'en aurai soufferts,
Je dirai que ton œil favorable à mon âme
En un doux Paradis peut changer les enfers.

❦

— Pourquoi courez-vous tant, inutiles pensées,
Après un bien perdu qui ne peut revenir?
— Nous voulons rechercher tes liesses passées,
Pour en faire à ton cœur quelqu'une parvenir.
— Quoi! ne savez-vous pas, chimères insensées,
Que d'un plaisir perdu triste est le souvenir?
— Oui, mais on peut encor d'espoir s'entretenir
Quand un peu les douleurs ont nos âmes lassées.
— Eh! pourrais-je espérer de jamais convertir
Le crime de ma belle en un doux repentir?
— La constance en amour fait d'étranges miracles.
— Quoi donc! faut-il aimer? — Faut espérer aussi,
Car les refus de femme ont l'effet des oracles
Qui, jurés, bien souvent n'arrivent pas ainsi.

Stances à l'Inconstance

Esprit des beaux esprits, vagabonde Inconstance,
Qu'Eole roi des vents avec l'onde conçut
Pour être de ce monde une seconde essence,
Reçois ces vers sacrés à ta seule puissance
Aussi bien que mon âme autrefois te reçut.

[1] *lairrai: laisserai*

119

Déesse qui partout et nulle part demeure,
Qui préside à nos jours et nous porte au tombeau,
Qui fais que le désir d'un instant naisse et meure,
Et qui fais que les Cieux se tournent à toute heure
Encor qu'il ne soit rien ni si grand ni si beau,

Si la terre pesante en sa base est contrainte,
C'est par le mouvement des atomes divers;
Sur le dos de Neptun ta puissance est dépeinte,
Et les saisons font voir que ta majesté sainte
Est l'âme qui soutient le corps de l'Univers.

Notre esprit n'est que vent, et comme un vent volage;
Ce qu'il nomme constance est un branle rétif;
Ce qu'il pense aujourd'hui demain n'est qu'un ombrage;
Le passé n'est plus rien, le futur un nuage,
Et ce qu'il tient présent il le sent fugitif.

Je peindrais volontiers mes légères pensées,
Mais déjà, le pensant, mon penser est changé;
Ce que je tiens m'échappe, et les choses passées
Toujours par le présent se tiennent effacées,
Tant à ce changement mon esprit est rangé.

Aussi depuis qu'à moi ta grandeur est unie,
Des plus cruels dédains j'ai su me garantir;
J'ai gaussé les esprits dont la folle manie
Esclave leur repos sous une tyrannie,
Et meurent à leur bien pour vivre au repentir.

Entre mille glaçons je sais feindre une flamme,
Entre mille plaisirs je fais le soucieux;
J'en porte une à ma bouche, une autre dedans l'âme,
Et tiendrais à péché, si la plus belle dame
Me retenait le cœur plus longtemps que les yeux.

Doncques, fille de l'air de cent plumes couverte,
Qui de serf que j'étais m'a mise en liberté,
Je te fais un présent des restes de ma perte,
De mon amour changé, de sa flamme déserte,
Et du folâtre objet qui m'avait arrêté.

Je te fais un présent d'un tableau fantastique,
Où l'amour et le jeu par la main se tiendront;
L'oubliance, l'espoir, le désir frénétique,
Les serments parjurés, l'humeur mélancolique,
Les femmes et les vents ensemble s'y verront.

Les sables de la mer, les orages, les nues,
Les feux qui font en l'air les tonnantes chaleurs,
Les flammes des éclairs plus tôt mortes que vues,
Les peintures du Ciel à nos yeux inconnues
A ce divin tableau serviront de couleurs.

Pour un temple sacré je te donne ma Belle,
Je te donne son cœur pour en faire un autel,
Pour faire ton séjour tu prendras sa cervelle;
Et moi, je te serai comme un prêtre fidèle
Qui passera ses jours en un change immortel.

ROBERT ARNAUD D'ANDILLY

Pensées de l'âme dans la retraite

Quand de tout autre objet ton âme est séparée,
Et seule avec Dieu seul n'entend plus que sa voix,
Soupire en languissant, de même que tu vois
Soupirer vers le ciel une terre altérée.
Repasse avec douleur tant de jours écoulés
Dans l'erreur où tes sens, de ténèbres voilés,
Retenaient ton esprit engagé dans leurs charmes.
Vois comme ton idole était ta vanité.
Mêle au sang de Jésus les torrents de tes larmes,
Et confonds ton orgueil par son humilité.

HONORAT DE BEUIL DE RACAN

Tircis, il faut penser à faire la retraite:
La course de nos jours est plus qu'à demi faite,
L'âge insensiblement nous conduit à la mort;
Nous avons assez vu sur la mer de ce monde
Errer au gré des flots notre nef vagabonde:
Il est temps de jouir des délices du port.

Le bien de la fortune est un bien périssable;
Quand on bâtit sur elle on bâtit sur le sable;
Plus on est élevé, plus on court de dangers:
Les grands pins sont en butte aux coups de la tempête,
Et la rage des vents brise plutôt le faîte
Des maisons de nos rois, que des toits des bergers.

O bienheureux celui qui peut de sa mémoire
Effacer pour jamais ce vain espoir de gloire
Dont l'inutile soin traverse nos plaisirs,
Et qui loin retiré de la foule importune,
Vivant dans sa maison content de sa fortune,
A selon son pouvoir mesuré ses désirs!

Il laboure le champ que labourait son père,
Il ne s'informe point de ce qu'on délibère
Dans ces graves conseils d'affaires accablés;
Il voit sans intérêt la mer grosse d'orages,
Et n'observe des vents les sinistres présages
Que pour le soin qu'il a du salut de ses blés.

Roi de ses passions, il a ce qu'il désire,
Son fertile domaine est son petit empire,
Sa cabane est son Louvre et son Fontainebleau,
Ses champs et ses jardins sont autant de provinces,
Et sans porter envie à la pompe des princes,
Se contente chez lui de les voir en tableau.

Il voit de toutes parts combler d'heur sa famille,
La javelle à plein poing tomber sous la faucille,
Le vendangeur ployer sous le faix des paniers;
Et semble qu'à l'envi les fertiles montagnes,
Les humides vallons, et les grasses campagnes
S'efforcent à remplir sa cave et ses greniers.

Il suit aucunesfois un cerf par les foulées
Dans ces vieilles forêts du peuple reculées,
Et qui même du jour ignorent le flambeau;
Aucunesfois des chiens il suit les voix confuses,
Et voit enfin le lièvre, après toutes ses ruses,
Du lieu de sa naissance en faire son tombeau.

Tantôt il se promène au long de ses fontaines,
De qui les petits flots font luire dans les plaines
L'argent de leurs ruisseaux parmi l'or des moissons;
Tantôt il se repose avecque les bergères
Sur des lits naturels de mousse et de fougères
Qui n'ont d'autres rideaux que l'ombre des buissons.

Il soupire en repos l'ennui de sa vieillesse
Dans ce même foyer où sa tendre jeunesse
A vu dans le berceau ses bras emmaillotés;
Il tient par les moissons registre des années,
Et voit de temps en temps, leurs courses enchaînées,
Vieillir avecque lui les bois qu'il a plantés.

Il ne va point fouiller aux terres inconnues
A la merci des vents et des ondes chenues
Ce que nature avare a caché de trésors,
Et ne recherche point pour honorer sa vie
De plus illustre mort ni plus digne d'envie
Que de mourir au lit où ses pères sont morts.

Il contemple du port les insolentes rages
Des vents de la faveur, auteurs de nos orages,
Allumer des mutins les desseins factieux,
Et voit en un clin d'œil, par un contraire échange,
L'un déchiré du peuple au milieu de la fange,
Et l'autre à même temps élevé dans les cieux.

S'il ne possède point ces maisons magnifiques,
Ces tours, ces chapiteaux, ces superbes portiques
Où la magnificence étale ses attraits,
Il jouit des beautés qu'ont les saisons nouvelles,
Il voit de la verdure et des fleurs naturelles
Qu'en ces riches lambris l'on ne voit qu'en portraits.

Crois-moi, retirons-nous hors de la multitude,
Et vivons désormais loin de la servitude
De ces palais dorés où tout le monde accourt.
Sous un chêne élevé les arbrisseaux s'ennuient,
Et devant le soleil tous les astres s'enfuient
De peur d'être obligés de lui faire la cour.

Après qu'on a suivi sans aucune assurance
Cette vaine faveur qui nous paît d'espérance,
L'envie en un moment tous nos desseins détruit.
Ce n'est qu'une fumée, il n'est rien de si frêle;
Sa plus belle moisson est sujette à la grêle,
Et souvent elle n'a que des fleurs pour tout fruit.

Agréables déserts, séjours de l'innocence,
Où loin des vanités, de la magnificence,
Commence mon repos et finit mon tourment,
Vallons, fleuves, rochers, plaisante solitude,
Si vous fûtes témoins de mon inquiétude,
Soyez-le désormais de mon contentement!

THÉOPHILE DE VIAU

Le Matin

L'aurore sur le front du jour
Sème l'azur, l'or et l'ivoire,
Et le soleil, lassé de boire,
Commence son oblique tour.

Les chevaux au sortir de l'onde,
De flamme et de clarté couverts,
La bouche et les naseaux ouverts,
Ronflent la lumière du monde.

La lune fuit devant nos yeux,
La nuit a retiré ses voiles,
Peu à peu le front des étoiles
S'unit à la couleur des cieux.

Déjà la diligente avette
Boit la marjolaine et le thym,
Et revient riche du butin
Qu'elle a pris sur le mont Hymette.

Je vois le généreux lion
Qui sort de sa demeure creuse,
Hérissant sa perruque affreuse
Qui fait fuir Endymion.

Sa dame,[1] entrant dans les bocages,
Compte les sangliers qu'elle a pris,
Ou dévale chez les esprits
Errants aux sombres marécages.

Je vois les agneaux bondissants
Sur les blés qui ne font que naître:
Cloris, chantant, les mène paître
Parmi ces coteaux verdissants.

Les oiseaux d'un joyeux ramage
En chantant semblent adorer
La lumière qui vient dorer
Leur cabinet et leur plumage.

La charrue écorche la plaine,
Le bouvier qui suit les sillons
Presse de voix et d'aiguillons
Le couple des bœufs qui l'entraîne.

Alix apprête son fuseau;
Sa mère, qui lui fait la tâche,
Presse le chanvre qu'elle attache
A sa quenouille de roseau.

Une confuse violence
Trouble le calme de la nuit,
Et la lumière avec le bruit
Dissipent l'ombre et le silence.

Alidor cherche à son réveil
L'ombre d'Iris qu'il a baisée,
Et pleure en son âme abusée
La fuite d'un si doux sommeil.

Les bêtes sont dans leur tanière
Qui tremblent de voir le soleil;
L'homme remis par le sommeil
Reprend son œuvre coutumière,

Le forgeron est au fourneau:
Ois[2] comme le charbon s'allume!

[1] *sa dame:* Diana, the Moon   [2] *Ois:* from *ouïr*

Le fer rouge dessus l'enclume
Etincelle sous le marteau.

Cette chandelle semble morte:
Le jour la fait évanouir;
Le soleil vient nous éblouir:
Vois qu'il passe au travers la porte.

Il est jour, levons-nous, Philis:
Allons à notre jardinage
Voir s'il est comme ton visage
Semé de roses et de lis.

Elégie à une Dame

Si votre doux accueil n'eût consolé ma peine,
Mon âme languissait, je n'avais plus de veine;
Ma fureur était morte, et mes esprits couverts
D'une tristesse sombre avaient quitté les vers.
Ce métier est pénible, et notre saint étude
Ne connaît que mépris, ne sent qu'ingratitude.
Qui de notre exercice aime le doux souci,
Il hait sa renommée et sa fortune aussi.
Le savoir est honteux, depuis que l'ignorance
A versé son vénin dans le sein de la France.
Aujourd'hui l'injustice a vaincu la raison,
Les bonnes qualités ne sont plus de saison;
La vertu n'eut jamais un siècle plus barbare,
Et jamais le bon sens ne se trouva si rare.
Celui qui dans les cœurs met le mal ou le bien
Laisse faire au destin sans se mêler de rien;
Non pas que ce grand Dieu qui donne l'âme au monde
Ne trouve à son plaisir la nature féconde,
Et que son influence encore à pleines mains
Ne verse ses faveurs dans les esprits humains
— Parmi tant de fuseaux la Parque en sait retordre
Où la contagion du vice n'a su mordre,
Et le Ciel en fait naître encore infinité
Qui retiennent beaucoup de la divinité,
Des bons entendements, qui sans cesse travaillent
Contre l'erreur du peuple, et jamais ne défaillent,
Et qui, d'un sentiment hardi, grave et profond,
Vivent tout autrement que les autres ne font;

Mais leur divin génie est forcé de se feindre,
Et les rend malheureux s'il ne se peut contraindre.
La coutume et le nombre autorise les sots:
Il faut aimer la cour, rire des mauvais mots,
Accoster un brutal, lui plaire, en faire estime.
Lorsque cela m'advient, je pense faire un crime;
J'en suis tout transporté, le cœur me bat au sein,
Je ne crois plus avoir l'entendement bien sain,
Et pour m'être souillé de cet abord funeste,
Je crois longtemps après que mon âme a la peste.
Cependant il faut vivre en ce commun malheur,
Laisser à part esprit et franchise et valeur,
Rompre son naturel, emprisonner son âme,
Et perdre tout plaisir pour acquérir du blâme.
L'ignorant qui me juge un fantasque rêveur,
Me demandant des vers, croit me faire faveur,
Blâme ce qu'il n'entend, et son âme étourdie
Pense que mon savoir me vient de maladie.
Mais vous, à qui le Ciel de son plus doux flambeau
Inspira dans le sein tout ce qu'il a de beau,
Vous n'avez point l'erreur qui trouble ces infâmes,
Ni l'obscure fureur de ces brutales âmes;
Car l'esprit plus subtil en ses plus rares vers
N'a point de mouvements qui ne vous soient ouverts;
Vous avez un génie à voir dans les courages,
Et connaissez assez mon âme et mes ouvrages.
Or, bien que la façon de mes nouveaux écrits
Diffère du travail des plus fameux esprits,
Et qu'ils ne suivent point la trace accoutumée
Par où nos écrivains cherchent la renommée,
J'ose pourtant prétendre à quelque peu de bruit,
Et crois que mon espoir ne sera point sans fruit.
Vous me l'avez promis, et sur cette promesse
Je fausse ma promesse aux vierges de Permesse[1];
Je ne veux réclamer ni Muse, ni Phébus:
Grâce à Dieu, bien guéri de ce grossier abus,
Pour façonner un vers que tout le monde estime,
Votre contentement est ma dernière lime.
Vous entendez le poids, le sens, la liaison,
Et n'avez, en jugeant, pour but que la raison.
Aussi mon sentiment à votre aveu se range,

---

[1] *vierges de Permesse:* the Permessus was a stream sacred to Apollo
and the Muses

Et ne reçoit d'autrui ni blâme ni louange.
Imite qui voudra les merveilles d'autrui:
Malherbe a très bien fait, mais il a fait pour lui.
Mille petits voleurs l'écorchent tout en vie:
Quant à moi, ces larcins ne me font point d'envie.
J'approuve que chacun écrive à sa façon:
J'aime sa renommée, et non pas sa leçon.
Ces esprits mendiants, d'une veine infertile,
Prennent à tous propos ou sa rime ou son style;
Et, de tant d'ornements qu'on trouve en lui si beaux,
Joignent l'or et la soie à de vilains lambeaux,
Pour paraître aujourd'hui d'aussi mauvaise grâce
Que parut autrefois la corneille d'Horace.[1]
Ils travaillent un mois à chercher comme a *fils*
Pourra s'apparier la rime de *Memphis*.[2]
Ce *Liban*,[2] ce *turban*,[2] et ces rivières mornes[2]
Ont souvent de la peine à retrouver leurs bornes.
Cet effort tient leurs sens dans la confusion,
Et n'ont jamais un rai de bonne vision.
J'en connais qui ne font des vers qu'à la moderne,
Qui cherchent à midi Phébus à la lanterne,
Grattent tant le français qu'ils le déchirent tout,
Blâmant tout ce qui n'est facile qu'à leur goût,
Sont un mois à connaître, en tâtant la parole,
Lorsque l'accent est rude ou que la rime est molle,
Veulent persuader que ce qu'ils font est beau,
Et que leur renommée est franche du tombeau,
Sans autre fondement sinon que tout leur âge
S'est laissé consommer en un petit ouvrage,
Que leurs vers dureront au monde précieux,
Pource qu'en les faisant ils sont devenus vieux,
De même l'araignée, en filant son ordure,
Use toute sa vie et ne fait rien qui dure.
Mais cet autre poète est bien plein de ferveur:
Il est blême, transi, solitaire, rêveur;
La barbe mal peignée, un œil branlant et cave,
Un front tout renfrogné, tout le visage hâve,
Ahanne dans son lit et marmotte tout seul
Comme un esprit qu'on oit parler dans un linceul;
Grimace par la rue et, stupide, retarde

[1] *la corneille d'Horace:* see Horace, *Epistolae* I, iii, 18-20
[2] *Memphis, Liban, turban:* cf. Malherbe's *Ode à la Reine sur
sa bienvenue en France*

Ses yeux sur un objet sans voir ce qu'il regarde.
Mais déjà ce discours m'a porté trop avant:
Je suis bien près du port, ma voile a trop de vent;
D'une insensible ardeur peu à peu je m'élève,
Commençant un discours que jamais je n'achève.
Je ne veux point unir le fil de mon sujet;
Diversement je laisse et reprends mon objet.
Mon âme imaginant n'a point la patience
De bien polir les vers et ranger la science.
La règle me déplaît, j'écris confusément:
Jamais un bon esprit ne fait rien qu'aisément.
Autrefois, quand mes vers ont animé la scène,
L'ordre où j'étais contraint m'a bien fait de la peine.
Ce travail importun m'a longtemps martyré,
Mais enfin, grâce aux Dieux, je m'en suis retiré.
Peu sans faire naufrage et sans perdre leur Ourse[1]
Se sont aventurés à cette longue course.
Il y faut par miracle être fol sagement,
Confondre la mémoire avec le jugement,
Imaginer beaucoup, et d'une source pleine
Puiser toujours des vers dans une même veine.
Le dessein se dissipe, on change de propos
Quand le style a goûté tant soit peu le repos.
Donnant à tels efforts ma première furie,
Jamais ma veine encor ne s'y trouva tarie.
Mais il me faut résoudre à ne la plus presser;
Elle m'a bien servi, je la veux caresser,
Lui donner du relâche, entretenir la flamme
Qui de sa jeune ardeur m'échauffe encore l'âme.
Je veux faire des vers qui ne soient pas contraints,
Promener mon esprit par de petits desseins,
Chercher des lieux secrets où rien ne me déplaise,
Méditer à loisir, rêver tout à mon aise,
Employer toute une heure à me mirer dans l'eau,
Ouïr comme en songeant la course d'un ruisseau,
Ecrire dans les bois, m'interrompre, me taire,
Composer un quatrain sans songer à le faire.
Après m'être égayé par cette douce erreur,
Je veux qu'un grand dessein réchauffe ma fureur,
Qu'un œuvre de dix ans me tienne à la contrainte
De quelque beau poème où vous serez dépeinte.
Là, si mes volontés ne manquent de pouvoir,

---

[1] *perdre leur Ourse:* lose their bearings (the Great Bear)

J'aurai bien de la peine en ce plaisant devoir.
En si haute entreprise où mon esprit s'engage,
Il faudrait inventer quelque nouveau langage,
Prendre un esprit nouveau, penser et dire mieux
Que n'ont jamais pensé les hommes et les Dieux.
Si je parviens au but où mon dessein m'appelle,
Mes vers se moqueront des ouvrages d'Apelle.
Qu'Héléne ressuscite: elle aussi rougira
Partout où votre nom dans mon ouvrage ira.
Tandis que je remets mon esprit à l'école,
Obligé dès longtemps à vous tenir parole,
Voici de mes écrits ce que mon souvenir,
Désireux de vous plaire, en a pu retenir.

⌇

Cloris, lorsque je songe, en te voyant si belle,
Que ta vie est sujette à la loi naturelle,
Et qu'à la fin les traits d'un visage si beau
Avec tout leur éclat iront dans le tombeau,
Sans espoir que la mort nous laisse en la pensée
Aucun ressentiment de l'amitié passée
Je suis tout rebuté de l'aise et du souci
Que nous fait le destin qui nous gouverne ici;
Et, tombant tout à coup dans la mélancolie,
Je commence à blâmer un peu notre folie,
Et fais vœu de bon cœur de m'arracher un jour
La chère rêverie où m'occupe l'amour
Aussi bien faudra-t-il qu'une vieillesse infâme
Nous gèle dans le sang les mouvements de l'âme,
Et que l'âge, en suivant ses révolutions,
Nous ôte la lumière avec les passions.
Ainsi je me résous de songer à la vie
Tandis que la raison m'en fait venir l'envie.
Je veux prendre un objet où mon libre désir
Discerne la douleur d'avecque le plaisir,
Où mes sens tous entiers, sans fraude et sans contrainte,
Ne s'embarrassent plus ni d'espoir ni de crainte;
Et, de sa vaine erreur mon cœur désabusant,
Je goûterai le bien que je verrai présent.
Je prendrai les douceurs à quoi je suis sensible
Le plus abondamment qu'il me sera possible.
Dieu nous donne tant de divertissements,
Nos sens trouvent en eux tant de ravissements,

Que c'est une fureur de chercher qu'en nous-même
Quelqu'un que nous aimions et quelqu'un qui nous aime.
Le cœur le mieux donné tient toujours à demi;
Chacun s'aime un peu mieux toujours que son ami:
On le suit rarement dedans la sépulture,
Le droit de l'amitié cède aux lois de nature.
Pour moi, si je voyais, en l'humeur où je suis,
Ton âme s'envoler aux éternelles nuits,
Quoi que puisse envers moi l'usage de tes charmes,
Je m'en consolerais avec un peu de larmes.
N'attends pas que l'amour aveugle aille suivant,
Dans l'horreur de la nuit, des ombres et du vent.
Ceux qui jurent avoir l'âme encore assez forte
Pour vivre dans les yeux d'une maîtresse morte,
N'ont pas pris le loisir de voir tous les efforts
Que fait la mort hideuse à consumer un corps.
Quand les sens pervertis sortent de leur usage,
Qu'une laideur visible efface le visage,
Que l'esprit défaillant et les membres perclus,
En se disant adieu, ne se connaissent plus,
Que dedans un moment, après la vie éteinte,
La face sur son cuir n'est pas seulement peinte,
Et que l'infirmité de la puante chair
Nous fait ouvrir la terre afin de la cacher:
Il faut être animé d'une fureur bien vive,
Ayant considéré comme la mort arrive,
Et comme tout l'objet de notre amour périt,
Si par un tel remède une âme ne guérit.
Cloris, tu vois qu'un jour il faudra qu'il advienne
Que le destin ravisse et ta vie et la mienne;
Mais, sans te voir l'esprit ni le corps dépéri,
Le Ciel en soit loué! Cloris, je suis guéri.
Mon âme, en me dictant les vers que je t'envoie,
Me vient de plus en plus ressusciter la joie;
Je sens que mon esprit reprend la liberté,
Que mes yeux dévoilés connaissent la clarté,
Que l'objet d'un beau jour, d'un pré, d'une fontaine,
De voir comme Garonne en l'Océan se traîne,
De prendre dans mon île, en ses longs promenoirs,
La paisible fraîcheur de ses ombrages noirs,
Me plaît mieux aujourd'hui que le charme inutile
Des attraits dont Amour te fait voir si fertile.
Languir incessamment après une beauté,

Et ne se rebuter d'aucune cruauté,
Gagner au prix du sang une faible espérance
D'un plaisir passager qui n'est qu'en apparence,
Se rendre l'esprit mol, le courage abattu,
Ne mettre en aucun prix l'honneur ni la vertu,
Pour conserver son mal mettre tout en usage,
Se peindre incessamment et l'âme et le visage:
Cela tient d'un esprit où le Ciel n'a point mis
Ce que son influence inspire à ses amis.
Pour moi que la raison éclaire en quelque sorte,
Je ne saurais porter une fureur si forte;
Et déjà tu peux voir, au train de cet écrit,
Comme la guérison avance en mon esprit.
Car insensiblement ma Muse un peu légère
A passé dessus toi sa plume passagère,
Et, détournant mon cœur de son premier objet,
Dès le commencement j'ai changé de sujet,
Emporté du plaisir de voir ma veine aisée
Sûrement aborder ma flamme rapaisée,
Et jouer à son gré sur les propos d'aimer
Sans avoir aujourd'hui de but que de rimer,
Et sans te demander que ton bel œil éclaire
Ces vers où je n'ai pris aucun soin de te plaire.

✽

Un corbeau devant moi croasse;
Une ombre offusque mes regards;
Deux belettes et deux renards
Traversent l'endroit où je passe;
Les pieds faillent à mon cheval;
Mon laquais tombe du haut mal;
J'entends craqueter le tonnerre;
Un esprit se présente à moi;
J'ois Charon qui m'appelle à soi;
Je vois le centre de la terre.

Ce ruisseau remonte en sa source;
Un bœuf gravit sur un clocher;
Le sang coule de ce rocher;
Un aspic s'accouple d'une ourse;
Sur le haut d'une vieille tour
Un serpent déchire un vautour;

Le feu brûle dedans la glace;
Le soleil est devenu noir;
Je vois la lune qui va choir;
Cet arbre est sorti de sa place.

❦

.   .   .   .

Quand le Ciel, lassé d'endurer
Les insolences de Borée,
L'a contraint de se retirer
Loin de la campagne azurée,
Que les zéphires, rappelés,
Des ruisseaux à demi gelés
Ont rompu les écorces dures,
Et, d'un souffle vif et serein,
Du céleste palais d'airain
Ont chassé toutes les ordures,

Les rayons du jour, égarés
Parmi des ombres incertaines,
Eparpillent leurs feux dorés
Dessus l'azur de ces fontaines;
Son or, dedans l'eau confondu,
Avecque ce cristal fondu
Mêle son teint et sa nature,
Et sème son éclat mouvant
Comme la branche au gré du vent
Efface et marque sa peinture.

Zéphire, jaloux du Soleil
Qui paraît si beau sur les ondes,
Traverse ainsi l'état vermeil
De ces allées vagabondes;
Ainsi ces amoureux zéphyrs,
De leurs nerfs qui sont leurs soupirs
Renforçant leurs secousses fraîches,
Détournent toujours ce flambeau,
Et, pour cacher le front de l'eau,
Jettent au moins des feuilles sèches.

L'eau, qui fuit en les regardant,
Orgueilleuse de leur querelle,

Rit et s'échappe cependant
Qu'ils sont à disputer pour elle,
Et, pour prix de tous leurs efforts,
Laissant les âmes sur les bords
De cette fontaine superbe,
Dissipe toutes leurs chaleurs
A conserver l'état des fleurs
Et la molle fraîcheur de l'herbe. . . .

(La Maison de Silvie, Ode VI)

FRANÇOIS LE MÉTEL DE BOISROBERT

. . .

Colomb n'a jamais découvert
Lieu plus sauvage et plus désert.
Tout me déplaît et tout me choque
Dans cette maudite bicoque.
Nos plus honnêtes officiers
Portent des clous à leurs souliers,
Et ces coquins pleins de misère
Ont pourtant un Monsieur le Maire
Avec cinq ou six échevins
Aussi gueux que des Quinze-vingts.[1]
Chaque moment me dure une heure
Dans cette importune demeure.
Je ne vois, pour me consoler,
Pas un seul homme à qui parler.
Mes moines sont cinq pauvres diables,
Portraits d'animaux raisonnables,
Mais qui n'ont pas plus de raison
Qu'en pourrait avoir un oison.
Ils ont courte et maigre pitance,
Mais ils ont grosse et large panse,
Et par leur ventre je connoi
Qu'ils ont moins de souci que moi.
Sans livre ils chantent par routine
Un jargon qu'à peine on devine:
On connaît moins dans leur canton
Le latin que le bas breton;
Mais ils boivent, comme il me semble,
Mieux que tous les cantons ensemble.

---

[1] *Quinze-Vingts*: inmates of the Paris hospital for the blind

J'ois braire ici, matin et soir,
Ces cinq paysans vêtus de noir,
Et de ces ignorantes bêtes
Je n'ai que plaintes et requêtes.
Voilà mes divertissements:
Ne sont-ils pas doux et charmants?...

(Epître XII)

MARC-ANTOINE GIRARD, *dit* DE SAINT-AMANT

La Solitude

O que j'aime la solitude!
Que ces lieux sacrés à la nuit,
Eloignés du monde et du bruit,
Plaisent à mon inquiétude!
Mon Dieu! que mes yeux sont contents
De voir ces bois qui se trouvèrent
A la nativité du temps,
Et que tous les siècles révèrent,
Etre encore aussi beaux et verts
Qu'aux premiers jours de l'univers!

Un gai zéphire les caresse
D'un mouvement doux et flatteur;
Rien que leur extrême hauteur
Ne fait remarquer leur vieillesse.
Jadis Pan et ses demi-dieux
Y vinrent chercher du refuge,
Quand Jupiter ouvrit les cieux
Pour nous envoyer le déluge,
Et, se sauvant sur leurs rameaux,
A peine virent-ils les eaux.

Que sur cette épine fleurie
Dont le printemps est amoureux,
Philomèle au chant langoureux
Entretient bien ma rêverie!
Que je prends de plaisir à voir
Ces monts pendants en précipice
Qui pour les coups du désespoir
Sont aux malheureux si propices,
Quand la cruauté de leur sort
Les force à rechercher la mort!

Que je trouve doux le ravage
De ces fiers torrents vagabonds
Qui se précipitent par bonds
Dans ce vallon vert et sauvage!
Puis glissant sous les arbrisseaux,
Ainsi que des serpents sur l'herbe,
Se changent en plaisants ruisseaux,
Où quelque Naïade superbe
Règne comme en son lit natal
Dessus un trône de cristal!

Que j'aime ce marais paisible!
Il est tout bordé d'alisiers,
D'aulnes, de saules et d'osiers
A qui le fer n'est point nuisible.
Les nymphes, y cherchant le frais,
S'y viennent fournir de quenouilles,
De pipeaux, de joncs et de glais,[1]
Où l'on voit sauter les grenouilles,
Qui de frayeur s'y vont cacher
Sitôt qu'on veut s'en approcher.

Là, cent mille oiseaux aquatiques
Vivent sans craindre en leur repos
Le giboyeur fin et dispos
Avec ses mortelles pratiques.
L'un, tout joyeux d'un si beau jour,
S'amuse à becqueter sa plume;
L'autre allentit le feu de l'amour
Qui dans l'eau même le consume;
Et prennent tous innocemment
Leur plaisir en cet élément.

Jamais l'été ni la froidure
N'ont vu passer dessus cette eau
Nulle charrette ni bateau
Depuis que l'un et l'autre dure.
Jamais voyageur altéré
N'y fit servir sa main de tasse;
Jamais chevreuil désespéré
N'y finit sa vie à la chasse,
Et jamais le traître hameçon
N'en fit sortir aucun poisson.

[1] *glais: glaieuls*

Que j'aime à voir la décadence
De ces vieux châteaux ruinés,
Contre qui les ans mutinés
Ont déployé leur insolence!
Les sorciers y font leur sabbat;
Les démons follets s'y retirent
Qui d'un malicieux ébat
Trompent nos sens et nous martyrent;
Là, se nichent en mille trous
Les couleuvres et les hiboux.

L'orfraie avec ses cris funèbres,
Mortels augures des destins,
Fait rire et danser les lutins
Dans ces lieux remplis de ténèbres.
Sous un chevron de bois maudit
Y branle le squelette horrible
D'un pauvre amant, qui se pendit
Pour une bergère insensible
Qui d'un seul regard de pitié
Ne daigna voir son amitié.

Aussi le Ciel, juge équitable
Qui maintient les lois en vigueur,
Prononça contre sa rigueur
Une sentence épouvantable:
Autour de ces vieux ossements
Son ombre, aux peines condamnée,
Lamente en longs gémissements
Sa malheureuse destinée,
Ayant pour croître son effroi
Toujours son crime devant soi.

Là, se trouvent sur quelques marbres
Des devises du temps passé;
Ici l'âge a presque effacé
Des chiffres taillés sur les arbres;
Le plancher du lieu le plus haut
Est tombé jusque dans la cave
Que la limace et le crapaud
Souillent de vénin et de bave;
Le lierre y croît au foyer
A l'ombrage d'un grand noyer.

Là-dessous s'étend une voûte
Si sombre en un certain endroit
Que, quand Phébus y descendroit,
Je pense qu'il n'y verrait goutte.
Le Sommeil aux pesants sourcils,
Enchanté d'un morne silence,
Y dort bien loin de tous soucis
Dans les bras de la Nonchalance,
Lâchement couché sur le dos
Dessus des gerbes de pavots.

Au creux de cette grotte fraîche,
Où l'Amour se pourrait geler,
Echo ne cesse de brûler
Pour son amant[1] froid et revêche.
Je m'y coule sans faire bruit,
Et par la céleste harmonie
D'un doux luth aux charmes instruit,
Je flatte sa triste manie,
Faisant répéter mes accords
A la voix qui lui sert de corps.

Tantôt, sortant de ces ruines,
Je monte au haut de ce rocher
Dont le sommet semble chercher
En quel lieu se font les bruines;
Puis je descends tout à loisir
Sous une falaise escarpée,
D'où je regarde avec plaisir
L'onde qui l'a presque sapée,
Jusqu'au siège de Palémon[2]
Fait d'éponges et de limon.

Que c'est une chose agréable
D'être sur le bord de la mer
Quand elle vient à se calmer
Après quelque orage effroyable,
Et que les chevelus Tritons
Hauts sur les vagues secouées
Frappent les airs d'étranges tons
Avec leurs trompes enrouées,

---

[1] *son amant:* i.e. Narcissus
[2] *Palémon:* Melicertes, after being drowned at Corinth, was deified as
the sea-god Palemon

Dont l'éclat rend respectueux
Les vents les plus impétueux!

Tantôt l'onde, brouillant l'arène,
Murmure et frémit de courroux,
Se roulant dessus les cailloux
Qu'elle apporte et qu'elle rentraîne.
Tantôt, elle étale en ses bords,
Que l'ire de Neptune outrage,
Des gens noyés, des monstres morts,
Des vaisseaux brisés du naufrage,
Des diamants, de l'ambre gris,
Et mille autres choses de prix.

Tantôt, la plus claire du monde,
Elle semble un miroir flottant,
Et nous représente à l'instant
Encore d'autres cieux sous l'onde.
Le soleil s'y fait si bien voir,
Y contemplant son beau visage,
Qu'on est quelque temps à savoir
Si c'est lui-même ou son image,
Et d'abord il semble à nos yeux
Qu'il s'est laissé tomber des cieux.

Bernières,[1] pour qui je me vante
De ne rien faire que de beau,
Reçois ce fantasque tableau
Fait d'une peinture vivante.
Je ne cherche que les déserts,
Où, rêvant tout seul, je m'amuse
A des discours assez diserts
De mon génie avec la Muse;
Mais mon plus aimable entretien,
C'est le ressouvenir du tien.

Tu vois dans cette poésie
Pleine de licence et d'ardeur
Les beaux rayons de la splendeur
Qui m'éclaire la fantasie:

---

[1] *Bernières: président* of the law-courts at Rouen

Tantôt chagrin, tantôt joyeux
Selon que la fureur m'enflamme
Et que l'objet s'offre à mes yeux,
Les propos me naissent en l'âme,
Sans contraindre la liberté
Du démon qui m'a transporté.

O que j'aime la solitude!
C'est l'élément des bons esprits;
C'est par elle que j'ai compris
L'art d'Apollon sans nulle étude.
Je l'aime pour l'amour de toi,
Connaissant que ton humeur l'aime;
Mais, quand je pense bien à moi,
Je la hais pour la raison même,
Car elle pourrait me ravir
L'heur de te voir et te servir.

La Nuit

Paisible et solitaire nuit,
Sans lune et sans étoiles,
Renferme le jour qui me nuit
Dans tes plus sombres voiles.
Hâte tes pas, Déesse, exauce-moi:
J'aime une brune comme toi. . . .

Ah! voilà le jour achevé:
Il faut que je m'apprête.
L'astre de Vénus est levé
Propice à ma requête,
Si bien qu'il semble en se montrant si beau
Me vouloir servir de flambeau.

L'artisan, las de travailler,
Délaisse son ouvrage;
Sa femme, qui le voit bâiller,
En rit en son courage,
Et, l'œilladant, s'apprête à recevoir
Les fruits du nuptial devoir.

Les chats, presque enragés d'amour,
Grondent dans les gouttières;
Les loups-garous, fuyant le jour,
Hurlent aux cimetières,
Et les enfants, transis d'être tout seuls,
Couvrent leurs têtes de linceuls.[1]

Le clocheteur des trépassés,
Sonnant de rue en rue,
De frayeur rend leurs cœurs glacés
Bien que leur corps en sue;
Et mille chiens, oyant sa triste voix,
Lui répondent à longs abois.

Ces tons ensemble confondus
Font des accords funèbres
Dont les accents sont épandus
En l'horreur des ténèbres
Que le silence abandonne à ce bruit
Qui l'épouvante et le détruit.

Lugubre courier du destin,
Effroi des âmes lâches,
Qui si souvent, soir et matin,
M'éveilles et me fâches,
Va faire ailleurs, engeance de démon,
Ton vain et tragique sermon!

Tu ne me saurais empêcher
D'aller voir ma Silvie,
Dussé-je pour un bien si cher
Perdre aujourd'hui la vie.
L'heure me presse, il est temps de partir,
Et rien ne m'en peut divertir.

Tous ces vents qui soufflaient si fort
Retiennent leurs haleines;
Il ne pleut plus, la foudre dort,
On n'oit que les fontaines
Et le doux son de quelques luths charmants
Qui parlent au lieu des amants. . . .

[1] *linceuls :* sheets

MARC-ANTOINE GIRARD, *dit* DE SAINT-AMANT

Le mauvais logement, *Caprice*

. . . . . .

Au clair de lune, qui luit
D'une lueur morne et blafarde,
Mon œil tout effrayé regarde
Voltiger mille oiseaux de nuit;
Les chauvesouris, les fresaies,[1]
Dont les cris sont autant de plaies
A l'oreille qui les entend,
Découpant l'air humide et sombre,
Percent jusqu'où mon corps s'étend,
Et le muguettent[2] comme une ombre. . . .

Une troupe de farfadets
Différents de taille et de forme,
L'un ridicule, l'autre énorme,
S'y démène en diables-cadets.[3]
Ma visière[4] en est fascinée,
Mon ouïe en est subornée,
Ma cervelle en est hors de soi:
Bref, ces fabriqueurs d'impostures
Etalent tout autour de moi
Leurs grimaces et leurs postures.

Les rideaux ne m'empêchent point
De voir toutes leurs singeries;
Ces infernales nigeries[5]
Me font frémir sous l'embonpoint.
J'ai beau, pour en perdre l'image,
Qui me baille un teint de fromage,
M'efforcer à cligner les yeux:
L'effroi, me taillant les croupières,
Par un effet malicieux
Change en besicles mes paupières.

Maints faux rayons éparpillés
En fanfreluches lumineuses
Offrent cent chimères hideuses
A mes regards en vain sillés.

---

[1] *fresaies:* effraies   [2] *muguettent:* make passes at
[3] *diables-cadets:* imps   [4] *visière:* (faculty of) sight   [5] *nigeries:* pranks

Ma trop crédule fantasie
En est si vivement saisie
Qu'elle-même se fait horreur,
Et, sentant comme elle se pâme,
Je me figure en cette erreur
Qu'on donne le moine[1] à mon âme.

Que si je pense m'endormir
Dans les moments de quelque trève,
Un incube aussitôt me crève,
Et rêvant je m'entr'ois gémir:
Enfin mes propres cris m'éveillent.
Enfin ces démons s'émerveillent
D'être quasi surpris du jour.
Ils font gille[2] à son arrivée,
Et la diane du tambour
M'avertit que l'aube est levée.

❧

Fagotté plaisamment comme un vrai simonnet,[3]
Pied chaussé, l'autre nu, main au nez, l'autre en poche,
J'arpente un vieux grenier, portant sur ma caboche
Un coffin de Hollande[4] en guise de bonnet.
    Là, faisant quelquefois le saut du sansonnet,
Et dandinant du cul comme un sonneur de cloche,
Je m'égueule de rire, écrivant d'une broche
En mots de Pathelin[5] ce grotesque sonnet.
    Mes esprits, à cheval sur des coquecigrues,
Ainsi que papillons s'envolent dans les nues,
Y cherchant quelque fin qu'on ne puisse trouver.
Nargue! c'est trop rêver, c'est trop ronger ses ongles:
Si quelqu'un sait la rime, il peut bien l'achever

. . . .

---

[1] *donne le moine: donner le moine à quelqu'un* is to stop someone from sleeping, specifically by jerking one of his toes with a string: more generally, to bring him trouble
[2] *font gille:* decamp, make off   [3] *simonnet:* monkey
[4] *coffin de Hollande:* a sort of basket
[5] *Pathelin:* allusion to the XVth century farce

Au bord délicieux de l'onde fortunée,
Qui pour être plus libre était emprisonnée,
Qui seule avait l'honneur, aux doux mois revenus,
De voir d'un noble corps les chastes membres nus,
Finissait une route en beautés incroyable,
Un berceau naturel, sombrement agréable.
Par ce digne sentier la nymphe s'y rendit,
Et pour aller au bain de son char descendit.
   Telle que le pinceau fabuleux et profane
Dépeint auprès de l'onde une belle Diane
Quand, au retour des bois où ses pas mensongers
Suivent les pas craintifs des animaux légers,
Elle s'en vient noyer sa chaleur et sa peine
Dans l'humide plaisir d'une claire fontaine,
Et veut qu'en même temps toutes les vierges sœurs
Plongent leur lassitude en ses fraîches douceurs,
Telle apparut la nymphe avecque ses pucelles :
Mais c'était une flamme entre des étincelles.
Son allure, ses yeux, sa taille et son aspect
Influaient dans le sein l'amour et le respect.
Sur la rive superbe elle fut la première,
Et jamais le soleil, le roi de la lumière,
Lorsqu'il sort de la mer si beau ne se montra,
Que cette reine fit lorsqu'en l'eau elle entra.
   Cent doigts polis et blancs l'avaient déshabillée
Sous l'obscure épaisseur de la verte feuillée,
Où, bien loin de sa suite, un pavillon tendu
En rendait le spectacle aux hommes défendu.
Ses beaux pieds, tout ensemble et hardis et timides,
S'abaissent dans le fleuve entre deux pyramides,
Qui semblent s'élever pour dire au firmament
Leur fortune, leur gloire et leur contentement.
Un précieux degré, fait de nacre et d'agathe,
N'eut pas sitôt senti sa plante délicate,
Qu'il redoubla son lustre, et par ce vif honneur
Prouva de ses baisers l'indicible bonheur.
Mais quelque excès d'appâts que je me puisse feindre,
A sa description je ne saurais atteindre,
Car l'innocente honte et la pudicité
Couvraient d'un voile saint sa belle nudité.
Seulement à ma plume il est permis de dire
Que le Nil la reçut, qu'un aimable zéphire,

Dénouant de son chef le mobile trésor,
Semblait faire descendre un noble ruisseau d'or
Sur le fluide argent des flamboyantes ondes
Où brillaient à l'envi ses grâces vagabondes,
Et que l'astre du jour la prit en même instant
Pour de l'ivoire souple et du marbre flottant.

D'abord de la fraîcheur elle est un peu transie,
Mais, la fraîcheur enfin lui semblant adoucie,
Elle avance le pied, douteux et retenu,
Sur un sable mollet, insensible et menu ;
Sa taille se dérobe, elle entre, elle se plonge,
Elle se laisse aller, s'abandonne, s'allonge,
Nage, ébranle les flots, et les flots agités
Pétillent d'allegresse autour de ses beautés.
Ceux que de son chemin ses jeunes bras écartent
Avec un doux regret de ses bras se départent,
Et comme s'ils sentaient quelque affront rigoureux,
Montrent par leurs bouillons leur dépit amoureux.
Ceux que son pied mignard, secousse après secousse,
D'une agile façon tout de même repousse,
S'émeuvent tout de même et, n'osant écumer,
Dedans leur propre sein tâchent de s'abîmer.

Cependant autour d'elle un beau nombre de filles,
En ce bel exercice adroites et gentilles,
Déploie au gré de l'œil cent mouvements divers,
Sillonnant le canal de long et de travers.
Ici, l'une se dresse et le fleuve resonde ;
Là, l'autre s'ôte à l'air pour se donner à l'onde,
Submerge en s'égayant ses roses et ses lis,
Fait voir au fond de l'eau des feux ensevelis,
D'un cristal pur et mol se couronne et se voile,
Et, rehaussant enfin et l'une et l'autre étoile
Qui perçaient vivement le liquide bandeau,
Redonne à l'air ses feux et les tire de l'eau.
Celle-ci, tout debout, rit, chante et se promène ;
Celle-là, près du bord, rêve et reprend haleine,
Et comme elle médite, une autre, front à front,
De ses doigts mouillés la mouille et l'interrompt.

Enfin de ces plaisirs la nymphe satisfaite
Abandonne les flots, commande la retraite,
Refoule du canal le superbe escalier,
S'y voit luire en passant de pilier en pilier,
En rehausse la pompe et la magnificence ;

Puis, rendant ces objets tristes de son absence,
Va sous le pavillon s'envelopper soudain
Et faire boire aux draps les reliques du bain.
    O que l'on essuya de richesses fondues!
On eût dit, à les voir sur sa gorge épandues,
Que de ce double mont contraint à panteler
La neige se voulut en perles distiller. . . .

(Moïse sauvé)

JEAN DES MARETS DE SAINT-SORLIN

Tous ces lieux pour six mois seront mélancoliques
De n'avoir du soleil que des regards obliques.
Adieu, beaux promenoirs! je ne puis plus sortir:
Dans l'enclos du Palais il faut se divertir.
Aussi bien de ses fleurs la terre est dépouillée;
Quel plaisir de fouler l'herbe toujours mouillée?
Je ne vois qu'à regret les arbres moins feuillus;
Les vents leur font la guerre et ne les flattent plus.
Je ne vois qu'à regret ces couleurs différentes
Dont l'automne sans art peint les feuilles mourantes.
Leur beau vert si riant tout à coup est changé
En jaune, en amarante, en rouge, en orangé.
Déjà de leurs rameaux la plupart descendues
Souffrent un triste sort sur la terre étendues,
Où viles, sans repos, elles servent d'ébats
Aux cruels aquilons qui les mirent à bas. . . .

(Promenades de Richelieu)

Que j'aime la nuit fraîche et ses lumières sombres
Lorsque l'astre des mois en adoucit les ombres!
Que ce palais pompeux me paraît bien plus beau
Quand il n'est éclairé que du second flambeau,
Dont la douce clarté d'autres grâces apporte,
Rehaussant les reliefs par une ombre plus forte!
Sous la corniche aiguë, une longue noirceur
Sur le mur qui la porte en marque l'épaisseur,
Et chaque niche creuse a de chaque statue
La figure imprimée obscure et rabattue.
Une brune couleur des balcons avancés

Trace sur un fond blanc les angles renversés,
Et de chaque obélisque à pointes égalées
Tombent sur le pavé les pointes affilées.
Lorsque sur ce château la lune se fait voir,
En éclaire une part et peint l'autre de noir,
Je pense voir deux temps que confond la nature:
Le jour est d'un côté, d'autre la nuit obscure.
Quel miracle, qu'ensemble ici règnent sans bruit
Et partagent la place et le jour et la nuit!
Allons voir aux jardins en plus ample étendue
L'ombre de ce grand corps sur la terre épandue.
Déjà du grand Palais si clair, si bien dressé,
J'en vois sortir un autre obscur et renversé
Noircissant le parterre, et ses superbes dômes
Sur la terre couchés comme de longs fantômes.
L'ombre aux corps attachée, inégale en son cours,
Suit l'astre également et s'en cache toujours.
Allons voir ces canaux: quel doux calme en cette onde!
Ici je vois sous terre une lune seconde.
Ici le Palais même, et si clair et si beau,
A chef précipité se renverse dans l'eau.
O tromperie aimable! ô jeu de la nature!
Est-ce une vérité? n'est-ce qu'une peinture?
Ensemble en trois façons ce Palais se fait voir:
En soi-même, en son ombre, et dans ce grand miroir
Où tout est à l'envers, où tout change d'office,
Où les combles pointus portent tout l'édifice.
Les astres pétillants y sont encor plus bas,
Et semblent dans un lac prendre leurs doux ébats;
Leurs feux y sont riants, se plongeant sans rien craindre
Et défiant les eaux de les pouvoir éteindre. . . .
Que la Nature est belle en ses rares effets!
Avec quelle douceur conduit-elle l'Aurore!
Que le jour doucement tombe au rivage maure!
Avec quel doux progrès les saisons et les fruits
Sont-ils l'un après l'autre avancés et produits!
Par sa même douceur les planètes agiles,
Tournant d'un roide cours, nous semblent immobiles.
Combien sa suite est douce, et doux son appareil,
Amenant aux mortels l'agréable sommeil!
D'un insensible pas le conduit l'Innocence,
La Paix, la Solitude, et l'Ombre et le Silence. . . .

(id.)

CLAUDE DE MALLEVILLE

Fontaine dont les eaux, plus claires que profondes,
Attirent par leur bruit les Nymphes et les Dieux,
Seul miroir que Philis consulte dans ces lieux
Quand elle veut peigner l'or de ses tresses blondes :
   Si durant les chaleurs fatales à tes ondes
J'ai maintenu ton cours des larmes de mes yeux,
De grâce montre-moi ce chef-d'œuvre des Cieux
Dans le riche cristal de tes eaux vagabondes !
   Mais j'ai beau te prier, tu ne m'exauces pas.
L'orgueilleuse Philis qui cause mon trépas
T'imprime en se mirant sa rigueur naturelle.
Ainsi je ne puis voir, avec tous mes efforts,
Ni de portrait en toi, ni de l'amour en elle,
Et ne jouis non plus de l'ombre que du corps.

—✦—

     Lorsque, pressé de mon devoir,
   Je veux t'offrir une guirlande,
   Ta beauté m'ôte le pouvoir
   D'accomplir ce qu'il me commande.
     Ce qui te la fait mériter
   Empêche que tu ne l'obtiennes :
   Ton beau teint ne peut supporter
   D'autres merveilles que les tiennes.
     Par lui la rose est sans couleur,
   Les œillets ont perdu la leur,
   Les tulipes sont effacées,
   Les lis n'ont plus de pureté,
   Et pour toi rien ne m'est resté
   Que des soucis et des pensées.

VINCENT VOITURE

Pour le moins votre compliment
M'a soulagé dans ce moment,
Et dès qu'on me l'est venu faire,
J'ai chassé mon apothicaire
Et renvoyé mon lavement.

Vous m'avez guéri promptement:
Vos mots coulent si doucement
Que chacun d'eux vaut un clystère,
   Pour le moins.
  Vous me deviez ce traitement,
Car je vous aime uniquement,
Et même, depuis cette affaire,
C'est un peu plus qu'à l'ordinaire,
Cela veut dire infiniment,
      Pour le moins.

A une Reine[1]

Je pensais que la destinée,
Après tant d'injustes malheurs,
Vous a justement couronée
De gloire, d'éclat et d'honneurs;
Mais que vous étiez plus heureuse
Lorsqu'on vous voyait autrefois . . .
Je ne veux pas dire: amoureuse,
La rime le veut toutefois.

Je pensais que ce pauvre Amour,
Qui vous prêta jadis ses armes,
Est banni bien loin de votre cour,
Lui, son arc, ses traits et ses charmes;
Et ce que je puis profiter
En passant près de vous ma vie,
Si vous pouvez si mal traiter
Un qui vous a si bien servi.

Je pensais — nous autres poètes,
Nous pensons extravagamment —
Ce que, dans l'état où vous êtes,
Vous feriez, si, dans ce moment,
Vous avisiez en cette place
Venir le duc de Buckingham,[2]
Et lequel serait en disgrâce
De lui ou du Père Vincent. . . . [3]

[1] *Une Reine:* Anne d'Autriche, wife of Louis XIII
[2] *Buckingham:* George Villiers, Duke of Buckingham (1592-1628),
at one time ambassador to France
[3] *le Père Vincent:* St Vincent de Paul, the Queen's Chaplain

Je pensais à la plus aimable
Qui fût jamais dessous les cieux;
A l'âme la plus admirable
Que jamais formèrent les Dieux;
A la ravissante merveille
D'une bouche ici sans pareille,
La plus belle qui fût jamais;
A deux pieds gentils et bien faits
Où le temple d'Amour se fonde;
A deux incomparables mains
A qui les Dieux et les destins
Ont promis l'empire du monde;
A cent appâts, à cent attraits,
A dix mille charmes secrets;
A deux beaux yeux remplis de flamme
Qui rangent tout dessous leurs lois:
Devinez sur cela, Madame,
Et dites à qui je pensois.

⁓ক⁓

.   .   .   .

Ainsi, sortant de Fontenay,
Dedans le chemin de Gournay,
Faisant des vers à l'aventure,
Suivant l'humeur qui l'emportait,
L'insensible et froid Voiture
Parlait d'amour comme s'il en sentait.

Les Nymphes des eaux et des bois,
Ecoutant sa dolente voix,
Ne purent s'empêcher de rire;
Mais un Faune qui l'entendit,
Aux Dryades se prit à dire:
'Possible est-il plus vrai qu'il ne le dit.'

JACQUES VALLÉE DES BARREAUX

L'homme a dit en son cœur sot et audacieux:
'Je suis maître absolu de la terre habitable;
Des plus fiers animaux je suis victorieux,
Et ma raison sur tous me rend considérable.'

JACQUES VALLÉE DES BARREAUX

Que pour te regarder tu prends de mauvais yeux,
Animal fastueux autant que misérable!
Connais tes propres maux, et, plus judicieux,
Ne te vante point tant d'être si raisonnable.
　　Le regret du passé, la peur de l'avenir,
Le chagrin du présent, penser qu'il faut finir,
Qui nous livre en vivant les assauts les plus rudes,
Les crimes que commet le fer et le poison,
Les larmes, les soupirs et les inquiétudes:
Ce sont les beaux présents que te fait la raison.

CHARLES VION DE DALIBRAY

　　　Gros et rond dans mon cabinet
Comme un ver à soie en sa coque,
Je te fabrique ce sonnet
Qui de nos vanités se moque.
　　　De quoi servent ces vastes lieux
Où l'un l'autre on se perd de vue?
Ne saurions-nous apprendre mieux
A mesurer notre étendue?
　　　Dedans ce trou qui me comprend
Je suis plus heureux et plus grand
Que si j'occupais un empire:
J'atteins de l'un à l'autre bout,
Et s'il m'est permis de le dire,
J'y suis un Dieu qui remplit tout.

FRANÇOIS *dit* TRISTAN L'HERMITE

.　　　.　　　.　　　　.　　　.　　　　　.

Je vous pourrais montrer si vous veniez un jour
En un parc qu'ici près depuis peu j'ai fait clore,
Mille amants transformés, qui des lois de l'Amour
　　　Sont passés sous celles de Flore.
Ils ont pour aliment les larmes de l'Aurore:
　　　Dieux! que ne suis-je entre ces fleurs,
Si vous deviez un jour m'arroser de vos pleurs!...

151

Là, mille arbres chargés des plus riches présents
Dont la terre à son gré les mortels favorise,
Et sur qui d'un poinçon je grave tous les ans
　　　Votre chiffre et votre devise,
Font en mille bouquets éclater la cerise,
　　　La prune au jus rafraîchissant,
Et le jaune abricot au goût si ravissant.

Là, parmi les jasmins dressés confusément,
Et dont le doux esprit à toute heure s'exhale,
Cependant que par tout le chaud est véhément,
　　　On se peut garantir du hâle,
Et se perdre aisément en ce plaisant dédale,
　　　Comme entre mille aimables nœuds
Mon âme se perdit parmi vos beaux cheveux.

Une grotte superbe et de rochers de prix
Que des pins orgueilleux couronnent de feuillage,
Y garde la fraîcheur sous ses riches lambris
　　　Qui sont d'un rare coquillage.
Mille secrets tuyaux cachés sur son passage
　　　Mouillent soudain les imprudents
Qui sans discrétion veulent entrer dedans. . . .

De là, pour ménager un temps si précieux,
Visitant d'un étang la paresse profonde,
Lorsque l'on sent lever un zéphyr gracieux
　　　Et baisser le flambeau du monde,
Vous pourriez comme lui vous approcher de l'onde,
　　　Et par un miracle nouveau
Faire voir à la fois deux soleils dessus l'eau.

S'il vous plaisait d'aller par ce frais élément,
J'armerais d'avirons une nacelle vide;
Bien que l'Amour me tienne en son aveuglement,
　　　J'oserais vous servir de guide
A faire tout le tour de ce cristal liquide,
　　　Où les divinités des eaux
Dorment dessus des lits de joncs et de roseaux. . . .
　　　　　　　　　(*Les Plaintes d'Acante*)

Le Promenoir des deux Amants

Auprès de cette grotte sombre
Où l'on respire un air si doux,
L'onde lutte avec les cailloux
Et la lumière avecque l'ombre.

Ces flots, lassés de l'exercice
Qu'ils ont fait dessus ce gravier,
Se reposent dans ce vivier
Où mourut autrefois Narcisse.

C'est un des miroirs où le faune
Vient voir si son teint cramoisi,
Depuis que l'Amour l'a saisi,
Ne serait point devenu jaune.

L'ombre de cette fleur vermeille
Et celle de ces joncs pendants
Paraissent être là-dedans
Les songes de l'eau qui sommeille.

Les plus aimables influences
Qui rajeunissent l'univers
Ont relevé ces tapis verts
De fleurs de toutes les nuances.

Dans ces bois ni dans ces montagnes
Jamais chasseur ne vint encor:
Si quelqu'un y sonne du cor,
C'est Diane avec ses compagnes.

Ce vieux chêne a des marques saintes
Sans doute qui le couperait,
Le sang chaud en découlerait
Et l'arbre pousserait des plaintes.

Ce rossignol mélancolique
Du souvenir de son malheur
Tâche de charmer sa douleur
Mettant son histoire en musique.

Il reprend sa note première
Pour chanter d'un art sans pareil
Sous ce rameau que le soleil
A doré d'un trait de lumière.

Sur ce frêne deux tourterelles
S'entretiennent de leurs tourments,
Et font les doux appointements[1]
De leurs amoureuses querelles.

Un jour Vénus avec Anchise[2]
Parmi ces forts[3] s'allait perdant,
Et deux Amours, en l'attendant,
Disputaient pour une cerise.

Dans toutes ces routes divines
Les Nymphes dansent aux chansons
Et donnent la grâce aux buissons
De porter des fleurs sans épines.

Jamais les vents ni le tonnerre
N'ont troublé la paix de ces lieux,
Et la complaisance des Dieux
Y sourit toujours à la terre.

Crois mon conseil, chère Climène.
Pour laisser arriver le soir,
Je te prie, allons nous asseoir
Sur le bord de cette fontaine.

N'ois-tu[4] pas soupirer Zéphire,
De merveille et d'amour atteint
Voyant des roses sur ton teint
Qui ne sont pas de son empire?

Sa bouche d'odeur toute pleine
A soufflé sur notre chemin,
Mêlant un esprit[5] de jasmin
A l'ambre de ta douce haleine.

---

[1] *appointements:* settlements
[2] *Anchise:* father of Æneas, who was born to him by Venus
[3] *forts:* thickets
[4] *n'ois-tu pas:* from *ouïr*   [5] *esprit:* perfume

Penche la tête sur cette onde
Dont le cristal paraît si noir:
Je t'y veux faire apercevoir
L'objet le plus charmant du monde.

Tu ne dois pas être étonnée
Si, vivant sous tes douces lois,
J'appelle ces beaux yeux mes Rois,
Mes Astres et ma Destinée.

Bien que ta froideur soit extrême,
Si dessous l'habit d'un garçon
Tu te voyais de la façon,
Tu mourrais d'amour pour toi-même.

Vois mille Amours qui se vont prendre
Dans les filets de tes cheveux,
Et d'autres qui cachent leurs feux
Dessous une si belle cendre.

Cette troupe jeune et folâtre,
Si tu pensais la dépiter,
S'irait soudain précipiter
Du haut de ces deux monts d'albâtre.

Je tremble, en voyant ton visage
Flotter avecque mes désirs,
Tant j'ai de peur que mes soupirs
Ne lui fassent faire naufrage.

De crainte de cette aventure,
Ne commets pas si librement
A cet infidèle élément
Tous les trésors de la nature.

Veux-tu par un doux privilège
Me mettre au-dessus des humains? —
Fais-moi boire au creux de tes mains,
Si l'eau n'en dissout point la neige.

Ah! je n'en puis plus! je pâme,
Mon âme est prête à s'envoler:
Tu viens de me faire avaler
La moitié moins d'eau que de flamme.

Ta bouche d'un baiser humide
Pourrait amortir ce grand feu:
De crainte de pécher un peu
N'achève pas un homicide.

J'aurais plus de bonne fortune,
Caressé d'un jeune soleil,
Que celui qui dans le sommeil
Reçut les faveurs de la lune.

Climène, ce baiser m'enivre;
Cet autre me rend tout transi:
Si je ne meurs de celui-ci,
Je ne suis pas digne de vivre.

La belle gueuse

O que d'appâts en ce visage
Plein de jeunesse et de beauté,
Qui semble trahir son langage
Et démentir sa pauvreté!
   Ce rare honneur des Orphelines,
Couvert de ces mauvais habits,
Nous découvre des perles fines
Dans une boîte de rubis.
   Ses yeux sont des saphirs qui brillent,
Et ses cheveux qui s'éparpillent
Font montre d'un riche trésor:
A quoi bon sa triste requête,
Si pour faire pleuvoir de l'or
Elle n'a qu'à baisser la tête?

La Palinodie

Je croyais que vous eussiez
Mille vertus héroïques;
Je croyais que vous fussiez
De ces esprits angéliques.
A la fin l'émotion
De la moindre passion
Montre le fond de votre âme,
Où je vois distinctement
Que vous n'êtes qu'une femme
— Mais femme, parfaitement.

FRANÇOIS *dit* TRISTAN L'HERMITE

La Pâmoison

Au point que le mal empira
Qui vous fit pâmer sur la place,
Tout notre sang se retira,
Nous devînmes froids comme glace.
    On eût cru sans doute, à nous voir
En cet accident pitoyable,
Que votre alcôve était l'ouvroir
De quelque sculpteur admirable.
    Nous étions tous en ce moment
Sans parole et sans mouvement
Du mal dont vous étiez touchée:
Ce n'étaient qu'images partout,
Dont la plus belle était couchée,
Et les autres étaient debout.

La Mer

Depuis la mort de Maricour[1]
J'ai l'esprit plein d'inquiétude;
J'abhorre le bruit de la Cour,
Et n'aime que la solitude.
Nul plaisir ne me peut toucher
Hors celui de m'aller coucher
Sur le gazon d'une falaise,
Où mon deuil, se laissant charmer,
Me laisse rêver à mon aise
Sur la majesté de la mer.

N'est-ce pas un des beaux objets
Qu'ait jamais formés la nature?
N'est-ce pas un des beaux sujets
Que puisse prendre la peinture?
Et ce courage ambitieux
Qui, pensant voler jusqu'aux cieux,
Eut une célèbre disgrâce,
En faillant un dessein si beau,
Pouvait-il cacher son audace
Dans un plus superbe tombeau?

[1] *Maricour:* a friend of Tristan, killed at the siege of
La Rochelle in 1625

L'eau qui s'est durant son reflux
Insensiblement évadée,
Aux lieux qu'elle ne couvre plus
A laissé la vase ridée.
C'est comme un grand champ labouré:
Nos soldats d'un pas assuré
Y marchent sans courir fortune,
Et, s'avançant bien loin du bord,
S'en vont jusqu'au lit de Neptune
Considérer le Dieu qui dort.

Le vent qui murmurait si haut
Tient maintenant la bouche close
De peur d'éveiller en sursaut
La divinité qui repose.
La mer dans la tranquillité
Avecque tant d'humilité
Dissimule son insolence,
Qu'on ne peut soupçonner ses flots
De la cruelle violence
Dont se plaignent les matelots.

Le soleil à longs traits ardents
Y donne encore de la grâce,
Et tâche à se mirer dedans
Comme on ferait dans une glace.
Mais les flots de vert émaillés,
Qui semblent des jaspes taillés,
S'entre-dérobent son visage,
Et par de petits tremblements
Font voir, au lieu de son image,
Mille pointes de diamants.

Quand cet astre ne vient encor
Que de commencer sa carrière
Dans des cercles d'argent et d'or
D'azur, de pourpre et de lumière;
Quand l'Aurore en sortant du lit,
Elle que la honte embellit,
Rend la couleur à toutes choses,
Et montre d'un doigt endormi,
Sur un chemin semé de roses,
La clarté qui sort à demi:

Au lever de ce grand flambeau
Un étonnement prend les âmes
Voyant ici naître de l'eau
Tant de couleurs et tant de flammes.
C'est lors que Doris[1] et ses sœurs,
Bénissant les claires douceurs
Du nouveau jour qui se rallume,
S'apprêtent à faire sécher
Leurs cheveux blanchissants d'écume
Dessus la croupe d'un rocher.

Souvent de la pointe où je suis,
Lorsque la lumière décline
J'aperçois des jours et des nuits
En même endroit de la marine;
C'est lorsque, enfermé de brouillards,
Cet astre lance des regards
Dans un nuage épais et sombre,
Qui, réfléchissant à côté,
Nous font voir des montagnes d'ombre
Avec des sources de clarté.

Lorsque le temps se veut changer,
Que la nature qui s'ennuie
S'en va quelque part décharger
De sa tristesse avec la pluie,
Lors mille monstres écaillés
Que la tourmente a réveillés
Sortent de l'onde à sa venue,
Saluant Iris dans les cieux,
Qui vient étaler dans la nue
Toutes les délices des yeux.

Mais voici venir le montant:
Les ondes, demi-courroucées,
Peu à peu vont empiétant
Les bornes qu'elles ont laissées;
Les vagues, d'un cours diligent,
A longs plis de verre ou d'argent
Se viennent rompre sur la rive,
Où leur debris fait à tous coups

---

[1] *Doris:* daughter of Oceanus and Tethys, wife of Nereus and mother
of the Nereids or sea nymphs

Rejaillir une source vive
De perles parmi les cailloux. . . .

Un jour, une Bacchante errant à l'aventure,
Un vagabond recueil des dons de la nature,
Qui, même avec Junon disputant de beauté,
Ne lui pouvait céder que pour la majesté,
Un chef-d'œuvre des Cieux, un miracle visible,
Un objet adorable à tout sujet sensible,
Qui pouvait tout ravir, à qui tout semblait dû,
Donna dans ce filet parmi l'air étendu[1] :
Cette jeune beauté de Bacchus échauffée
Courut où résonnait la douce voix d'Orphée.
    Sa taille haute et droite était pleine d'appâts,
Et comme la fureur précipitait ses pas
Sa jupe qui s'ouvrait au-dessous de la hanche
Faisait voir à tous coups sa cuisse ronde et blanche.
Ses brodequins dorés, faits délicatement,
Où l'on voyait de nœuds un riche ajustement,
En augmentait la grâce, et donnait connaissance
Qu'elle ne venait pas d'une obscure naissance.
Entre ses belles mains un thyrse elle tenait,
Qu'un long et frais tissu de pampre environnait ;
Sa gorge était ouverte, où d'une force égale
Deux petits monts de lait s'enflaient par intervalle.
Ses yeux étaient brillants, et ses jeunes regards
Lançaient innocemment des feux de toutes parts.
Sa bouche paraissait comme un bouton de rose,
Petite, relevée, et n'était point si close
Dans cette émotion, qu'on ne vît au-dedans
Eclater la blancheur des perles de ses dents,
Cette bouche qu'Amour tient entre ses miracles,
Qui d'esprit de jasmin parfume ses oracles.
Son poil comme elle errant s'épandait sans dessein
Tantôt sur son épaule et tantôt sur son sein,
Et Zéphyr qui l'enflait de son haleine molle
Y soulevait des flots tels que ceux du Pactole,[2]
Mais dont l'aimable orgueil ému de tous côtés
Eût fait faire naufrage à mille libertés. . . .

(L'Orphée)

---

[1] *ce filet :* Orpheus's music
[2] *Pactole :* the Pactolus, a Lydian river in whose bed gold
was to be found

DENIS SANGUIN DE SAINT-PAVIN

Quand d'un esprit doux et secret
Toujours l'un à l'autre on défère;
Quand on se cherche sans affaire,
Et qu'ensemble on n'est pas distrait;
    Quand on n'eut jamais de secret
Dont on se soit fait un mystère;
Quand on ne cherche qu'à se plaire,
Quand on se quitte avec regret;
    Quand, prenant plaisir à s'écrire,
On dit plus qu'on ne pense dire,
Et souvent moins qu'on ne voudroit,
Qu'appelez-vous cela, la Belle?
— Entre nous deux, cela s'appelle
S'aimer bien plus que l'on ne croit.

GEORGES DE SCUDÉRY

Plus charmante qu'Omphale[1] et plus que Déjanire,[2]
Philis en se jouant pirouette un fuseau,
Mais un fuseau d'ébène, aussi riche que beau,
Mais d'un air si galant qu'on ne le sauroit dire.
    Il tourne, il se grossit, de celui qu'elle tire
Il descend, il remonte et descend de nouveau,
Et de ses doigts d'albâtre elle trempe dans l'eau
Cet invisible fil que Pallas même admire.
    L'objet impérieux qui me donne des lois
Egale sa quenouille aux sceptres des grands rois,
Et son noble travail est digne d'un monarque.
Aussi depuis le temps qu'elle file toujours,
C'est de la belle main de cette belle Parque
Que dépend mon destin et le fil de mes jours.

[1] *Omphale:* the queen of Lydia who kept Hercules as her slave
for a year
[2] *Déjanire:* Dejanira, wife of Hercules

MARTIAL DE BRIVES

Paraphrase du Cantique des Trois Enfants

Beaux cieux, admirables machines
D'azur en voûte suspendu,
Dont un jour le monde éperdu
Verra les affreuses ruines;
Tabernacles étincelants,
Trônes assurés et roulants,
Cercles de la terre et de l'onde,
Corps d'airain massifs et dispos,
Bénissez l'arbitre du monde
Qui dans le mouvement a mis votre repos.

Clair amas de mers précieuses
Qui pendez sur ce firmament
Et faites sans écoulement
Couler vos ondes lumineuses;
Eaux assises dessus ces feux
Qui d'un éclat triste et pompeux
Brillent dans la nuit la plus sombre,
Bénissez le Dieu qui remplit
D'un appareil d'astres sans nombre,
Comme d'un sablon d'or, votre superbe lit. . . .

Corps sans chaleur dont la nature
Reçoit sa plus vive chaleur,
Soleil, qui faites sans couleur
Ce que le monde a de peinture;
Œil et cœur de cet univers,
Cause de mille effets divers,
Portrait de la Cause première,
Bénissez l'Astre nompareil
De votre éloquente lumière,
Le Soleil devant qui vous n'êtes pas soleil.

Lampe d'argent au ciel pendue,
De qui le pâle feu nous luit
Pendant que l'horreur de la nuit
Dessus la terre est épandue;

Lune, de qui les faibles rais,
Ensemble lumineux et frais,
Possèdent des clartés sans flammes,
Bénissez Dieu dont les bontés
Souffrent vos défauts à nos âmes,
Qui pour ce grand Objet ont de froides clartés.

Paillettes d'or, claires étoiles,
Dont la nuit fait ses ornements
Et que comme des diamants
Elle sème dessus ses voiles;
Fleurs des parterres azurés,
Points de lumière, clous dorés
Que le ciel porte sur sa roue,
De vous soit à jamais béni
L'esprit souverain qui se joue
A compter sans erreur votre nombre infini.

Exhalaisons alambiquées
Qui noyez la terre à dessein
De faire un tombeau de son sein
Gros de semences suffoquées;
Source des orgueilleux tonnerres
Qui sur nos campagnes errant
Volent le trésor de l'année,
Bénissez, salutaires fléaux,
La Justice bien ordonnée
Qui nous ôte des biens dont nous faisons des maux.

Grains de cristal, pures rosées
Dont la marjolaine et le thym,
Pendant la fraîcheur du matin,
Ont leur couronnes composées,
Liquides perles d'orient,
Pleurs du ciel qui rendez riant
L'émail mourant de nos prairies,
Bénissez Dieu qui par les pleurs
Redonne à nos âmes flétries
De leur éclat perdu les premières couleurs. . . .

Bruine, rosée épaissie
Dont les grains clairs et détachés

Au matin sur l'herbe épanchés
La rendent chenue et transie;
Cristal en poussière brisée,
Dont l'émail des prés est frisé
Au point que le ciel se colore,
Subtil crêpe de verre trait
Echappé des mains de l'aurore,
Bénissez à jamais la Main qui vous a fait. . . .

Fontaines où le soleil nage,
Clairs miroirs de cristal coulant,
Où par l'éclat d'un or tremblant
Cet astre fait voir son image;
Chastes mères de nos ruisseaux,
Qui naissent du sein de vos eaux
Au point qu'ils commencent leur course,
Sources qui tarissez souvent,
Bénissez l'adorable Source
Qui coule pour jamais du sein du Dieu vivant.

Vaste océan, monde liquide,
Lice des carrosses ailés
Que les quatre vents attelés
Traînent où la fureur les guide;
Monstre qu'on voit toujours caché
Et dans votre lit attaché
Comme un frénétique incurable,
Baisez d'un flot humilié
Vos augustes chaînes de sable,
Et bénissez la main qui vous en a lié. . . .

Oiseaux, qui par vos beaux plumages
Tenez l'œil de l'homme ravi,
Et qui ravissez à l'ennui
Son oreille par vos ramages;
Voix visibles, sons emplumés,
Orgues de chair, luths animés,
Chantres qui sur la tablature
Que vous lisez en votre cœur
Chantez avec art par nature,
Invitez la nature à bénir son Auteur. . . .

Homme, en qui les diverses choses
Dont ce vaste monde est rempli,

Comme en un monde recueilli
Sont délicatement encloses;
Pierre et plante conjointement,
Par l'être et par l'accroissement,
Bête en la chair, en l'esprit ange,
Puisque tous êtres sont en vous,
Honorez Dieu d'une louange
Qui seule ait la vertu de le bénir pour tous. ....

PIERRE LE MOYNE

Hymne second de l'Amour divin

Peuples, venez offrir vos âmes
A ce beau centre des beaux feux!
Les pleurs, les soupirs et les vœux
Sont l'encens qu'il faut à ses flammes.
Le monde ne serait sans lui
Qu'un désert d'horreur et d'ennui,
Qu'une obscure et froide matière;
Et, sous l'amas confus de ses divers fragments,
La nature serait comme en un cimetière
Le spectre d'un grand mort sur de grands ossements.

Ces belles têtes emplumées,
Qui sont du plus haut firmament
Les planètes et l'ornement,
En tout temps en sont allumées.
Là, comme des miroirs volants,
Ces esprits ailés et brûlants
Brillent de flammes éternelles.
Plus ils ont de chaleur, et plus ils sont heureux;
Et leur gloire est d'accroître, en se battant les ailes,
L'ardente impression que ce feu fait sur eux.

Ainsi ces lumineuses glaces,
Ces grands et mobiles miroirs
Qui nous éclairent tous les soirs
Au soleil découvrent leurs faces;
Ils se remplissent tout le jour
Des nobles feux de son amour,
Ils se parent de sa lumière,
Et de nuit, quand il est des ombres effacé,
Ils demeurent épars le long de sa carrière
Comme les grands éclats d'un grand miroir cassé.

De même ces beautés volantes,
Couvertes de plumes et d'yeux,
S'offrent au feu mystérieux
Dont elles sont toujours ardentes.
Leur glorieux embrasement
S'entretient par leur mouvement;
Leur esprit en est la matière,
Leur visage en épanche au dehors la couleur,
Et chaque œil qu'elles ont, ouvert à la lumière,
Leur est encore un cœur ouvert à la chaleur. . . .

Mais l'Amour, quoi qu'il ait pu faire,
N'a rien fait de si merveilleux
Que le furent les derniers feux
Qu'il alluma sur le Calvaire.
Par un rare et nouvel accord,
De la vie avecque la mort
Il fit un célèbre mélange;
Et sur les os d'Adam tirés de leur tombeau,
Par un dessein qui fut en son effet étrange,
D'un Dieu mis sur un bois il se fit un flambeau.

A ce feu, par mille ouvertures,
La terre découvrit son cœur,
Et la vie avec la chaleur
Pénétra dans les sépultures.
Là, par un merveilleux effort,
Cette chaleur de l'Homme mort
Ralluma l'ombre et la poussière,
Et, portant sa vertu jusques dans les enfers,
Des chaînes des démons endurcit la matière,
Et des Pères captifs elle fondit les fers.

Mille brillantes étincelles
Qui volèrent de ce flambeau
Soit sur la terre, soit sur l'eau,
Firent mille flammes nouvelles.
Tous les cœurs touchés de ces feux
Se relevèrent avec eux,
Et sous la Croix se rassemblèrent,
Et, pour s'en allumer se pressant alentour,
Firent, par la chaleur de laquelle ils brûlèrent,
D'un Calvaire de mort un Vésuve d'Amour.

Sur ce beau théâtre de flammes
Où l'Amour a son élément,
Il se consume à tout moment
Des troupes d'innocentes âmes.
Plus elles souffrent de chaleur,
Et plus est rare le bonheur
Dont leur belle cendre est suivie.
Le seul feu qui les blesse a de quoi les guérir:
Il leur donne la mort pour leur donner la vie,
Et s'il ne les brûlait, il leur faudrait périr. . . .

Etendu quelquefois à l'ombre d'une treille
Où le silence dort, où le zéphire veille,
Il aime à comparer le murmure des eaux
Au concert inégal d'une troupe d'oiseaux.
  Près de là, cependant, quelque innocent Tityre,
Par la voix des roseaux que son haleine inspire,
D'Amarylle se plaint, qui rit en l'écoutant,
Et laisse à décider leurs querelles au vent.
Le vent, plus humain qu'elle, à sa plainte s'arrête;
Son troupeau pour l'ouïr semble lever la tête,
Et le tronc des peupliers, quand sa voix se tairait,
Confident de sa peine, en chiffre en parlerait.
  Reposant d'autres fois au bord d'une rivière
Qui se fait de son lit une longue carrière,
Et sert comme d'un bain où le soleil de jour,
Où la lune de nuit, se baignent tour à tour,
Il aime à voir nager les coulantes images
Des arbres, des troupeaux, des oiseaux, des nuages.
Il se plaît à compter du regard, en rêvant,
Les cercles et les plis qui se font sous le vent;
Et, voyant comme l'eau roule sans retenue
Vers l'immense bassin d'où sa source est venue,
Que ni l'abri des bois, ni le vert de ses bords,
Ni des guérets voisins les jaunissants trésors,
Ni même les palais qui couronnent sa rive
Ne peuvent un moment la retenir captive,
Qu'elle coule toujours, et va sans s'arrêter
Tant que son poids la peut par sa pente porter,
'Ainsi, dit-il, nos jours, ainsi nos ans s'écoulent,
Et la mort est le terme où leurs cercles nous roulent . . . '

167

Et puis, voyant nager sur la face des eaux
Les images du ciel, des arbres, des oiseaux,
'Il est ainsi, dit-il, des plaisirs de ce monde:
Ce ne sont que portraits représentés sur l'onde.
Tout en est inconstant, tout en est imposteur,
Tout n'est que faux semblant et que trompeuse fleur.
Le fond en est liquide, et l'image changeante:
Elle coule et se perd dès qu'elle se présente;
Sans que le vent la trouble et qu'il souffle dessus,
Elle passe avec l'onde et ne retourne plus;
Et les hommes, trompés de ces ombres mobiles,
De ces charmes tissus d'images volatiles,
Délaissant le vrai bien, le vrai beau, le vrai grand,
Abandonnent leurs cœurs et leurs esprits au vent,
Et comme papillons errant à l'aventure,
Courent à la couleur, se paissent de figure. . . .'
   Il se plaît d'autre part à voir dans les jonchées,
Loin des traits du chasseur, les sarcelles nichées
Sans bruit faire la ronde autour des longs roseaux
Qui pour leur sûreté naissent du sein des eaux.
Il se plaît à les voir, pour leur petits craintives,
Trembler à tous les bruits qui leur viennent des rives,
Et demander de l'œil à l'air, au jour, aux vents,
Par où sur eux pourraient descendre les milans.
Les joncs et les roseaux semblent, pour les défendre,
Comme un corps de piquiers, le bois haut, les attendre,
Et l'eau, qui semble aller s'en informer au bord,
Revient à menus plis en faire son rapport. . . .

(Lettres morales, I, 10)

JEAN-FRANÇOIS SARASIN

A Madame la Princesse de Condé. Vers irréguliers

A Coulommiers, où les ombrages noirs
   Des plaisants promenoirs
Sont toujours rafraîchis par l'aile de Zéphire,
   On songe à vous incessamment,
Et soit que le soleil ou naisse ou se retire,
   Chacun en ce lieu vous désire. . . .

Ainsi, parmi ces bois que les plus longs hivers
    Ont laissé toujours verts,
  Ainsi près du Morin, dont l'onde
    Murmurante et vagabonde
Semble avecque regret abandonner ces lieux,
    Dignes d'être habités des Dieux,
Ainsi dans ce palais de structure superbe
    On s'écrie avecque Malherbe,[1]
Qu'il est vrai que ces lieux ont d'aimables appâts,
Mais que l'on n'y voit rien, ne vous y voyant pas. . . .

    Ici nous voyons tous les jours
      Un éternel concours
     De la noblesse prochaine
     De la montagne et de la plaine
En grègue d'écarlate et jupe de velours. . . .
    Quand ces gens se sont retirés
— Car sur la fin du jour le voisin se retire —
On va chercher le frais de l'ombre et du zéphire
    Dans les lieux les plus égarés.
L'on goûte le repos des routes reculées,
L'on roule à petits pas sous de sombres allées,
    L'on s'enfonce au plus creux des bois,
    L'on rêve sur les bords de l'onde,
L'on y lit des romans, l'on exerce sa voix:
  La liberté bannit toutes les lois,
Et le caprice seul y règle tout le monde.

    Si le jour fait place à la nuit,
     On voit danser sous les feuillées,
A la simple clarté de la lune qui luit,
    Mille nymphes déshabillées,
Qu'au travers des buissons le faune amoureux suit.

    Et lorsque l'Aurore éveillée,
    Ramenant le jour et le bruit,
De perles d'Orient a la terre émaillée,
     L'on y voit sur les coteaux
Bondir de toutes parts les innocents troupeaux,
    Suivant les petites bergères
    Qui chantent en mille façons,
Pendant que les bergers, sautant sur les fougères,
D'une flûte rustique imitent leurs chansons. . . .

[1] *Malherbe:* see his sonnet *Beaux et grands bâtiments d'éternelle structure*

Ainsi, Madame, ni Paris,
        Ni Cloris,
Quoique Paris et Cloris soient aimables,
    Ne nous retireraient jamais
    De ces lieux agréables
Dont votre absence a pu troubler la paix. . . .

❦

Daphnis, l'âme aux douleurs sans cesse abandonnée,
Lorsque la froide nuit de pavots couronnée
Assoupit nos ennuis et nous force à dormir,
Le cœur blessé d'amour ne faisait que gémir.
Absent d'Amaryllis, et sans nulle espérance
De voir sitôt finir cette cruelle absence,
Seul dedans sa cabane attendant le matin,
Il plaignait vainement son malheureux destin.
    'O belle Amaryllis, si chère à ma pensée,
Vois, disait-il, les maux dont mon âme est blessée.
Je suis persécuté de l'amour et du sort,
Eloigné de tes feux et proche de la mort.
Maintenant le sommeil dans nos hameaux assemble
Les maîtres des troupeaux et les troupeaux ensemble.
Le vent n'agite plus les feuilles des forêts,
Les bruyères des champs, ni les joncs des marais ;
Les mâtins ont cessé d'aboyer à la lune,
Les hiboux ont mis fin à leur plainte importune.
Tout dort dans la nature, et Daphnis seulement
Privé de ce repos soupire son tourment.
Car sitôt que du jour la lumière est éteinte,
Parmi l'obscurité se réveille ma plainte,
Et sans être assoupis du sommeil qui les fuit
Mes yeux baignés de pleurs laissent couler la nuit.
Alors, parmi l'horreur et dans la solitude,
Ma passion revient plus fâcheuse et plus rude ;
Alors mille pensers de peine et de douleur
Et d'absence et d'amour redoublent mon malheur.
Ainsi donc vainement la nuit m'offre ses charmes ;
Ainsi donc vainement je verse tant de larmes.
Jamais l'Amour cruel ne se saoule de pleurs,
Ni l'herbe de ruisseaux, ni l'abeille de fleurs.
    O chère Amaryllis, je garde la mémoire
Du temps où, près de vous, plein d'amour et de gloire,
Je chantais tout le jour avecque liberté

La grandeur de ma flamme, et de votre beauté;
Où ma voix enseignait les rives de la Seine,
Et les bois de Madrid[1] et les monts de Suresne,
Et tous ces longs coteaux de jardins embellis
A redire après moi le nom d'Amaryllis.
Cent fois, vous le savez, reposant à l'ombrage
De ces saules épais qui bordent le rivage
Et que le vieil Egon fit planter autrefois,
Vous avez écouté les accents de ma voix.
Alors je vous contais quelque histoire agréable
Des plus fameux amants que nous vante la fable:
Les feux de Jupiter au monde si connus,
Les larcins amoureux de Mars et de Vénus,
La fuite de Daphné,[2] le malheur de Céphale,[3]
Ou de Pasiphaé[4] la passion brutale,
Heureuse si, pour nuire à sa felicité,
Dédale[5] et ses troupeaux n'avaient jamais été.
Tantôt je vous disais ce que le grand Malherbe,[6]
Pour fléchir Lycoris, nymphe jeune et superbe,
Comme un cygne mourant chantait au bord des eaux
Où l'Orne paresseux dort parmi les roseaux.
Tantôt je vous parlais du soin des bergeries,
Je vous montrais quelle herbe infecte les prairies,
Et comme les pasteurs partagent aux troupeaux
L'ombrage, le soleil, les herbes et les eaux.
    Mais parmi ces discours l'amour forçait mon âme
D'y mêler le récit de l'excès de ma flamme.
Qui pourrait s'empêcher de plaindre son tourment?
Et vous oyiez toujours ma plainte doucement.
Même quand je partis, et qu'aux bords de la Seine
Pan qui prend soin de nous eut pitié de ma peine,
Pleine de la douleur de mes maux infinis,
'Adieu, me dîtes-vous, adieu, pauvre Daphnis!'
    Maintenant loin de vous et de ces doux rivages,
Parmi des monts affreux et des roches sauvages

---

[1] *Madrid:* see p. 110   [2] *Daphné:* see p. 97
[3] *Céphale:* Cephalus, husband of Procris, beloved of the dawn-goddess
Eos (or Aurora)
[4] *Pasiphaé:* wife of Minos, and mother of the Minotaur
[5] *Dédale:* Dædalus, constructor of the Cretan Labyrinth, built a
wooden bull to please Pasiphae, whence perhaps the unexpected
allusion to his *troupeaux*
[6] *Malherbe:* None of the known poems of Malherbe seems to fit this
description. Cf. his unfinished piece *Aux ombres de Damon.*

Où de noires forêts de pins audacieux
Croissent parmi la neige et s'élèvent aux cieux,
Je consume de regrets les nuits et les journées,
Prêt de finir bientôt mes tristes destinées
— Ainsi le veut Amour — loin de votre beauté,
Et des aimables lieux où je fus enchanté,
Sans craindre que le temps bannisse de mon âme
Ni ces aimables lieux, ni cette belle flamme,
Ni que l'amour cruel qui fait naître mes pleurs
Apprenne à s'apaiser par mes longues douleurs.

Levons-nous : le soleil des cimes reculées
De ces monts élevés descend dans les vallées.
Déjà tous les bergers ont quitté les hameaux,
Et l'on entend partout le son des chalumeaux.

CHARLES COTIN

Sur un tableau de la Madeleine

Celle qui pour autel eut les pieds de son Maître,
Et de ses yeux divins voyait les Cieux ouverts,
Contemple en soupirant le tragique revers
De son destin changé par le crime d'un traître.

Son teint pâle et défait, où l'effroi vient de naître,
De son esprit confus a les maux découverts ;
On y voit ses transports et ses tourments divers,
Vautours infortunés que son cœur va repaître.

Ses bras sont étendus, et son chef est penché :
On dirait qu'à la Croix son corps est attaché ;
Une extase amoureuse a fait cette merveille.
D'un excès de langueur la voilà qui s'endort,
Et je la vois passer, si quelqu'un ne l'éveille,
Du sommeil de l'amour à celui de la mort.

ANTOINE GODEAU

. . . .

Dans le jardin d'Eden je trouve toutes choses:
De précieux trésors les arbres sont couverts;
Les lis pour leur blancheur, pour leur pourpre les roses
N'y craignent point l'effort des rigoureux hivers;
On n'y connaît des vents que l'aimable zéphire,
Un doux parfum s'épand dans l'air qu'on y respire;
Une source d'argent y mouille un lit doré;
De mets délicieux la faim est assouvie,
Et contre le trépas le riche fruit de vie
Y présente aux mortels un remède assuré.

Dans l'âme de Marie avec plus d'avantage
Dieu se bâtit lui-même un lieu de volupté.
J'y trouve des vertus un parfait mariage
Dont rien ne peut ternir la sainte pureté.
L'Esprit divin y règne avec un doux empire;
Il l'agite, il le meut, il l'éclaire, il l'inspire.
Cet abîme de grâce est sans fond et sans bord.
Son exemple partout laisse une odeur divine.
Et son pudique sein est l'auguste racine
D'où sort comme une fleur le Maître de la mort. . . .

(L'Assomption de la Vierge)

PIERRE CORNEILLE

Epitaphe sur la mort de damoiselle Elisabeth Ranquet

Ne verse point de pleurs sur cette sépulture,
Passant: ce lit funèbre est un lit précieux
Où gît d'un corps tout pur la cendre toute pure,
Mais le zèle du cœur vit encore en ces lieux.
    Avant que de payer le droit à la nature,
Son âme, s'élevant au-delà de ses yeux,
Avait au Créateur uni la créature,
Et marchant sur la terre elle était dans les cieux.
    Les pauvres bien mieux qu'elle ont senti sa richesse;
L'humilité, la peine étaient son allégresse,
Et son dernier soupir fut un soupir d'amour.
Passant, qu'à son exemple un beau feu te transporte,
Et loin de la pleurer d'avoir perdu le jour,
Crois qu'on ne meurt jamais quand on meurt de la sorte.

Qu'heureux est le mortel que la vérité même
Conduit de sa main propre au chemin qui lui plaît!
Qu'heureux est qui la voit dans sa beauté suprême,
Sans voile et sans emblème,
Et telle enfin qu'elle est!

Nos sens sont des trompeurs dont les fausses images
A notre entendement n'offrent rien d'assuré,
Et ne lui font rien voir qu'à travers cent nuages
Qui jettent mille ombrages
Dans l'œil mal éclairé. . . .

Plus l'esprit se fait simple et plus il se ramène
Dans un intérieur dégagé des objets,
Plus lors sa connaissance est diffuse et certaine,
Et s'élève sans peine
Jusqu'aux plus hauts sujets.

Oui, Dieu prodigue alors ses grâces plus entières,
Et, portant notre idée au-dessus de nos sens,
Il nous donne d'en-haut d'autant plus de lumières
Qui percent les matières
Par des traits plus puissants.

Cet esprit simple, uni, stable, pur, pacifique,
En mille soins divers n'est jamais dissipé,
Et l'honneur de son Dieu, dans tout ce qu'il pratique,
Est le projet unique
Qui le tient occupé.

Il est toujours en soi détaché de soi-même;
Il ne sait point agir quand il se faut chercher,
Et, fût-il dans l'éclat de la grandeur suprême,
Son propre diadème
Ne l'y peut attacher.

Il ne croit trouble égal à celui que se cause
Un cœur qui s'abandonne à ses propres transports;
Et, maître de soi-même, en soi-même il dispose
Tout ce qu'il se propose
De produire au dehors.

Bien loin d'être emporté par le courant rapide
Des flots impétueux de ses bouillants désirs,
Il les dompte, il les rompt, il les tourne, il les guide,
    Et donne ainsi pour bride
    La raison aux plaisirs. . . .
             (*Imitation de Jésus Christ*, I, iii)

Sur l'état de ton cœur ne prends point d'assurance :
Son assiette, mon fils, se change en un moment ;
Un moment la renverse, et ce renversement
Des plus justes desseins peut tromper l'espérance.
Tant que dure le cours de ta mortalité,
L'inévitable joug de l'instabilité
T'impose une fâcheuse et longue servitude ;
En dépit de toi-même elle te fait la loi,
Et l'ordre chancelant de sa vicissitude
Ne prend point ton aveu pour triompher de toi.

Ainsi tantôt la joie et tantôt la tristesse
De ton cœur, malgré lui, s'emparent tour à tour ;
Tantôt la paix y règne, et dans le même jour
Mille troubles divers surprennent ta faiblesse.
La ferveur, la tiédeur, ont chez toi leur instant ;
Ton soin le plus actif n'est jamais si constant
Qu'il ne cède la place à quelque nonchalance ;
Et le poids qui souvent règle tes actions
Laisse en moins d'un coup d'œil emporter la balance
A la légèreté de tes affections.

Parmi ces changements le sage se tient ferme ;
Il porte au-dessus d'eux l'ordre qu'il s'est prescrit,
Et, bien instruit qu'il est des routes de l'esprit,
Il suit toujours sa voie, et va jusqu'à son terme ;
Il agit sur lui-même en véritable roi,
Sans regarder jamais à ce qu'il sent en soi,
Ni d'où partent les vents de si peu de durée ;
Et son unique but dans le plus long chemin,
C'est que l'intention de son âme épurée
Se tourne vers la bonne et désirable fin.

Ainsi, sans s'ébranler il est toujours le même
Dans la diversité de tant d'événements,

Et son cœur, dégagé des propres sentiments,
N'aimant que ce qu'il doit, s'attache à ce qu'il aime;
Ainsi l'œil simple et pur de son intention
S'élève sans relâche à la perfection,
Dont il voit en moi seul l'invariable idée;
Et plus cet œil est net, et plus sa fermeté,
Au travers de l'orage heureusement guidée,
Vers ce port qu'il souhaite avance en sûreté. . . .

(id. III, xxxiii)

JEAN DE BUSSIÈRES

La Rose

Je vois des feuilles entassées,
Teintes d'une rouge couleur
Que quelque reste de pâleur
Tient encore un peu ramassées;
Chacune imperceptiblement
Se détache du doux ciment
Qui de mille n'en faisait qu'une,
Et chacune dans cet écart
Travaille à la beauté commune
A qui toutes donnent leur part.

Déjà ce petit tout compose,
Par ses heureux dénouements
Mélangés d'entrelacements,
Le commencement d'une rose.
Qu'il est vif et qu'il est brillant!
Que sur le vert étincelant
Il usurpe un puissant empire!
Qu'en ce premier ébauchement
Il n'est feuille qui ne désire
De servir à son ornement! . . .

Est-ce une fleur? ou si la flamme
Brûle les bords de ce rosier?
Est-ce un rubis que l'ouvrier
Avantageusement entame?

176

N'est-ce point la rouge liqueur
D'un héros autrefois vainqueur,
Qui nous donne un heureux présage ?
Ne serait-ce point le soleil
Qui sous cette vivante image
A voulu tracer son pareil ?

Certes, cette merveille éclose
Dans demain s'épanouira,
Et la terre s'éjouira
D'avoir mis au jour une rose.
Les feuilles ouvertes en rond
Egalement couronneront
Le bouquet d'or qui les partage ;
Et ces petits filets dorés,
Superbes de cet avantage,
En paraîtront mieux colorés. . . .

La Neige

Douce laine du ciel, belle fleur des nuées,
Beau lis qui de l'hiver méprises les gelées,
Neige, qui te nourris au milieu des deux airs,
Epanche tes trésors sur ces tristes déserts !
Donne-nous largement ces feuilles argentées
Qui te sont chaque jour par l'aquilon portées ;
Ouvre tes beaux palais, et donne un vêtement
A nos champs dépouillés de tout autre ornement. . . .
Ah Nymphe ! je te vois qui d'une main d'ivoire
Ouvres à nos désirs les pompes de ta gloire.
Je vois qu'en te jouant tu fais des pelotons,
Que de ton beau métal tu forges des jetons,
Que, prodigue, sur nous à l'instant tu les sèmes,
Faisant voir par tes dons à quel point tu nous aimes.
Ah ! tout l'air est rempli de papillons perlés ;
Partout on voit blanchir ces fantômes ailés.
Comme leur danse est belle ! et comme leur albâtre
Virevolte par l'air, roulant d'un pas folâtre ! . . .

HIPPOLYTE-JULES PILET
DE LA MESNARDIÈRE

Le soleil couchant

Le grand astre va lentement
Vers les saphirs de l'onde amère,
Et Vénus, dans l'autre hémisphère,
Donne ordre à leur appartement.

De celui dont il va sortir
L'air est pompeux et magnifique.
Je doute que sous l'Amérique
On puisse aussi bien l'assortir.

Ces grands rideaux à fond vermeil,
Dont l'or pétille dans la nue,
Sont d'une étoffe peu connue
Aux pays où va le soleil.

Etant sans doute moins polis,
Il s'y néglige davantage,
Et ne sort en grand équipage
Que pour charmer la fleur de lis. . . .

Le pourpre qui luit sous ses pas
En l'air s'écarte en mille pointes,
Où parfois deux couleurs sont jointes,
Et parfois ne se joignent pas.

Dieux! la merveilleuse clarté!
Alceste, admirez la nuance
De ce jaune-clair qui s'avance
Sur cet incarnat velouté!

L'œillet d'Inde serait ainsi
Dans sa douce et sombre dorure,
Si sur les pans de sa bordure
La rose tranchait le souci.

Mais voilà cet éclat changé
En un mélange plus modeste:
Voyez ce rocher bleu céleste
Où déborde un pâle orangé.

178

Voyez ces rayons gracieux,
Qui, là-bas forçant le passage,
De fils d'or percent le nuage
Aussi loin que portent nos yeux.

Que ces flocons blancs ont d'appâts!
Vous diriez que c'est de la neige
Qu'un doux soleil, qui la protège,
Perce, illumine, et ne fond pas....

Des plus bizarres papillons
Aimez-vous les bigarrures?
Et les différentes parures
Des mieux émaillés oisillons?

— Voyez ce lustre variant
De mille couleurs entassées
Qu'un trait de lumière a tracées
Sur ce fond brun vers l'orient.

Voyez ces tirades de feu
Dont le ciel vers le nord éclate,
Et dans ces plaines d'écarlate
Ce bois d'amaranthe et de bleu.

Que les flots crêpés d'un zéphir
Sont bien peints dans ces pommelures,
De qui l'ordre et les mouchetures
Semblent figurés à plaisir!...

Quoique l'on vante son berceau,
L'auteur fécond de la lumière
Dessus le seuil de sa carrière
N'est point si pompeux ni si beau.

Les opales du point du jour
Et ses jacinthes sombre-claires
Sont bien des objets plus vulgaires
Que les rubis de son retour....

Ces grands feux dont si largement
Tout l'horizon paraît s'éprendre,
Aux plus grossiers feraient comprendre
Qu'un Dieu fait cet épanchement.

Sa pompe, éclatant sur les eaux,
Met les hôtes de l'onde en peine,
Craignant qu'un enfant de Clymène
Y lance des brasiers nouveaux.

Sa rondeur croît en descendant.
Tel est le sphère de notre âme:
Le cercle infini de sa flamme
S'augmente par notre occident.

Mille éclairs aigus et perçants
Couronnent la fin de sa lice,
Et, quand il semble qu'il finisse,
Il enchante encore nos sens.

Quoiqu'il ait adouci ses traits,
Autour on ne voit nul ombrage.
Demain, comme votre visage,
Il aura cent nouveaux attraits.

Après nous avoir divertis
De mille admirables figures,
Le peintre et ses rares peintures
Dans les eaux vont être engloutis.

Dans l'air il laisse les couleurs
Qui font les jasmins et les roses,
Et toutes ses métamorphoses
Sont les germes d'autant de fleurs.

Ah, que Thétis à ce moment
En son cœur se tient fortunée!
Et qu'elle aime sa destinée
De ravoir son illustre amant!

C'est pour elle que, chaque nuit,
Sans éclat il entre dans l'onde;
Et le plus grand galant du monde
Fait l'amour sans faste et sans bruit. . . .

Mais le soleil à cet instant
Plonge dans l'eau sa tresse blonde,
Et, sur les bords de l'autre monde,
En bas la nature l'attend.

Tous les objets qui l'ont vu choir,
Par son départ devenus sombres,
Ne seront bientôt que leurs ombres,
Et se couvrent d'un crêpe noir.

La terre, opposée à la mer,
En deuil va garder le silence,
Et, pour ne point voir son absence,
Les fleurs mêmes se vont fermer.

Demain l'Aurore à son réveil
N'y verra que perles liquides,
Et tous leurs yeux seront humides
Pour avoir perdu le soleil.

Déjà l'air par ce changement
Est pesant, plutôt que tranquille,
Et l'humeur froide qu'il distille
Cause un morne assoupissement.

Belle Alceste, retirons-nous:
La nuit étend ses larges voiles.
Il prendrait fort mal aux étoiles
De voir des astres comme vous. . . .

PAUL SCARRON

Alors l'Aurore violette
Laissa dans sa couche mollette
Le vieux Tithon: un maître fou
De s'être enchevêtré le cou,
Si vieux, d'une si jeune femme.
C'est une fort honnête dame,
Qui, tous les matins, de ses pleurs
Emperle, ce dit-on, les fleurs.
Lorsque la rive basanée
Fut d'elle toute ensaffranée,
Et qu'elle eut semé ses joyaux
Sur fleurs, arbres, herbes, roseaux,
La Didon, que l'amour réveille,
Et lui met la puce à l'oreille,

Se jette en bas de son grabat;
Voyant que le point du jour bat,
Ou plutôt blanchit sa fenêtre;
Elle s'y mit pour reconnaître
Ce que faisait son cher ami,
Lors pour elle un diable et demi.
Quand elle vit, la désolée,
La flotte troyenne envolée,
Et dans son port pas un vaisseau,
Mais seulement quantité d'eau,
Elle frappa de sa main close,
Comme s'il en eût été cause,
Son tant agréable museau;
S'égratigna toute la peau,
Fit cent actions d'une folle,
S'appliqua mainte croquignolle,
Pocha ses yeux, mordit ses doigts,
S'arracha le poil plusieurs fois;
Puis, se frappant deux fois la cuisse,
'Il s'en va, dit-elle, le suisse!' . . .

(Virgile travesti)

Ci-gît qui fut de bonne taille,
Qui savait danser et chanter,
Faisait des vers vaille que vaille
Et les savait bien réciter.
Sa race avait quelque antiquaille,
Et pouvait des héros compter;
Même il aurait donné bataille
S'il en avait voulu tâter.
Il parlait fort bien de la guerre,
Des cieux, du globe de la terre,
Du droit civil et droit canon,
Et connaissait assez les choses
Par leurs effets et par leurs causes.
— Etait-il honnête homme ? — ah non!

DU BOIS HUS

La Nuit des nuits[1]

Le jour, ce beau fils du soleil
Dont le visage nompareil
Donne le teint aux belles choses,
Prêt d'entrer en la mer, enlumine son bord
De ses dernières roses,
Et ses premiers rayons vont lui marquer le port.

Ce doux créateur des beautés,
Roi des glorieuses clartés
Qui dessus nous sont répandues,
Nous donnant le bonsoir, se cache dans les eaux,
Et les ombres tendues
Avertissent le ciel d'allumer ses flambeaux.

Les bois ne paraissent plus verts;
La nuit entrant dans l'univers
Couvre le sommet des montagnes;
Déjà l'air orphelin arrose de ses pleurs
La face des campagnes,
Et les larmes du soir tombent dessus les fleurs.

Le monde change de couleur:
Une générale pâleur
Efface la beauté des plaines;
Et les oiseaux surpris sur le bord des marais
Courtisant les fontaines,
Se vont mettre à couvert dans le sein des forêts.

Quelques brins d'écarlate et d'or
Paraissent attachés encor
A quelques pièces de nuage;
Des restes de rayons peignant tout à l'entour
Le fond du paysage
Font un troisième temps qui n'est ni nuit ni jour.

Les rougeurs qu'on voit dans les airs
Jeter ces languissants éclairs
Qui meurent dans les plis de l'onde,
Sont les hontes du jour fuyant le successeur
Qui le chasse du monde:
L'astre des belles nuits que gouverne sa sœur.

[1] *La Nuit des nuits:* the night of Christ's Nativity

Le silence vêtu de noir,
Retournant faire son devoir,
Vole sur la mer et la terre;
Et l'océan, joyeux de sa tranquillité,
Est un liquide verre
Où la face du ciel imprime sa beauté.

Le visage du firmament,
Descendu dans cet élément,
Y fait voir sa figure peinte;
Les feux du ciel sans peur nagent dedans la mer,
Et les poissons sans crainte
Glissent parmi ces feux qui semblent les aimer.

Dans le fond de ce grand miroir
La nature se plaît à voir
L'onde et la flamme si voisines;
Et les astres tombés en ces pays nouveaux,
Salamandres marines,
Se baignent à plaisir dans le giron des eaux.

L'illustre Déesse des mois,
Quittant son arc et son carquois,
Descend avec eux dedans l'onde;
Son croissant est sa barque, où, l'hameçon en main
Fait de sa tresse blonde,
Elle pêche à loisir les perles du Jourdain.

Le ciel en ce soir bienheureux,
S'habillant de ses plus beaux feux,
Eclate plus qu'à l'ordinaire;
Et la nuit, infidèle à son obscurité,
A sur notre hemisphère
Beaucoup moins de noirceur qu'elle n'a de clarté.

Soleil, quitte-lui ta maison:
Celle qui vient sur l'horizon
Est grosse du Dieu que j'adore;
Les torches qu'elle allume en la place du jour,
Plus belles que l'aurore,
Lui couronnent le front de lumières d'amour.

Au milieu des airs réjouis
Tes derniers feux sont éblouis
Par mille nouvelles étoiles.
Une éclatante nuit, déployant dans les cieux
Ses rayonnantes voiles,
Pour mieux voir son amant a pris de nouveaux yeux.

Quoique tes fertiles regards
Jettent les biens de toutes parts
Et rendent la terre féconde,
Cette belle ennemie est plus riche que toi:
Tu ne produis au monde
Que les sujets du Prince, elle produit le Roi.

Cache en ton humide tombeau
Les restes de ce grand flambeau
A qui notre brune fait honte.
Cette belle adversaire apporte dans ses mains
La Beauté qui surmonte
Et les grâces du ciel et l'amour des humains.

Riche et miraculeuse nuit
Qui sans bouche et sans aucun bruit
Enfantes pourtant la PAROLE,
Sois toujours révérée en ce vaste univers,
Et que ta gloire vole
De l'un à l'autre bout sur l'aile de mes vers. . . .

꧁

Les vents les plus délicieux
Parfument la terre et les cieux
De la douceur de leur haleine.
Ils musquent les œillets, les roses et le thym,
Ils embaument la plaine
Et couronnent de lis ce glorieux matin.

Ils vont sécher les habits verts
Des prés que l'aurore a couverts
De ses plus précieuses larmes,
Et ne peuvent souffrir que la face des fleurs,
A ce jour plein de charmes,
Ait son éclat terni d'une espèce de pleurs.

185

A voir le branle des rameaux,
Des vents, des herbes, des roseaux,
En ce temps de réjouissance
Comme si les bergers au son du flageolet
Leur donnaient la cadence,
On dirait que les fleurs danseraient un ballet.

Les échos que les belles voix
Réveillent au milieu des bois
Se joignent à la compagnie;
Et les oiseaux servant de vivants violons
Par leur douce harmonie,
Le Ris donne le bal aux nymphes des vallons. . . .

Les nymphes gardiennes des eaux
Rendent par mille jeux nouveaux
Nos grottes plus délicieuses;
Et l'on voit rejaillir des canaux réjouis
Leurs eaux ambitieuses
De rendre leurs devoirs à ce jeune Louis.

Au départ de leur lit natal,
Leurs longues chutes de cristal
Forment les chiffres de leurs maîtres;
Les naïades du lieu, conduisant leur emploi,
Les façonnent en lettres
Qui font voir les beaux noms du Dauphin et du Roi.

Des bouches des tuyaux ouverts
S'élancent des jets d'eau divers,
Qu'elles cachaient dedans leurs veines,
Et, par de vrais portraits de ces noms glorieux,
Ces belles écrivaines
Enchantent les esprits aussi bien que les yeux.

Un savant et subtil hasard,
Gouverné par l'esprit de l'art,
Fait ces miracles de peinture:
Il écrit avec l'eau dessus le front de l'air,
Et forme une écriture
Qui demeure toujours et ne fait que couler.

DU BOIS HUS

Merveille, de voir un nom d'eau
Peint sur un liquide tableau
D'un caractère inépuisable,
Dont l'humide portrait se formant de son cours,
  Par un trait agréable,
Se ruine à toute heure en se faisant toujours!

Voir un lis que cet élément
Fait et defait à chaque moment
Sans le ravir à l'œil qui l'aime,
Un miracle de l'art, que sa matière fuit
  Sans sortir de lui-même,
Et le fuyant sans cesse incessamment le suit!...

J'entends d'harmonieux soupirs
Sortir sur l'aile des zéphyrs
Du fond de la grotte voisine:
Orphée assurément a senti son bonheur,
  Et d'une voix divine
Veut rendre à mon Dauphin ses compliments d'honneur.

Ce dieu des ravissants concerts
Charme les Muses que je sers
Par les accents de sa musique;
Ses doigts avec plaisir redoublant les fredons
  De sa lyre magique
Gouvernent un ballet de jeunes Cupidons.

Il donne aux bois du sentiment,
Les rochers ont du mouvement,
Les arbres vont à la cadence,
Des rossignols moulés volent sur les rameaux,
  Et c'est par sa puissance
Que des cygnes d'argent chantent dessus les eaux....

Tandis qu'un son mélodieux,
Rendant sensibles ces beaux lieux,
Sort de la bouche des sirènes,
Et les oiseaux, ravis de l'éclat de leurs voix,
  Pour entendre leurs reines
Quittent l'air des jardins et les ombres des bois....

Un jeune et magnifique soir,
Ayant quitté son habit noir,
Se couvre d'or et d'écarlate:
Votre royal aspect lui fait quitter le deuil,
Et sa perruque éclate
Avec autant d'attraits que le jour a d'orgueil.

La nuit, pour venir à son tour
Faire agréablement sa cour
Sans couvrir le ciel de ses voiles,
Congédiant le train de son obscurité,
N'a pris que ses étoiles
Pour venir honorer votre nativité. . . .

Quoique cet astre sans pareil
Soit né tandis que le soleil
Paraît plus couvert de lumière,
Il a plus allumé de lumières d'amour
Dessus notre hémisphère
Qu'il n'en a rencontré dans le midi du jour.

Ces feux, fils du contentement,
Font honte aux yeux du firmament
Par leurs embrasements célèbres;
Un si bel incendie a fait mourir la nuit,
Dont les ailes funèbres
Tombent de toutes parts dans la flamme qui luit. . . .

La nature veut l'emporter
Quoi que l'art tâche d'inventer
Par ses affections rusées,
Et lui, la combattant par ses subtilités,
A force de fusées
Produit un firmament de nouvelle clartés.

Un escadron d'astres nouveaux,
Faits d'artificieux flambeaux,
Consomme les nuages sombres.
Tous les jours et les nuits sont également clairs,
Et pour brûler les ombres
Les étoiles de l'art allument tous les airs. . . .

(*Le Jour des Jours*)[1]

[1] *Le Jour des jours:* the day on which a Dauphin (the future Louis XIV)
was born to Louis XIII (5th September 1638)

LAURENT DRELINCOURT

Sans le secret concours de ta Divinité,
Père de l'univers, Ame de la nature,
On verrait ce grand Tout bientôt précipité
Dans son premier chaos et dans sa nuit obscure.
　Tu peux seul arrêter son instabilité:
Ton bras, par sa vertu, soutient ta créature,
Et pour l'entretenir ta libéralité
Des trésors de ton sein produit sa nourriture.
　Enfin le monde entier subsiste par tes lois;
Le plus simple berger et le plus grand des rois
Eprouvent chaque jour ta bonté souveraine.
Toujours fort, toujours sage et toujours glorieux,
Ayant tout fait de rien, tu maintiens tout sans peine:
C'est créer tous les jours et la terre et les cieux.

JEAN DE LABADIE

　　.　　　.　　　.　　　.

Ailleurs, la lumière est petite,
L'amour violent et pressé,
Et le cœur même un peu forcé
A retenir ce qui le quitte.
Ici, sans se presser de rien,
Attentif au souverain Bien,
L'Esprit joint l'Essence divine
En soi, de près et purement,
Le même Dieu qui l'illumine
Le brûlant fort tranquillement.

Toute autre grâce est passagère,
Et, semblant au feu de l'éclair,
Perce un cœur, comme il perce l'air,
D'un vif et prompt trait de lumière.
Celle-ci, l'ayant consumé,
Le met en état confirmé,
Et par une vertu constante
Lui fait sentir durant longs jours
La flamme douce et pénétrante
Dont Dieu l'embrase en ses amours.

189

Enfin l'abondante lumière,
La grande douceur de l'attrait,
L'amour pur, tranquille et secret,
Et l'union familière,
Sans façon presque et sans milieu,
— Cœur comme à cœur de l'âme à Dieu —
Avec cette longue constance
Qui soutient toute l'action,
Font proprement la différence
De cette contemplation. . . .

Il ne se peut dire de bouche,
Et bien moins encor par écrit,
Ce que fait en ce lieu l'esprit.
Seulement semble-t-il qu'il touche,
Mais fort spirituellement,
Je ne sais quel grand Elément
De vaste mais de pure essence,
Qui vient d'abord à submerger
Dans les eaux de son gouffre immense
L'âme qui vient à s'y plonger.

Dans cette infinie étendue
Elle vole et nage à plaisir,
Goûtant Dieu même avec loisir,
En son immensité perdue.
Lui, comme un océan profond
Qui n'a ni rivage ni fond,
La tient engouffrée en soi-même,
Lui donnant part au grand bonheur
Qu'elle aura dans le lieu suprême
De voir la face du Seigneur.

(Cantique de l'Union divine)

JEAN HESNAULT

Avant qu'on eût au monde admis cette chimère,
Du faste et des grandeurs l'extravagante mère,
Ces superbes palais, ces forts audacieux
Qui gourmandent la terre et menacent les cieux,
Ces grands emmeublements chargés de broderie
Où l'or est abîmé parmi les pierreries,
Ces temples, ces autels si riches, si parés,

Où les Dieux cependant sont si mal adorés,
Enfin ces grands portails, ces magnifiques dômes
Et ces tours d'où les Grecs auraient vu vingt royaumes,
De notre vanité monuments éternels,
N'avaient pas apparu, même en songe, aux mortels,
Sous un rustique toit lambrissé de branchages,
Sur un lit de gazon, ou sur un tas d'herbages
Le berger, la bergère unissant leurs désirs
S'abandonnaient sans crainte aux amoureux plaisirs;
Leur cabane bâtie et de joncs et d'argile
Contre les vents à peine était un sûr asile,
Mais contre les soucis c'en était un certain:
On y dormait en paix du soir jusqu'au matin;
Les hôtes n'y craignaient ni vol ni violence,
Et la nuit s'y passait dans un profond silence.
Tandis qu'ils sommeillaient tout leur cœur sommeillait,
Et jamais en sursaut rien ne les éveillait.
De songes égayés les images flatteuses
Ne faisaient qu'enchanter leurs âmes amoureuses. . . .
Au fond d'un bois touffu par leurs vœux consacrés,
Dieu sans cérémonie était d'eux adoré,
Et, content d'un autel jonché de fleurs et d'herbes,
N'était point rebuté d'adorateurs superbes.
Nul n'avait entrepris de lui donner des noms,
Ni de l'entretenir d'hymnes et de chansons;
Nul n'était entêté du dessein de lui plaire,
Ni troublé de la peur d'exciter sa colère.
Il ne se chargeait point des défauts des mortels,
Et, supposant toujours ses ordres éternels,
Ils le considéraient comme un souverain Maître
Qui n'avait avec eux rien de commun que l'être.
Que pouvait-il manquer à leur félicité
Avec tant d'innocence et de simplicité? . . .

~~❦~~

S'élève qui voudra, par force ou par adresse,
Jusqu'au sommet glissant des grandeurs de la Cour;
Moi, je veux, sans quitter mon aimable séjour,
Loin du monde et du bruit rechercher la sagesse.
Là, sans crainte des grands, sans faste et sans tristesse,
Mes yeux après la nuit verront naître le jour;
Je verrai les saisons se suivre tour à tour,
Et dans un doux repos j'attendrai la vieillesse.

Ainsi, lorsque la mort viendra rompre le cours
Des bienheureux moments qui composent mes jours,
Je mourrai chargé d'ans, inconnu, solitaire.
Qu'un homme est misérable, à l'heure du trépas,
Lorsqu'ayant négligé le seul point nécessaire,
Il meurt connu de tous et ne se connaît pas!

CHARLES DE MARGUETEL DE SAINT-DENIS DE SAINT-EVREMOND

Nature, enseigne-moi par quel bizarre effort
Notre âme hors de nous est quelquefois ravie;
Dis-nous comme à nos corps elle-même asservie
S'agite, s'assoupit, se réveille, s'endort.
Les moindres animaux, plus heureux dans leur sort,
Vivent innocemment sans crainte et sans envie,
Exempts de mille soins qui traversent la vie
Et de mille frayeurs que nous donne la mort.
Un mélange incertain d'esprit et de matière
Nous fait vivre avec trop ou trop peu de lumière
Pour savoir justement et nos biens et nos maux.
Change l'état douteux dans lequel tu nous ranges;
Nature, élève-nous à la clarté des anges,
Ou nous abaisse au sens des simples animaux!

GEORGES DE BRÉBEUF

Quelles grâces, Seigneur, quelles grâces vous rendre
Qui puissent m'acquitter envers tous vos bienfaits?
C'est une indignité que je ne puis comprendre
De recevoir toujours, et ne rendre jamais.
Je suis trop convaincu que l'impuissance humaine
A cet oubli honteux est une excuse vaine
      Pour croire qu'on peut la souffrir;
Votre amour qui pour moi si constamment s'engage
      Ne veut que mon cœur en partage,
      Et je balance à vous l'offrir. . . .

Quand vous m'avez formé, mille essences possibles,
Qui pour sortir du rien attendent votre voix,

Vous étant comme moi présentes et visibles,
Que vous avais-je fait pour être votre choix ?
Au lieu de me chercher dans ce néant fertile,
Vous pouviez y trouver un être plus utile
    A reconnaître vos bontés ;
Vous pouviez en tirer un enfant plus fidèle,
    Au lieu d'en tirer un rebelle
    Qui résiste à vos volontés.

Avant que d'en sortir j'étais déjà coupable ;
Mes crimes à vos yeux étaient déjà présents,
Et de votre pouvoir le fonds inépuisable
Vous offrait à choisir des êtres innocents.
Pourquoi l'ai-je emporté sur ces intelligences
Qui seront pour jamais de stériles essences,
    Et que vous pouviez mettre au jour,
Qui sauraient mieux que moi chercher l'art de vous plaire,
    Et dont l'amour chaste et sincère
    Répondrait mieux à votre amour ?

Même vous auriez pu me préférer la brute :
Elle est à vos décrets souple en toute saison ;
En elle, mieux qu'en moi, votre ordre s'exécute,
Et son instinct est droit bien plus que ma raison.
J'ai sur elle, il est vrai, de brillants avantages,
Mais ces dons bien souvent deviennent des outrages
    Contre vous de qui je les tiens.
Ce qui me vient de vous ou de grand ou de rare
    Souvent contre vous se déclare
    Et fait mes crimes de vos biens.

Dirai-je plus encor ? Votre grandeur puissante
Eût pu moins s'abaisser en descendant plus bas,
Produire au lieu de l'homme ou le marbre ou la plante :
Ces objets contre vous ne se révoltent pas ;
Leur langage muet à chanter vos louanges
S'accorde beaucoup mieux avec celui des anges
    Que celui dont j'ose abuser,
Et ces êtres grossiers ne sauraient méconnaître
    Comme moi l'auteur de leur être,
    Ni comme moi le mépriser.

Mon cœur prend vos faveurs pour mon propre héritage,
Vous semblez m'avoir dû les biens que je vous dois;
Sans penser que de vous je tiens cet avantage,
J'ose me l'imputer parce qu'il est en moi.
Les clartés toutefois de votre prescience
N'ont point mis un obstacle à cette patience
      Qui jamais ne se peut tarir:
Vous m'avez fait passer du néant jusqu'à l'être,
      Moi qui même avant que de naître
      Avais mérité de mourir.

Mais ce serait trop peu pour vous et pour moi-même
Si vous vous contentiez de m'avoir tant aimé,
Si d'un soin assidu votre pouvoir suprême
Ne me conservait pas après m'avoir formé;
Vous résoudre sans cesse à ne me pas détruire,
C'est de nouveau, Seigneur, sans cesse me produire,
      De nouveau m'affranchir du rien.
De moi j'ai seulement la faiblesse en partage,
      Et je suis en vain votre ouvrage
      Si vous n'êtes pas mon soutien.

Hélas! vous prolongez au gré de mon envie
Des jours que mon erreur donne à ma vanité.
Votre soin vigilant me conserve une vie
Qui me rend plus coupable et vous plus irrité.
Ce concours assidu m'est partout nécessaire:
Même pour me trahir, même pour me déplaire,
      Sans cesse j'ai besoin de vous;
Je ne puis rien de moi, rien sans votre assistance,
      Pas même commettre une offense,
      Ni mériter votre courroux.

Je ne suis rien, mon Dieu, je ne suis que ténèbres
Si vos vives splendeurs ne conduisent mes pas;
Ou du moins mes clartés sont des torches funèbres
Dont la triste lumière éclaire mon trépas.

Quand de vos vifs rayons j'ai fait mourir la flamme,
Les glaces de la mort s'emparent de mes sens;
Quand vous vous éclipsez, tout expire en mon âme,
Ou plutôt elle vit pour mourir plus longtemps.

GEORGES DE BRÉBEUF

Oui, Seigneur, aussitôt qu'elle vous perd de vue,
Sa vie est une mort qui ne s'achève pas;
Chaque instant la détruit, chaque moment la tue,
Et ses jours prolongés prolongent son trépas.

Quand vous luisez sur moi, cette clarté féconde
Fait revivre en mon cœur ou croître votre amour;
Mon calme est sans pareil, ma douceur sans seconde,
Et sans mourir jamais je renais chaque jour.

(Entretiens solitaires)

ANTOINE FURETIÈRE

.   .   .   .   .   .

Lors il souffle sa boule, et dans la main il crache,
Il retrousse sa manche, et puis il se détache,
Il jette tout son corps sur le pied de devant,
Il tient le droit en l'air et le fessier au vent,
Il s'allonge d'abord, et puis il se ramasse,
Se tourne à gauche, à droit, quitte et reprend sa place,
Pendant que tout son corps, posé sur un gigot,
Se soutient et se meut comme sur un pivot;
Il commence à jouer, et de longtemps n'achève,
Assied trois fois sa boule, et trois fois la relève,
Il examine en elle et le faible et le fort,
Prend des yeux le niveau de l'un et l'autre bord,
Enfin, pour mieux viser couchant le but en joue,
Il allonge le cou, cligne l'œil, fait la moue,
Et lâche enfin sa boule. . . .

(Le Jeu de boules des Procureurs)

JEAN DE LA FONTAINE

Adonis

Je n'ai pas entrepris de chanter dans ces vers
Rome ni ses enfants vainqueurs de l'univers,
Ni les fameuses tours qu'Hector ne put défendre,
Ni les combats des Dieux aux rives du Scamandre.[1]
Ces sujets sont trop hauts, et je manque de voix:
Je n'ai jamais chanté que l'ombrage des bois,
Flore, Echo, les zéphyrs et leurs molles haleines,

[1] *Scamandre:* the Scamander river near Troy

195

Le vert tapis des prés et l'argent des fontaines.
C'est parmi les forêts qu'a vécu mon héros;
C'est dans les bois qu'Amour a troublé son repos.
Ma Muse en sa faveur de myrte s'est parée.
J'ai voulu célébrer l'amant de Cythérée,
Adonis, dont la vie eut des termes si courts,
Qui fut pleuré des Ris, qui fut plaint des Amours.
Aminte, c'est à vous que j'offre cet ouvrage:
Mes chansons et mes vœux, tout vous doit rendre hommage.
Trop heureux si j'osais conter à l'univers
Les tourments infinis que pour vous j'ai soufferts! . . .
Déjà la Renommée, en naissant inconnue,
Nymphe qui cache enfin sa tête dans la nue,
Par un charmant récit amusant l'univers
Va parler d'Adonis à cent peuples divers,
A ceux qui sont sous l'Ourse, aux voisins de l'Aurore,
Aux filles du Sarmate[1], aux pucelles du Maure;
Paphos sur ses autels le voit presque élever,
Et le cœur de Vénus ne sait où se sauver.
L'image du héros, qu'elle a toujours présente,
Verse au fond de son âme une ardeur violente.
Elle invoque son fils, elle implore ses traits,
Et tâche d'assembler tout ce qu'elle a d'attraits.
Jamais on ne lui vit un tel dessein de plaire:
Rien ne lui semble bien, les Grâces ont beau faire.
Enfin, s'accompagnant des plus discrets Amours,
Aux monts idaliens elle dresse son cours.
Son char, qui trace en l'air de longs traits de lumière,
A bientôt achevé l'amoureuse carrière.
Elle trouve Adonis près des bords d'un ruisseau:
Couché sur des gazons, il rêve au bruit de l'eau.
Il ne voit presque pas l'onde qu'il considère;
Mais l'éclat des beaux yeux qu'on adore en Cythère
L'a bientôt retiré d'un penser si profond.
Cet objet le surprend, l'étonne et le confond;
Il admire les traits de la fille de l'onde:
Un long tissu de fleurs, ornant sa tresse blonde,
Avait abandonné ses cheveux aux zéphyrs;
Son écharpe, qui vole au gré de leurs soupirs,
Laisse voir les trésors de sa gorge d'albâtre.

---

[1] *Sarmate:* the Sarmatians were nomadic tribes who peopled the eastern marches of Europe between the Vistula and the Volga

Jadis en cet état Mars en fut idolâtre
Quand aux champs de l'Olympe on célébra des jeux
Pour les Titans défaits par son bras valeureux.
Rien ne manque à Vénus: ni les lis, ni les roses,
Ni le mélange exquis des plus aimables choses,
Ni ce charme secret dont l'œil est enchanté,
Ni la grâce plus belle encor que la beauté.
Telle on vous voit, Aminte: une glace fidèle
Vous peut de tous ces traits présenter un modèle,
Et, s'il fallait juger de l'objet le plus doux,
Le sort serait douteux entre Vénus et vous. . . .
Quelles sont les douceurs qu'en ces bois ils goûtèrent!
O vous de qui les voix jusqu'aux astres montèrent,
Lorsque par vos chansons tout l'univers charmé
Vous ouït célébrer ce couple bien-aimé,
Grands et nobles esprits, chantres incomparables,
Mêlez parmi ces sons vos accords admirables!
Echo, qui ne tait rien, vous conta ces amours;
Vous les vîtes gravés au fond des antres sourds.
Faites que j'en retrouve au temple de Mémoire
Les monuments sacrés, sources de votre gloire,
Et que, m'étant formé sur vos savantes mains,
Ces vers puissent passer aux derniers des humains!
Tout ce qui naît de doux en l'amoureux empire
Quand d'une égale ardeur l'un pour l'autre on soupire,
Et que, de la contrainte ayant banni les lois,
On se peut assurer au silence des bois,
Jours devenus moments, moments filés de soie,
Agréables soupirs, pleurs enfants de la joie,
Vœux, serments et regards, transports, ravissements,
Mélange dont se fait le bonheur des amants,
Tout par ce couple heureux fut lors mis en usage. . . .

(le départ de Vénus)

Là, se fondant en pleurs, on voit croître ses charmes;
Adonis lui répond seulement par des larmes.
Elle ne peut partir de ces aimables lieux;
Cent humides baisers achèvent ses adieux.
O vous, tristes plaisirs où leur âme se noie,
Vains et derniers efforts d'une imparfaite joie,
Moments pour qui le sort rend leurs vœux superflus,
Délicieux moments, vous ne reviendrez plus! . . .

(les chasseurs s'assemblent)

Un matin que l'Aurore au teint frais et riant
A peine avait ouvert les portes d'orient,
La jeunesse voisine autour du bois s'assemble:
Jamais tant de héros ne s'étaient vus ensemble.
Anténor le premier sort des bras du sommeil
Et vient au rendez-vous attendre le soleil;
La Déesse des bois n'est point si matinale:
Cent fois il a surpris l'amante de Céphale,[1]
Et sa plaintive épouse a maudit mille fois
Les veneurs et les chiens, le gibier et les bois.
Il est bientôt suivi du satrape Alcamène,
Dont le long attirail couvre toute la plaine;
C'est en vain que ses gens se sont chargés de rets:
Leur nombre est assez grand pour ceindre les forêts.
On y voit arriver Bronte au cœur indomptable,
Et le vieillard Capys, chasseur infatigable,
Qui, depuis son jeune âge ayant aimé les bois,
Rend et chiens et veneurs attentifs à sa voix.
Si le jeune Adonis l'eût aussi voulu croire,
Il n'aurait pas si tôt traversé l'onde noire.
Comment l'aurait-il cru, puisqu'en vain ses amours
L'avaient sollicité d'avoir soin de ses jours?
Par le beau Callion la troupe est augmentée;
Gilippe vient après, fils du riche Acantée.
Le premier, pour tous biens, n'a que les dons du corps;
L'autre, pour tous appâts, possède des trésors;
Tous deux aiment Cloris, et Cloris n'aime qu'elle:
Ils sont pourtant parés des faveurs de la belle.
Phlègre accourt, et Mimas, Palmyre aux blonds cheveux,
Le robuste Crantor aux bras durs et nerveux,
Le Lycien Télame, Agénor de Carie,
Le vaillant Triptolème, honneur de la Syrie,
Paphe expert à lutter, Mopse à lancer le dard,
Lycaste, Palémon, Glauque, Hilus, Amilcar,
Cent autres que je tais, troupe épaisse et confuse.
Mais peut-on oublier la charmante Aréthuse,
Aréthuse au teint vif, aux yeux doux et perçants,
Qui pour le blond Palmyre a des feux innocents?
On ne l'instruisit point à manier la laine:
Courir dans les forêts, suivre un cerf dans la plaine,

[1] *l'amante de Céphale:* the Dawn

198

Ce sont tous ses plaisirs: heureuse si son cœur
Eût pu se garantir d'amour comme de peur!
On la voit arriver sur un cheval superbe
Dont à peine les pas sont imprimés sur l'herbe;
D'une charge si belle il semble glorieux;
Et, comme elle, Adonis attire tous les yeux;
D'une fatale ardeur déjà son front s'allume,
Il marche avec un air plus fier que de coutume. . . .

(*Adonis est tué*)

Prêtez-moi des soupirs, ô Vents qui sur vos ailes
Portâtes à Vénus de si tristes nouvelles!
Elle accourt aussitôt, et, voyant son amant,
Remplit les environs d'un vain gémissement.
Telle sur un ormeau se plaint la tourterelle
Quand l'adroit giboyeur a d'une main cruelle
Fait mourir à ses yeux l'objet de ses amours:
Elle passe à gémir et les nuits et les jours,
De moment en moment renouvelant sa plainte
Sans que d'aucun remords la Parque soit atteinte.
Tout ce bruit, quoique juste, au vent est répandu;
L'Enfer ne lui rend point le bien qu'elle a perdu.
On ne le peut fléchir, les cris dont il est cause
Ne font point qu'à nos yeux il rende quelque chose.
Vénus l'implore en vain par de tristes accents,
Son désespoir éclate en regrets impuissants.
Ses cheveux sont épars, ses yeux noyés de larmes,
Sous d'humides torrents ils resserrent leurs charmes,
Comme on voit au printemps les beautés du soleil
Cacher sous des vapeurs leur éclat sans pareil. . . .

Les *Animaux malades de la peste*

Un mal qui répand la terreur,
    Mal que le Ciel en sa fureur
Inventa pour punir les crimes de la terre,
La peste — puisqu'il faut l'appeler par son nom —
Capable d'enrichir en un jour l'Achéron,
    Faisait aux animaux la guerre.
Ils ne mouraient pas tous, mais tous étaient frappés:
    On n'en voyait point d'occupés

A chercher le soutien d'une mourante vie;
     Nul mets n'excitait leur envie;
     Ni loups ni renards n'épiaient
     La douce et l'innocente proie.
     Les tourterelles se fuyaient:
     Plus d'amour, partant plus de joie.
Le Lion tint conseil, et dit: 'Mes chers amis,
     Je crois que le Ciel a permis
     Pour nos péchés cette infortune.
     Que le plus coupable de nous
Se sacrifie aux traits du céleste courroux;
Peut-être il obtiendra la guérison commune.
L'histoire nous apprend qu'en de tels accidents
     On fait de pareils dévouements.
Ne nous flattons donc point: voyons sans indulgence
     L'état de notre conscience.
Pour moi, satisfaisant mes appétits gloutons,
     J'ai dévoré force moutons.
     Que m'avaient-ils fait? Nulle offense.
Même il m'est arrivé quelquefois de manger
     Le berger.
Je me dévouerai donc, s'il le faut; mais je pense
Qu'il est bon que chacun s'accuse ainsi que moi,
Car on doit souhaiter, selon toute justice,
     Que le plus coupable périsse.'
— 'Sire, dit le Renard, vous êtes trop bon roi;
Vos scrupules font voir trop de délicatesse.
Eh bien! manger moutons — canaille, sotte espèce —
Est-ce un péché? Non, non. Vous leur fîtes, Seigneur,
     En les croquant, beaucoup d'honneur;
     Et quant au berger, l'on peut dire
     Qu'il était digne de tous maux,
Etant de ces gens-là qui sur les animaux
     Se font un chimérique empire.'
Ainsi dit le Renard, et flatteurs d'applaudir.
     On n'osa trop approfondir
Du Tigre ni de l'Ours ni des autres puissances
     Les moins pardonnables offenses:
Tous les gens querelleurs, jusqu'aux simples mâtins,
Au dire de chacun, étaient de petits saints.
L'Ane vint à son tour, et dit: 'J'ai souvenance
     Qu'en un pré de moines passant,
La faim, l'occasion, l'herbe tendre, et, je pense,

Quelque diable aussi me poussant,
Je tondis de ce pré la largeur de ma langue:
Je n'en avais nul droit, puisqu'il faut parler net.'
A ces mots, on cria haro sur le baudet.
Un Loup, quelque peu clerc, prouva par sa harangue
Qu'il fallait dévouer ce maudit animal,
Ce pelé, ce galeux d'où venait tout leur mal.
Sa peccadille fut jugée un cas pendable:
Manger l'herbe d'autrui! quel crime abominable!
   Rien que la mort n'était capable
D'expier son forfait: on le lui fit bien voir.

Selon que vous serez puissant ou misérable,
Les jugements de cour vous rendront blanc ou noir.

Le Fermier, le Chien et le Renard

Le Loup et le Renard sont d'étranges voisins:
Je ne bâtirai point autour de leur demeure!
   Ce dernier guettait à toute heure
Les poules d'un fermier, et, quoique des plus fins,
Il n'avait pu donner d'atteinte à la volaille.
D'une part l'appétit, de l'autre le danger
N'étaient pas au compère un embarras léger.
   'Eh quoi! dit-il, cette canaille
   Se moque impunément de moi!
   Je vais, je viens, je me travaille,
J'imagine cent tours: le rustre en paix chez soi
Vous fait argent de tout, convertit en monnoie
Ses chapons, sa poulaille; il en a même au croc;
Et moi, maître passé, quand j'attrape un vieux coq.
   Je suis au comble de la joie.
Pourquoi sire Jupin m'a-t-il donc appelé
Au métier de renard? Je jure les puissances
De l'Olympe et du Styx, il en sera parlé.'
   Roulant en son cœur ces vengeances,
Il choisit une nuit libérale en pavots;
Chacun était plongé dans un profond repos:
Le maître du logis, les valets, le chien même,
Poules, poulets, chapons, tout dormait . . . Le fermier,
   Laissant ouvert son poulailler,
   Commit une sottise extrême.
Le voleur tourne tant qu'il entre au lieu guetté,
Le dépeuple, remplit de meurtres la cité.

Les marques de sa cruauté
Parurent avec l'aube: on vit un étalage
De corps sanglants et de carnage.
Peu s'en fallut que le soleil
Ne rebroussât d'horreur vers le manoir liquide.
Tel, et d'un spectacle pareil,
Apollon, irrité contre le fier Atride,
Joncha son camp de morts: on vit presque détruit
L'ost[1] des Grecs, et ce fut l'ouvrage d'une nuit.
Tel encore autour de sa tente
Ajax,[2] à l'âme impatiente,
De moutons et de boucs fit un vaste débris,
Croyant tuer en eux son concurrent Ulysse
Et les auteurs de l'injustice
Par qui l'autre emporta le prix.
Le Renard, autre Ajax, aux volailles funeste,
Emporte ce qu'il peut, laisse étendu le reste.
Le maître ne trouva de recours qu'à crier
Contre ses gens, son chien: c'est l'ordinaire usage.
'Ah! maudit animal qui n'es bon qu'à noyer,
Que n'avertissais-tu dès l'abord du carnage?'
— 'Que ne l'évitiez-vous? c'eût été plus tôt fait.
Si vous, maître et fermier, à qui touche le fait,
Dormez sans avoir soin que la porte soit close,
Voulez-vous que moi, chien, qui n'ai rien à la chose,
Sans aucun intérêt je perde le repos?'
Ce chien parlait très à propos;
Son raisonnement pouvait être
Fort bon dans la bouche d'un maître;
Mais, n'étant que d'un simple chien,
On trouva qu'il ne valait rien:
On vous sangla le pauvre drille.

Toi donc, qui que tu sois, ô père de famille
— Et je ne t'ai jamais envié cet honneur —
T'attendre aux yeux d'autrui quand tu dors, c'est erreur.
Couche-toi le dernier, et vois fermer ta porte.
Que si quelque affaire t'importe,
Ne la fais point par procureur.

---

[1] *ost:* host, army or camp—an intentional archaism. See *Iliad*, i.
[2] *Ajax:* see Sophocles, *Ajax*. After the death of Achilles, Ajax and Odyseus contended for his arms, which were awarded to the latter. Ajax thereupon lost his reason, and vented his fury on a flock of sheep.

Discours à Madame de la Sablière

Désormais que ma Muse, aussi bien que mes jours,
Touche de son déclin l'inévitable cours,
Et que de ma raison le flambeau va s'éteindre,
Irai-je en consumer les restes à me plaindre,
Et, prodigue d'un temps par la Parque attendu,
Le perdre à regretter celui que j'ai perdu?
Si le Ciel me réserve encor quelque étincelle
Du feu dont je brillais en ma saison nouvelle,
Je la dois employer, suffisamment instruit
Que le plus beau couchant est voisin de la nuit.
Le temps marche toujours; ni force ni prière,
Sacrifices ni vœux n'allongent la carrière:
Il faudrait ménager ce qu'on va nous ravir.
Mais qui vois-je que vous sagement s'en servir?
Si quelques uns l'ont fait, je ne suis pas du nombre;
Des solides plaisirs je n'ai suivi que l'ombre.
J'ai toujours abusé du plus cher de nos biens;
Les pensers amusants, les vagues entretiens,
Vains enfants du loisir, délices chimériques,
Les romans, et le jeu, peste des républiques,
Par qui sont dévoyés les esprits les plus droits,
Ridicule fureur qui se moque des lois,
Cent autres passions, des sages condamnées,
Ont pris comme à l'envi la fleur de mes années.
L'usage des vrais biens réparerait ces maux:
Je le sais, et je cours encore à des biens faux.
Je vois chacun me suivre: on se fait une idole
De trésors, ou de gloire, ou d'un plaisir frivole;
Tantales obstinés, nous ne portons les yeux
Que sur ce qui nous est interdit par les Cieux.
Si[1] faut-il qu'à la fin de tels pensers nous quittent:
Je ne vois plus d'instants qui ne m'en sollicitent.
Je recule, et peut-être attendrai-je trop tard,
Car qui sait les moments prescrits à son départ?
Quels qu'ils soient, ils sont courts: à quoi les emploierai-je?
Si j'étais sage, Iris — mais c'est un privilège
Que la nature accorde à bien peu d'entre nous —
Si j'avais un esprit aussi réglé que vous,
Je suivrais vos leçons au moins en quelque chose:
Les suivre en tout, c'est trop, il faut qu'on se propose

[1] *si:* yet, nevertheless

Un plan moins difficile à bien exécuter,
Un chemin dont sans crime on se puisse écarter.
Ne point errer est chose au-dessus de mes forces.
Mais aussi, de se prendre à toutes les amorces,
Pour tous les faux brillants courir et s'empresser!
— J'entends que l'on me dit: 'Quand donc veux-tu cesser?
Douze lustres et plus ont roulé sur ta vie;
De soixante soleils la course entresuivie
Ne t'a pas vu goûter un moment de repos.
Quelque part que tu sois, on voit à tous propos
L'inconstance d'une âme en ses plaisirs légère,
Inquiète, et partout hôtesse passagère.
Ta conduite et tes vers, chez toi tout s'en ressent.
On te veut là-dessus dire un mot en passant.
Tu changes tous les jours de manière et de style;
Tu cours en un moment de Térence à Virgile:
Ainsi rien de parfait n'est sorti de tes mains.
Eh bien! prends, si tu veux, encor d'autres chemins,
Invoque des neuf Sœurs la troupe tout entière,
Tente tout, au hasard de gâter la matière:
On le souffre, excepté tes Contes[1] d'autrefois.'
J'ai presque envie, Iris, de suivre cette voix;
J'en trouve l'éloquence aussi sage que forte.
Vous ne parleriez pas ni mieux ni d'autre sorte:
Serait-ce point de vous qu'elle viendrait aussi?
Je m'avoue, il est vrai, s'il faut parler ainsi,
Papillon du Parnasse, et semblable aux abeilles
A qui le bon Platon compare nos merveilles.
Je suis chose légère, et vole à tout sujet;
Je vais de fleur en fleur, et d'objet en objet;
A beaucoup de plaisirs je mêle un peu de gloire.
J'irais plus haut peut-être au temple de Mémoire
Si dans un genre seul j'avais usé mes jours.
Mais quoi! je suis volage en vers comme en amours.
En faisant mon portrait, moi-même je m'accuse,
Et ne veux point donner mes défauts pour excuse;
Je ne prétends ici que dire ingénument
L'effet bon ou mauvais de mon tempérament.
A peine la raison vint éclairer mon âme,
Que je sentis l'ardeur de ma première flamme.
Plus d'une passion a depuis dans mon cœur

---

[1] *Contes*: allusion to the libertine character of many of these poems.
The sale of the *Nouveaux Contes* was forbidden in 1675.

Exercé tous les droits d'un superbe vainqueur.
Tel que fut mon printemps, je crains que l'on ne voie
Les plus chers de mes jours aux vains désirs en proie.
Que me servent ces vers avec soin composés ?
N'en attends-je autre fruit que de les voir prisés ?
C'est peu que leurs conseils, si je ne sais les suivre,
Et qu'au moins vers ma fin je ne commence à vivre.
Car je n'ai pas vécu ; j'ai servi deux tyrans :
Un vain bruit et l'amour ont partagé mes ans.
Qu'est-ce que vivre, Iris ? Vous pouvez nous l'apprendre.
Votre réponse est prête, il me semble l'entendre :
C'est jouir des vrais biens avec tranquillité,
Faire usage du temps et de l'oisiveté,
S'acquitter des honneurs dûs à l'Etre suprême,
Renoncer aux Philis en faveur de soi-même,
Bannir le fol amour et les vœux impuissants
Comme hydres dans nos cœurs sans cesse renaissants.

JEAN REGNAULT DE SEGRAIS

Doux ruisseaux, coulez sans violence ;
Rossignols, modérez votre voix ;
Taisez-vous, zéphyrs, faites silence :
C'est Iris qui chante dans ces bois.

Je l'entends, et mon cœur qu'elle attire
La connaît à ses divins accents,
Aux transports que sa douceur m'inspire,
Mais bien mieux aux peines que je sens.

Que ses yeux ont d'attraits et de charmes !
Que mon cœur a pour eux de tourment !
J'ai payé mille fois de mes larmes
Le plaisir de les voir un moment.

PAUL PELLISSON[1]

Ode durant le grand vent à la Bastille

Vous ne battez que ma prison,
Rudes vents, terribles orages,
Quand sur la mer avec raison
On craint les plus cruels naufrages.

Tu me l'apprends, céleste foi
Dont l'ardeur m'élève et m'enflamme:
Ce faible corps n'est pas à moi,
C'est la demeure de mon âme.

Qu'un autre avec quelque raison
Craigne les plus cruels naufrages:
Vous ne battez que ma prison,
Rudes vents, terribles orages.

JACQUES CASSAGNES

Roses, en qui je vois paraître
Un éclat si vif et si doux,
Vous mourrez bientôt: mais peut-être
Je dois mourir plus tôt que vous.

La mort que mon âme redoute
Peut m'arriver incessamment:
Vous mourrez en un jour, sans doute,
Et moi peut-être en un moment.

FRANÇOIS MALAVAL

Dieu, qu'est-ce que l'amour? — c'est une noble flamme
Qui peut brûler toujours sans jamais consumer;
C'est le transport secret, c'est la pente de l'âme
Qui par son propre poids dans Dieu va s'abîmer. . . .

(Caractère de l'Amour divin)

---

[1] *Pellisson:* imprisoned in the Bastille after the disgrace of his patron
Fouquet in 1661. He was not released till 1666.

Toi qui pour trouver Dieu, qui remplit tout le monde,
Traverses en esprit le ciel, la terre et l'onde,
Et promènes tes sens par les êtres divers,
Ne le cherche qu'en toi: dans ton âme il réside.
Ecarte les brouillards dont tes yeux sont couverts:
Dieu t'anime, t'émeut, te conserve et te guide.

Tout Dieu, tout ce qu'il est en sa grandeur immense,
Tout ce qu'enferme en soi son ineffable essence,
Se trouve dans ton cœur, le Ciel n'a rien de plus.
Là Dieu produit son Fils, tous deux l'Amour suprême;
Là Dieu régit le monde et ses divers reflux.
Ne le cherche donc plus ailleurs que dans toi-même;
Ne prends point pour le voir ou d'idée ou d'image:
A cet Etre parfait rends un parfait hommage.
Il est Dieu: ce nom seul comprend tout par la foi;
En croyant, tu le vois sans ombre et sans mélange,
Tel qu'il est en lui-même et tel qu'il est en toi.
Toute comparaison le déguise et le change. . . .
Mais Dieu n'est pas en nous: c'est en Dieu que nous sommes.
Produisît-il sans fin des anges et des hommes,
Tout ne serait qu'un point, à Dieu se comparant:
Comme dans l'océan nage une frêle éponge,
Comme autour du soleil court un atome errant,
Dans cette immensité toute essence se plonge. . . .

(Les deux Présences de Dieu)

L'homme n'a rien du temps que l'instant qu'il possède.
Quand le temps est perdu, sa perte est sans remède:
Après tant d'embarras, tant de peine et de bruit,
On se trouve à la fin et sans temps et sans fruit.
Chacun se donne en proie au siècle qui l'entraîne,
Au plaisir qui l'amuse, au dessein qui le gêne,
Et, comme s'il régnait une fatale loi,
Chacun fait ce qu'il peut pour n'être point à soi.
Homme trop partagé, possède-toi toi-même:
Fais servir tout le temps à ton bonheur suprême.
Chaque instant recueilli te vaut l'éternité:
Ne perds pas tant de biens après la vanité.
N'attends pas à demain, prends pour toi la journée:
Celle que l'on possède est la plus fortunée.
Le présent te regarde et non pas l'avenir:
Ne laisse point couler ce que tu peux tenir. . . .

De notre illusion l'oubli du temps dérive.
De nos sens enchantés la fausse perspective
Nous montre de bien loin la mort et le tombeau,
Et l'homme après un siècle à mourir est nouveau.
Ainsi, perdant les jours et comptant les années,
Cent ans dans son erreur ne sont que cent journées.
Le temps pousse le temps d'un insensible effort,
Et vivre, c'est toujours s'approcher de la mort. . . .
Chaque ami sans remords nous dépouille et nous vole;
Il nous ravit le temps, comme un loisir frivole.
Si quelqu'un nous emprunte, il croit s'être engagé:
Nul du temps qu'il nous prend ne s'estime chargé.
Dieu seul qui fit le temps, quand on gagne sa grâce
Par des biens infinis notre perte surpasse.
Perdre un temps précieux, c'est au siècle un malheur:
Dieu par le repentir répare sa valeur.
Un jour auprès de lui rétablit cent années;
Les heures sous sa loi sont toutes fortunées.
Sa voix qui suspendit la course du soleil
Sait prolonger nos jours par un don sans pareil:
L'éternité céleste en un point se ramasse,
Et tout le temps épars se rencontre en la grâce!
Le méchant ne vit point, il dure seulement;
Le juste vit beaucoup, n'eût-il Dieu qu'un moment.
Comme la grâce au juste est une autre naissance,
Le temps semble renaître avec son innocence;
Son regret détruisant tous ses maux à la fois,
Dieu l'aide à réparer le nombre par le poids.
Tout le temps se mesure au mouvement céleste:
Le Moteur souverain pèse le temps qu'il reste,
Et faisant la mesure, il la comble à plaisir,
Remplissant tout le vide au delà du désir. . . .

(L'Usage du Temps)

La Solitude intérieure

Sombre désert où Dieu seul fait la nuit,
    Règne de paix et de silence,
Un cœur brûlant que le monde poursuit
A su pour te trouver se faire violence.
Comme au sein de l'amour j'ose ici recourir:
C'est ici qu'on sait vivre, ici qu'on sait mourir.

Centre de Dieu qui veut parler au cœur,
Vrai sanctuaire de la grâce
Où l'ennemi perd toute sa vigueur,
Où l'on contemple Dieu sans que rien embarrasse:
Que l'esprit est heureux quand il habite en soi,
Paradis de la terre, asile de la foi.

Mes passions, mes sens, obéissez:
Je n'ai qu'un amour et qu'un maître.
Dans ce désert où vous vous enfoncez,
Il ne faut rien porter, et ne vous rien promettre.
L'Epoux ne veut ni bruit, ni commerce, ni soin:
Venez lui rendre hommage, ou ne paraissez point.

Le Sommeil de l'Epouse

Depuis longtemps je suis ensevelie
Dans un sommeil très profond et très fort
Où la nature à la grâce s'allie,
Où mon cœur veille et mon esprit s'endort.
Je suis tranquille au bruit,
Pleine en la solitude,
Eclairée en ma nuit:
O quiétude!

Si je gémis, si je plains ou soupire,
C'est un élan, ce n'est pas un regret,
C'est mon amour qui doucement respire
Pour exhaler au Ciel son feu secret.
Dans ce même moment
En Dieu je me relance,
Trouvant mon élément
Dans mon silence. . . .

NICOLAS BOILEAU(-DESPRÉAUX)

.   .   .   .

C'est là de tous nos maux le fatal fondement:
Des jugements d'autrui nous tremblons follement,
Et chacun l'un de l'autre adorant les caprices,
Nous cherchons hors de nous nos vertus et nos vices.
Misérables jouets de notre vanité,

Faisons au moins l'aveu de notre infirmité.
A quoi bon, quand la fièvre en nos artères brûle,
Faire de notre mal un secret ridicule?
Le feu sort de vos yeux, pétillants et troublés,
Votre pouls inégal marche à pas redoublés:
Quelle fausse pudeur à feindre vous oblige?
— 'Qu'avez-vous?' — 'Je n'ai rien.' — 'Mais . . .' —
          'Je n'ai rien, vous dis-je,'
Répondra ce malade à se taire obstiné.
Mais cependant voilà tout son corps gangrené,
Et la fièvre demain se rendant la plus forte,
Un bénitier aux pieds va l'étendre à la porte.
Prévenons sagement un si juste malheur:
Le jour fatal est proche, et vient comme un voleur.
Avant qu'à nos erreurs le Ciel nous abandonne,
Profitons de l'instant que sa grâce nous donne.
Hâtons-nous! le temps fuit et nous traîne avec soi:
Le moment où je parle est déjà loin de moi. . . .

(Epître III)

.   .   .   .   .   .

Sais-tu pourquoi mes vers sont lus dans les provinces?
Sont recherchés du peuple et reçus chez les Princes?
Ce n'est pas que leurs sons, agréables, nombreux,
Soient toujours à l'oreille également heureux,
Qu'en plus d'un lieu le sens n'y gêne la mesure,
Et qu'un mot quelquefois n'y brave la césure.
Mais c'est qu'en eux le vrai, du mensonge vainqueur,
Partout se montre aux yeux et va saisir le cœur;
Que le bien et le mal y sont prisés au juste,
Que jamais un faquin n'y tint un rang auguste,
Et que mon cœur, toujours conduisant mon esprit,
Ne dit rien aux lecteurs qu'à soi-même il n'ait dit;
Ma pensée au grand jour partout s'offre et s'expose,
Et mon vers, bien ou mal, dit toujours quelque chose.
C'est par là quelquefois que ma rime surprend;
C'est là ce que n'ont point Jonas[1] ni Childebrand,[2]
Ni tous ces vains amas de frivoles sornettes,
Montre, Miroir d'Amours, Amitiés, Amourettes,[3]

[1] *Jonas:* heroic poem by Coras (1662)
[2] *Childebrand:* heroic poem by Carel de Sainte-Garde (1666)
[3] *Montres, Miroirs, Amitiés, Amourettes:* cf. *La Montre d'amour*, by
B. de Bonnecorse; *Le Miroir d'amour*, by Ch. Perrault; *Amitiés, amours
et amourettes*, by R. le Pays

Dont le titre souvent est l'unique soutien,
Et qui, parlant beaucoup, ne disent jamais rien.
    Mais, peut-être, enivré des vapeurs de ma Muse,
Moi-même en ma faveur, Seignelay,[1] je m'abuse.
Cessons de nous flatter: il n'est esprit si droit
Qui ne soit imposteur et faux par quelque endroit;
Sans cesse on prend le masque, et, quittant la nature,
On craint de se montrer sous sa propre figure.
Par là le plus sincère assez souvent déplaît;
Rarement un esprit ose être ce qu'il est. . . .
La simplicité plaît sans étude et sans art:
Tout charme en un enfant, dont la langue sans fard,
A peine du filet encor débarrassée,
Sait d'un air innocent bégayer sa pensée.
Le faux est toujours fade, ennuyeux, languissant,
Mais la nature est vraie, et d'abord on la sent.
C'est elle seule en tout qu'on admire et qu'on aime:
Un esprit né chagrin plaît par son chagrin même.
Chacun pris dans son air est agréable en soi:
Ce n'est que l'air d'autrui qui peut déplaire en moi. . . .
Voulant se redresser, soi-même on s'estropie,
Et d'un original on fait une copie.
L'ignorance vaut mieux qu'un savoir affecté;
Rien n'est beau, je reviens, que par la vérité.
C'est par elle qu'on plaît, et qu'on peut longtemps plaire;
L'esprit lasse aisément, si le cœur n'est sincère. . . .

(Epître IX)

A mon Jardinier (Epître XI)

Laborieux valet du plus commode maître
Qui pour te rendre heureux ici-bas pouvait naître,
Antoine, gouverneur de mon jardin d'Auteuil,
Qui diriges chez moi l'if et le chèvrefeuil,
Et sur mes espaliers, industrieux génie,
Sais si bien exercer l'art de La Quintinie,[2]
Oh! que de mon esprit triste et mal ordonné,
Ainsi que de ce champ par toi si bien orné,
Ne puis-je faire ôter les ronces, les épines,
Et des défauts sans nombre arracher les racines?
Mais parle: raisonnons. Quand, du matin au soir,
Chez moi poussant la bêche, ou portant l'arrosoir,

---

[1] *Seignelay:* son of Colbert, Secretary of State
[2] *La Quintinie:* Jean de La Quintinie (1626-84), superintendent of the royal fruit and vegetable gardens

Tu fais d'un sable aride une terre fertile
Et rends tout mon jardin à tes lois si docile,
Que dis-tu de me voir rêveur, capricieux,
Tantôt baissant le front, tantôt levant les yeux,
De paroles dans l'air par élans envolées
Effrayer les oiseaux perchés dans mes allées?
Ne soupçonnes-tu point qu'agité du démon
Ainsi que ce cousin des quatre fils Aymon,[1]
Dont tu lis quelquefois la merveilleuse histoire,
Je rumine en marchant quelque endroit du grimoire?
Mais non: tu te souviens qu'au village on t'a dit
Que ton maître est nommé pour coucher par écrit
Les faits d'un Roi plus grand en sagesse, en vaillance,
Que Charlemagne aidé des douze pairs de France;
Tu crois qu'il y travaille, et qu'au long de ce mur
Peut-être en ce moment il prend Mons et Namur.[2]

Que penserais-tu donc si l'on t'allait apprendre
Que ce grand chroniqueur des gestes d'Alexandre,
Aujourd'hui méditant un projet tout nouveau,
S'agite, se démène, et s'use le cerveau
Pour te faire à toi-même, en rimes insensées,
Un bizarre portrait de ses folles pensées?
'Mon maître, dirais-tu, passe pour un docteur,
Et parle quelquefois mieux qu'un prédicateur;
Sous ces arbres pourtant de si vaines sornettes
Il n'aurait point troublé la paix de ces fauvettes,
S'il lui fallait toujours, comme moi, s'exercer,
Labourer, couper, tondre, aplanir, palisser,
Et dans l'eau de ces puits sans cesse tirée
De ce sable étancher la soif démesurée.'

Antoine, de nous deux, tu crois donc, je le voi,
Que le plus occupé dans ce jardin, c'est toi.
O que tu changerais d'avis et de langage
Si deux jours seulement, libre du jardinage,
Tout à coup devenu poète et bel esprit,
Tu t'allais engager à polir un écrit
Qui dît, sans s'avilir, les plus petites choses,
Fît des plus secs chardons des œillets et des roses,

[1] *quatre fils Aymon:* the tale of the *Quatre fils (d')Aymon,* derived from *Renaud de Montauban,* one of the *chansons de geste,* remained current until modern times among the countryfolk

[2] *Mons, Namur:* captured by Louis XIV in 1691 and 1692 respectively. Boileau had been appointed with Racine Historiographer to the King.

NICOLAS BOILEAU(-DESPRÉAUX)

Et sût même au discours de la rusticité
Donner de l'élégance et de la dignité;
Un ouvrage en un mot qui, juste en tous ses termes,
Sût plaire à d'Aguesseau,[1] sût satisfaire Termes,[2]
Sût, dis-je, contenter, en paraissant au jour,
Ce qu'ont d'esprits plus fins et la Ville et la Cour!
Bientôt de ce travail revenu sec et pâle,
Et le teint plus jauni que de vingt ans de hâle,
Tu dirais, reprenant ta pelle et ton rateau:
'J'aime mieux mettre encor cent arpents au niveau
Que d'aller follement, égaré dans les nues,
Me lasser à chercher des visions cornues,
Et, pour lier des mots si mal s'entr'accordants,
Prendre dans ce jardin la lune avec les dents.'
      Approche donc, et viens, qu'un paresseux t'apprenne,
Antoine, ce que c'est que fatigue et que peine.
L'homme ici-bas, toujours inquiet et gêné,
Est dans le repos même au travail condamné.
La fatigue l'y suit. C'est en vain qu'aux poètes
Les neuf trompeuses Sœurs, dans leurs douces retraites,
Promettent du repos sous leurs ombrages frais
Dans ces tranquilles bois pour eux plantés exprès.
La cadence aussitôt, la rime, la césure,
La riche expression, la nombreuse mesure,
Sorcières dont l'amour sait d'abord les charmer,
De fatigues sans fin viennent les consumer;
Sans cesse poursuivant ces fugitives fées,
On voit sous les lauriers haleter les Orphées;
Leur esprit toutefois se plaît dans son tourment,
Et se fait de sa peine un noble amusement.
Mais je ne trouve point de fatigue si rude
Que l'ennuyeux loisir d'un mortel sans étude,
Qui, jamais ne sortant de sa stupidïté,
Soutient dans les langueurs de son oisiveté,
D'une lâche indolence esclave volontaire,
Le pénible fardeau de n'avoir rien à faire.
Vainement, offusqué de ses pensers épais,
Loin du trouble et du bruit il croit trouver la paix;
Dans le calme odieux de sa sombre paresse,
Tous les honteux plaisirs, enfants de la mollesse,

---

[1] *d'Aguesseau:* Henri-François d'Aguesseau (1668-1751), future
Chancellor of France
[2] *Termes:* Roger de Gondrin, marquis de Termes, d. 1704

Usurpant sur son âme un absolu pouvoir,
De monstrueux désirs le viennent émouvoir,
Irritent de ses sens la fureur endormie,
Et le font le jouet de leur triste infamie.
Puis, sur leurs pas soudain arrivent les remords,
Et bientôt avec eux tous les fléaux du corps:
La pierre, la colique et les gouttes cruelles;
Guénaud, Rainssant, Brayer,[1] presque aussi tristes qu'elles,
Chez l'indigne mortel courent tous s'assembler,
De travaux douloureux le viennent accabler,
Sur le duvet d'un lit, théâtre de ses gênes,
Lui font scier des rocs, lui font fendre des chênes,
Et le mettent au point d'envier ton emploi.
Reconnais donc, Antoine, et conclus avec moi
Que la pauvreté mâle, active et vigilante,
Est, parmi les travaux, moins lasse et plus contente
Que la richesse oisive au sein des voluptés.
      Je te vais sur cela prouver deux vérités:
L'une, que le travail, aux hommes nécessaire,
Fait leur félicité plutôt que leur misère;
Et l'autre, qu'il n'est point de coupable en repos.
C'est ce qu'il faut ici montrer en peu de mots.
Suis-moi donc... Mais je vois, sur ce début de prône,
Que ta bouche déjà s'ouvre large d'une aune,
Et que, les yeux fermés, tu baisses le menton:
Ma foi, le plus sûr est de finir ce sermon.
Aussi bien j'aperçois ces melons qui t'attendent,
Et ces fleurs qui là-bas entre elles se demandent
S'il est fête au village, et pour quel saint nouveau
On les laisse aujourd'hui si longtemps manquer d'eau.

ANTOINETTE DU LIGIER DE LA GARDE, MADAME DESHOULIÈRES

Les Moutons

Hélas! petits moutons, que vous êtes heureux!
Vous paissez dans nos champs sans souci, sans alarmes.
      Aussitôt aimés qu'amoureux,
On ne vous force point à répandre des larmes;
Vous ne formez jamais d'inutiles désirs.
Dans vos tranquilles cœurs l'amour suit la nature;

---

[1] *Guénaud, Rainssant, Brayer:* Parisian doctors, all dead before the poem was published

Sans ressentir ses maux vous avez ses plaisirs.
L'ambition, l'honneur, l'intérêt, l'imposture,
 Qui font tant de maux parmi nous,
 Ne se rencontrent point chez vous.
Cependant nous avons la raison pour partage,
 Et vous en ignorez l'usage.
Innocents animaux, n'en soyez point jaloux!
 Ce n'est pas un grand avantage.
Cette fière raison dont on fait tant de bruit,
Contre les passions n'est pas un sûr remède.
Un peu de vin la trouble, un enfant la séduit;
Et déchirer un cœur qui l'appelle à son aide,
 Est tout l'effet qu'elle produit.
 Toujours impuissante et sévère,
Elle s'oppose à tout, et ne surmonte rien.
 Sous la garde de votre chien
Vous devez beaucoup moins redouter la colère
 Des loups cruels et ravissants
Que, sous l'autorité d'une telle chimère,
 Nous ne devons craindre nos sens.
Ne vaudrait-il pas mieux vivre comme vous faites
 Dans une douce oisiveté?
Ne vaudrait-il pas mieux être, comme vous êtes,
 Dans une heureuse obscurité,
 Que d'avoir, sans tranquillité,
 Des richesses, de la naissance,
 De l'esprit et de la beauté?
Ces prétendus trésors dont on fait vanité
 Valent moins que votre indolence.
Ils nous livrent sans cesse à des soins criminels;
 Par eux plus d'un remords nous ronge.
 Nous voulons les rendre éternels,
Sans songer qu'eux et nous passerons comme un songe.
 Il n'est dans ce vaste univers
 Rien d'assuré, rien de solide;
Des choses ici-bas la Fortune décide
 Selon ces caprices divers.
 Tout l'effort de notre prudence
Ne peut nous dérober au moindre de ses coups.
Paissez, moutons, paissez sans règle et sans science:
 Malgré la trompeuse apparence,
Vous êtes plus heureux et plus sages que nous.

JEAN RACINE

Quel charme vainqueur du monde
Vers Dieu m'élève aujourd'hui?
Malheureux l'homme qui fonde
Sur les hommes son appui!
Leur gloire fuit et s'efface
En moins de temps que la trace
Du vaisseau qui fend les mers,
Ou de la flèche rapide
Qui loin de l'œil qui la guide
Cherche l'oiseau dans les airs.

De la Sagesse immortelle
La voix tonne et nous instruit:
'Enfants des hommes, dit-elle,
De vos soins quel est le fruit?
Par quelle erreur, âmes vaines,
Du plus pur sang de vos veines
Achetez-vous si souvent
Non un pain qui vous repaisse,
Mais une ombre qui vous laisse
Plus affamés que devant?

Le pain que je vous propose
Sert aux anges d'aliment;
Dieu lui-même le compose
De la fleur de son froment.
C'est ce pain si délectable
Que ne sert point à sa table
Le monde que vous suivez.
Je l'offre à qui me veut suivre:
Approchez! voulez-vous vivre?
Prenez, mangez, et vivez!'

O Sagesse, ta parole
Fit éclore l'univers,
Posa sur un double pôle
La terre au milieu des mers.
Tu dis, et les cieux parurent,
Et tous les astres coururent

Dans leur ordre se placer.
Avant les siècles tu règnes,
Et qui suis-je, que tu daignes
Jusqu'à moi te rabaisser?

Le Verbe, image du Père,
Laissa son trône éternel,
Et d'une mortelle mère
Voulut naître homme et mortel.
Comme l'orgueil fut le crime
Dont il naissait la victime,
Il dépouilla sa splendeur,
Et vint pauvre et misérable
Apprendre à l'homme coupable
Sa véritable grandeur.

L'âme heureusement captive
Sous ton joug trouve la paix,
Et s'abreuve d'une eau vive
Qui ne s'épuise jamais.
Chacun peut boire en cette onde,
Elle invite tout le monde;
Mais nous courons follement
Chercher des sources bourbeuses,
Ou des citernes trompeuses
D'où l'eau fuit à tout moment.

GUILLAUME AMFRIE DE CHAULIEU

Apologie de l'Inconstance

Loin de la route ordinaire
Et du pays des romans,
Je chante, aux bords de Cythère,
Les seuls volages amants,
Et viens, plein de confiance,
Annoncer la vérité
Des charmes de l'inconstance
Et de l'infidélité.

Fuyez donc, pasteurs fidèles
Qui sur le ton langoureux

Verrez radoter vos belles,
Plus indolents qu'amoureux.
Venez, troupe libertine
De friponnes, de fripons,
A ma lyre qui badine
Inspirer de nouveaux sons.

Vous seuls faites la puissance
De l'empire de l'Amour;
Sans vous bientôt la constance
Aurait dépeuplé sa cour,
Et si la friponnerie
N'y mêlait son enjoûment,
Dans peu la galanterie
Deviendrait un sacrement.

Que servirait l'art de plaire
Sans le plaisir de changer?
Et que peut-on dire ou faire
Toujours au même berger?
Pour les beautés infidèles
Est fait le don de charmer,
Et ce ne fut que pour elles
Qu'Ovide fit l'*Art d'aimer*.

Lorsque l'on voit Cythérée
Des voûtes du firmament
Sortir brillante et parée,
Est-ce pour Mars seulement?
— Non: la volage Déesse,
Lasse des amours des Dieux,
Cherche en l'ardeur qui la presse
Adonis en ces bas lieux.

Si Nature, mère sage
De tous ces êtres divers,
Dans ses goûts n'était volage,
Que deviendrait l'univers?
La plus tendre tourterelle
Change d'amour en un an,
Et le coq le plus fidèle
De cent poules est l'amant.

La beauté qui vous fit naître,
Amour, passe en un moment:
Pourquoi voudriez-vous être
Moins sujet au changement?
C'est souhaiter que la rose
Ait, pendant tout un été,
De l'instant qu'elle est éclose
La fraîcheur et la beauté.

Un arc, des traits et des ailes,
Qu'on t'a donnés sagement,
Du dieu des amours nouvelles
Sont le fatal ornement.
Qui, voyant cet équipage,
Ne croira facilement
Qu'il ne faut pas qu'on s'engage
D'aimer éternellement?

Aimons donc, changeons sans cesse;
Chaque jour de nouveaux désirs!
C'est assez que la tendresse
Dure autant que les plaisirs.
Dieux! ce soir qu'Iris est belle!
Son cœur, dit-elle, est à moi:
Passons la nuit avec elle,
Mais comptons peu sur sa foi.

PHILIPPE-JULIEN-MANCINI-MAZARIN
DUC DE NEVERS

.   .   .   .   .

C'est par un long travail et d'assidus efforts,
Par des afflictions et des peines mortelles
Qu'on laboure de l'âme, à la sueur du corps,
    Les terres spirituelles.
Le céleste élixir puisé dans l'oraison
Inonde tous les sens avec tant d'abondance
Qu'il pénètre le corps, et par son influence
Lave l'impureté de son premier limon.
Cette terre arrosée avec tant de largesse
Ne craint plus des saisons la dure sécheresse.
Alors l'Amour divin dans un creuset sacré
    Met cette matière et l'affine;

Son feu circule autour, l'élève à tel degré,
   Qu'elle se change en essence divine.
O céleste chimie! ô transmutation
Qui de l'Ame et de Dieu fait l'étroite union!
     Ainsi que deux cires fondues
     L'une dans l'autre pénétrant
     Leurs natures sont confondues.
Quel excès de douceur et de suavité
Quand de Jésus mourant notre âme est enflammée,
Que dans le doux transport de sa félicité,
    En son amour, en sa croix transformée,
    Se dilatant, elle est toute abîmée
    Dans des torrents de voluptés!
Ah grand Dieu! c'est alors que mourante et pâmée,
En rompant ses liens quand vous la ravissez,
On l'entend s'écrier: 'Ah, Seigneur, c'est assez!...'
                (*Epître à l'Abbé de la Trappe*)

ANTOINE BAUDERON, *dit* SÉNECÉ

Amis, ne cherchons point dans la philosophie
De quoi nous consoler de nos plaisirs perdus:
    Malheur à l'esprit qui s'y fie!
Et c'est le vrai chemin de consumer sa vie
En soupirs éternels et regrets assidus.
Aux volontés du sort pour ajuster la nôtre,
De ce qu'il nous refuse étouffons le désir:
Rien ne fait oublier l'absence d'un plaisir
    Comme la présence d'un autre.

ANTOINE D'HAMILTON

   Pour bien rimer stances, sonnets, rondeaux,
Bouquets galants, portraits ou madrigaux,
Pas n'est besoin de monter sur Pégase,
Ni que le Dieu qu'on peint en barbe rase[1]
Soit invoqué pour tels menus propos.
   Tendre berger qui sur ses chalumeaux
Chante sa belle en gardant ses troupeaux,
Doit au sujet accommoder la phrase
    Pour bien rimer.

[1] *le Dieu qu'on peint en barbe rase:* Apollo

De ce qu'on aime il faut, dans les tableaux,
Que tout soit elle en traits originaux.
Pour la louer, point de fard, point d'emphase.
Mais bien faut-il qu'un peu de tendre extase
En sa faveur offre des tours nouveaux,
    Pour bien rimer.

JEANNE-MARIE BOUVIER DE LA MOTTE, MADAME GUYON

Pour contempler l'essence nue,
Il faut la nue et pure foi:
Lorsqu'en Dieu l'âme est parvenue,
Il ne reste plus rien du moi.

Si je me faisais quelque forme,
Si je me figure un objet,
Je rends mon Dieu semblable à l'homme
Et me trompe dans mon sujet. . . .

Lorsque l'âme est redevenue
Simple comme un petit enfant,
C'est alors que l'Essence nue
Est sa force et son aliment.

Divin moteur de toute chose,
Principe de la vérité,
Qu'en toi seul mon esprit repose,
Et s'abîme en l'immensité. . . .

Là, transporté hors de soi-même,
On entre en un pays nouveau,
Où Dieu qu'on adore et qu'on aime
Sert de sépulcre et de berceau.

Là, les puissances suspendues,
Sans discerner ni mal ni bien,
Là, les âmes en Dieu perdues
Ne voient plus même leur rien.

Là, l'on vit et l'on meurt sans cesse,
On trouve la vie en la mort;
La douleur devient allégresse:
Si je disais tout, j'aurais tort. . . .

O rayon ténébreux d'une immense clarté !
O nuit ! ô torrent de lumière,
Pur amour, simple vérité,
Source de bien, cause première !

Doux centre du repos, céleste volupté,
Sacré monument de la gloire,
Doux nœud d'une pure unité,
Absorbement de la mémoire !

Auguste majesté, chaste et sublime amour,
Charité pure essentielle,
Nuit plus brillante que le jour,
Ta clarté devient éternelle !...

Nul objet singulier, un abîme profond
Environne toute notre âme :
Ce qui la perd et la confond,
C'est une mer toute de flamme....

CHARLES RIVIÈRE-DUFRESNY

Les Lendemains

Philis, plus avare que tendre,
Ne gagnant rien à refuser,
Un jour, exigea de Silvandre
Trente moutons pour un baiser.

Le lendemain, seconde affaire —
Pour le berger le troc fut bon :
Il exigea de la bergère
Trente baisers pour un mouton.

Le lendemain, Philis, plus tendre,
Craignant de moins plaire au berger,
Fut trop heureuse de lui rendre
Tous les moutons pour un baiser.

Le lendemain, Philis, peu sage,
Voulut donner moutons et chien
Pour un baiser que le volage
A Lisette donna pour rien.

JEAN-BAPTISTE ROUSSEAU

Tel que le vieux pasteur des troupeaux de Neptune,
Protée, à qui le Ciel, père de la Fortune,
    Ne cache aucuns secrets,
Sous diverse figure: arbre, flamme, fontaine,
S'efforce d'échapper à la vue incertaine
    Des mortels indiscrets;

Ou tel que d'Apollon le ministre terrible,[1]
Impatient du Dieu dont le souffle invincible
    Agite tous ses sens,
Le regard furieux, la tête échevelée,
Du temple fait mugir la demeure ébranlée
    Par ses cris impuissants:

Tel, aux premiers accès d'une sainte manie,
Mon esprit alarmé redoute du génie
    L'assaut victorieux:
Il s'étonne, il combat l'ardeur qui le possède,
Et voudrait secouer du démon qui l'obsède
    Le joug impérieux.

Mais sitôt que, cédant à la fureur divine,
Il reconnaît enfin du Dieu qui le domine
    Les souveraines lois,
Alors, tout pénétré de sa vertu suprême,
Ce n'est plus un mortel, c'est Apollon lui-même
    Qui parle par ma voix!...

                        (Ode au comte de Luc)

ANTOINE HOUDAR DE LA MOTTE

    Les vers sont un art difficile,
    Fait pour plaire et pour émouvoir;
    Mais c'est un travail puérile
    Que d'en décrier le pouvoir.
    O que j'ai pitié du faux sage
Qui ne voit dans les vers qu'un abus du langage,
    Dont la seule difficulté
Usurpe sur l'esprit les droits de la beauté!

[1] *d'Apollon le ministre terrible:* the Delphic oracle

'Donnons un noble essor à l'aimable nature:
Pourquoi donc la gêner, dit-on?
Les vers la tiennent en prison,
Et les rimes et la mesure
Sont des chaînes pour la raison.'
Non; quand elle obéit aux vrais fils d'Apollon,
Jamais de ses liens la raison ne murmure:
Sa chaîne même est sa parure.

~·~

. . . Pardonne, Polymnie.[1] Je ne désavoue pas tes bien-
faits; et je connais encore tous tes charmes. Je sais combien
tu plais par les difficultés mêmes que tu surmontes; que tu
joins à l'effet naturel d'une pensée raisonnable, l'admiration
de te la voir rendre avec succès, malgré les obstacles. Je
sais que quelquefois le génie, heureusement forcé par
l'inflexibilité de tes lois, découvre des trésors qu'il n'eût pas
cherchés, s'il eût trouvé le chemin ouvert à ses premières
saillies. Je connais l'empire que l'habitude t'a acquis sur
l'oreille, et les obligations que t'a la mémoire, à qui tu prêtes,
comme des époques secourables, la symétrie de tes mesures
et le mariage des mêmes sons; mais laisse-le-moi dire,
puisque la vérité m'y force: tu ne saurais jamais commander
au discours aussi souverainement que la libre Eloquence.

(from an *Ode en prose*)

ALEXIS PIRON

.   .   .   .   .

Funeste et vrai tableau du siècle que je quitte!
Tout y pense, y raisonne, y parle en sybarite.
Je n'y vois toutefois que dégoûts et qu'ennui:
Le sybarite baîlle, et je baîlle avec lui.
Faut-il être surpris de cette léthargie?
Le plaisir sans obstacle est bientôt sans magie,
Et sans elle, en amour, point de félicité!
Sans elle, l'essai touche à la satiété.
Aimer, plaire et jouir, c'est tout votre système:
Système vraiment sage, et la sagesse même,
N'était que vous voulez, et voulez vainement,

[1] *Polymnie:* the Muse of lyric poetry

Faire de ces trois points l'ouvrage d'un moment,
Moment qui vous plongeât dans ces torrents de joie
Où le cœur amoureux se dilate et se noie,
Et qui, vous replongeant de plaisirs en plaisirs,
Accrût, perpetuât, et comblât vos désirs. . . .

(Le Salon)

Conte épigrammatique

Un financier, près de sa fin,
Demandait pardon de sa vie.
'Allez, dit Père Passefin,
Je vous la promets impunie,
Pourvu qu'à notre Compagnie
Leguiez vos biens par testament.'
Le notaire entre en ce moment,
Le legs se fait: du misérable
Les biens allèrent au couvent,
Le corps en terre, et l'âme au diable.

CHARLES-FRANÇOIS PANARD

Ce que dans le monde on appelle
Un agréable libertin
Nous paraît un homme divin
Qui dans l'art d'amuser excelle.
Toujours riant, chantant, un enjouement sans fin
Le fait passer pour le modèle
Du plus agréable destin.
Dans la mousse du vin d'Aï[1]
Il puise un essaim de saillies
Dont tout le cercle est réjoui.
Chacun est enchanté du plaisir qu'il fait naître.
Dans ses propos, où la gaîté
Triomphe avec la liberté,
Tout est feu, pétard et salpêtre.
Mais, s'abandonnant trop à ses fougueux transports,
Donnant dans tout, courant sans cesse
De sa bouteille à sa maîtresse,

[1] *vin d'Aï:* champagne

Il s'use en peu de temps l'esprit comme le corps,
    Et bientôt cette double ivresse
    Le dépêche au pays des morts.
    Je le compare à la fusée
Qu'on voit, par la vertu de la poudre embrasée,
    Dans l'air à grand bruit s'élever,
    Mais qui tout d'un coup est usée,
    Et brille un instant pour crever.

FRANÇOIS-MARIE AROUET,
dit DE VOLTAIRE

Le *Mondain*

Regrettera qui veut le bon vieux temps,
Et l'âge d'or et le règne d'Astrée,[1]
Et les beaux jours de Saturne et de Rhée,[2]
Et le jardin de nos premiers parents.
Moi, je rends grâce à la nature sage,
Qui pour mon bien m'a fait naître en cet âge
Tant décrié par nos tristes frondeurs.
Ce temps profane est tout fait pour mes mœurs.
J'aime le luxe, et même la mollesse,
Tous les plaisirs, les arts de toute espèce,
La propreté, le goût, les ornements:
Tout honnête homme a de tels sentiments.
Il est bien doux pour mon cœur très immonde
De voir ici l'abondance à la ronde,
Mère des arts et des heureux travaux,
Nous apporter, de sa source féconde,
Et des besoins et des plaisirs nouveaux.
L'or de la terre et les trésors de l'onde,
Leurs habitants et les peuples de l'air,
Tout sert au luxe, aux plaisirs de ce monde.
O le bon temps que ce siècle de fer!
Le superflu, chose très nécessaire,
A réuni l'un et l'autre hémisphère.
Voyez-vous pas ces agiles vaisseaux
Qui, du Texel, de Londres, de Bordeaux,

[1] *Astrée:* Astraea, who lived on earth in the Golden Age, but later
    withdrew to the heavens (the constellation Virgo)
[2] *Saturne, Rhée:* said to have been King and Queen in the Golden Age

S'en vont chercher, par un heureux échange,
De nouveaux biens nés aux sources du Gange,
Tandis qu'au loin, vainqueurs des musulmans,
Nos vins de France enivrent les sultans?
Quand la nature était dans son enfance,
Nos bons aïeux vivaient dans l'ignorance,
Ne connaissant ni le *tien* ni le *mien*.
Qu'auraient-ils pu connaître? — ils n'avaient rien,
Ils étaient nus; et c'est chose très claire
Que qui n'a rien n'a nul partage à faire.
Sobres étaient. Ah! je le crois encor:
Martialo[1] n'est point du siècle d'or.
D'un bon vin frais ou la mousse ou la sève
Ne gratta point le triste gosier d'Eve;
La soie et l'or ne brillaient point chez eux.
Admirez-vous pour cela nos aïeux?
Il leur manquait l'industrie et l'aisance:
Est-ce vertu? c'était pure ignorance.
Quel idiot, s'il avait eu pour lors
Quelque bon lit, aurait couché dehors?
Mon cher Adam, mon gourmand, mon bon père,
Que faisais-tu dans les jardins d'Eden?
Travaillais-tu pour ce sot genre humain?
Caressais-tu madame Eve, ma mère?
Avouez-moi que vous aviez tous deux
Les ongles longs, un peu noirs et crasseux,
La chevelure assez mal ordonnée,
Le teint bruni, la peau bise et tannée.
Sans propreté, l'amour le plus heureux
N'est plus amour, c'est un besoin honteux.
Bientôt lassés de leur belle aventure,
Dessous un chêne ils soupent galamment
Avec de l'eau, du millet et du gland;
Le repas fait, ils dorment sur la dure:
Voilà l'état de la pure nature.
    Or maintenant, voulez-vous, mes amis,
Savoir un peu, dans nos jours tant maudits,
Soit à Paris, soit dans Londre, ou dans Rome,
Quel est le train des jours d'un honnête homme?
Entrez chez lui: la foule des beaux arts,
Enfants du goût, se montre à vos regards.

---

[1] *Martialo* or *Massialot:* author of *Le nouveau cuisinier royal et bourgeois,* 1712

De mille mains l'éclatante industrie
De ces dehors orna la symétrie.
L'heureux pinceau, le superbe dessin
Du doux Corrège et du savant Poussin
Sont encadrés dans l'or d'une bordure.
C'est Bouchardon qui fit cette figure,
Et cet argent fut poli par Germain.[1]
Des Gobelins l'aiguille et la teinture
Dans ces tapis surpassent la peinture.
Tous ces objets sont vingt fois répétés
Dans des trumeaux tout brillants de clartés.
De ce salon je vois par la fenêtre
Dans des jardins des myrtes en berceaux;
Je vois jaillir les bondissantes eaux.
Mais du logis j'entends sortir le maître:
Un char commode avec grâce orné,
Par deux chevaux rapidement traîné,
Paraît aux yeux une maison roulante,
Moitié dorée et moitié transparente;
Nonchalamment je l'y vois promené:
De deux ressorts la liante souplesse
Sur le pavé le porte avec mollesse.
Il court au bain: les parfums les plus doux
Rendent sa peau plus fraîche et plus polie;
Le plaisir presse, il vole au rendez-vous
Chez Camargo,[2] chez Gaussin,[3] chez Julie.
Il est comblé d'amour et de faveurs.
Il faut se rendre à ce palais magique
Où les beaux vers, la danse, la musique,
L'art de tromper les yeux par les couleurs,
L'art plus heureux de séduire les cœurs,
De cent plaisirs font un plaisir unique.
Il va siffler quelque opéra nouveau,
Ou malgré lui court admirer Rameau.
Allons souper: que ces brillants services,
Que ces ragoûts ont pour moi des délices!
Qu'un cuisinier est un mortel divin!
Cloris, Eglé me versent de leur main

[1] *Germain:* a famous gold- and silver-smith, d. 1748
[2] *Camargo:* Marie-Anne de Cupis de Camargo (1710-1770), the famous dancer
[3] *Gaussin:* Jeanne-Catherine Gaussin (1711-1767), an actress of the *Comédie Française*

D'un vin d'Aï[1] dont la mousse pressée,
De la bouteille avec force élancée,
Comme un éclair fait voler son bouchon;
Il part, on rit, il frappe le plafond.
De ce vin frais l'écume pétillante
De nos Français est l'image brillante.
Le lendemain donne d'autres désirs,
D'autres soupers et de nouveaux plaisirs.
   Or maintenant, monsieur du Télémaque,[2]
Vantez-nous bien votre petite Ithaque,
Votre Salente et vos murs malheureux
Où vos Crétois, tristement vertueux,
Pauvres d'effet et riches d'abstinence,
Manquent de tout pour avoir l'abondance.
J'admire fort votre style flatteur
Et votre prose, encor qu'un peu traînante;
Mais, mon ami, je consens de grand cœur
D'être fessé dans vos murs de Salente,
Si je vais là pour chercher mon bonheur.
Et vous, jardin de ce premier bonhomme,
Jardin fameux par le Diable et la pomme,
C'est bien en vain que, tristement séduits,
Huet,[3] Calmet,[4] dans leur savante audace,
Du paradis ont recherché la place:
Le paradis terrestre est où je suis.

Poème sur le désastre de Lisbonne[5]

O malheureux mortels! ô terre déplorable!
O de tous les fléaux assemblage effroyable!
D'inutiles douleurs éternel entretien!
Philosophes trompés, qui criez: *Tout est bien,*
Accourez, contemplez ces ruines affreuses,
Ces débris, ces lambeaux, ces cendres malheureuses,
Ces femmes, ces enfants, l'un sur l'autre entassés,
Sous ces marbres rompus ces membres dispersés;

[1] *vin d'Aï:* champagne
[2] *Télémaque:* In Fénelon's *Télémaque* (1699), Ithaca, Crete and especially Salentum are praised for their sober and well-regulated way of life.
[3] *Huet:* Pierre-Daniel Huet (1630-1721), the learned bishop of Avranches
[4] *Calmet:* Dom Augustin Calmet (1672-1757), a noted Benedictine scholar
[5] *le désastre de Lisbonne:* the great earthquake of 1st November 1755

Cent mille infortunés que la terre dévore,
Qui, sanglants, déchirés, et palpitants encore,
Enterrés sous leurs toits terminent sans secours,
Dans l'horreur des tourments, leurs lamentables jours.
Aux cris demi-formés de leurs voix expirantes,
Au spectacle effrayant de leurs cendres fumantes,
Direz-vous: 'C'est l'effet des éternelles lois
Qui d'un Dieu libre et bon nécessitent le choix?'
Direz-vous, en voyant cet amas de victimes:
'Dieu s'est vengé: leur mort est le prix de leurs crimes'?
Quel crime, quelle faute ont commis ces enfants
Sur le sein maternel écrasés et sanglants?
Lisbonne qui n'est plus eut-elle plus de vices
Que Londres, que Paris, plongés dans les délices?
Lisbonne est abîmée, et l'on danse à Paris.
Tranquilles spectateurs, intrépides esprits,
De vos frères mourants contemplant les naufrages,
Vous recherchez en paix les causes des orages;
Mais du sort ennemi quand vous sentez les coups,
Devenus plus humains, vous pleurez comme nous. . . .
Tout est bien, dites-vous, et: *Tout est nécessaire*.
Quoi? l'univers entier, sans ce gouffre infernal,
Sans engloutir Lisbonne, eût-il été plus mal?
Etes-vous assurés que la cause éternelle,
Qui sait tout, qui fait tout, qui créa tout pour elle,
Ne pouvait nous jeter dans ces tristes climats,
Sans former des volcans allumés sous nos pas?
Borneriez-vous ainsi la suprême puissance?
Lui défendriez-vous d'exercer sa clémence?
L'éternel artisan n'a-t-il pas dans ses mains
Des moyens infinis tout prêts pour ses desseins?
Je désire humblement, sans offenser mon Maître,
Que ce gouffre enflammé de soufre et de salpêtre
Eût allumé ces feux dans le fond des déserts.
Je respecte mon Dieu, mais j'aime l'univers:
Quand l'homme ose gémir d'un fléau si terrible,
Il n'est point orgueilleux, hélas! il est sensible. . . .
Non, ne présentez plus à mon cœur agité
Ces immuables lois de la nécessité,
Cette chaîne des corps, des esprits et des mondes.
O rêves de savants! ô chimères profondes!
Dieu tient en main la chaîne, et n'est point enchaîné;
Par son choix bienfaisant tout est déterminé:

FRANÇOIS-MARIE AROUET, *dit* DE VOLTAIRE

Il est libre, il est juste, il n'est point implacable.
Pourquoi donc souffrons-nous sous un maître équitable?
Voilà le nœud fatal qu'il fallait délier.
Guérirez-vous nos maux en osant les nier?
Tous les peuples tremblants sous une main divine
Du mal que vous niez ont cherché l'origine.
Si l'éternelle loi qui meut les éléments
Fait tomber les rochers sous les efforts des vents,
Si les chênes touffus par la foudre s'embrasent,
Ils ne ressentent point les coups qui les écrasent.
Mais je vis, mais je sens, mais mon cœur opprimé
Demande des secours au Dieu qui l'a formé. . . .
Quelque parti qu'on prenne, on doit frémir sans doute.
Il n'est rien qu'on connaisse, et rien qu'on ne redoute.
La nature est muette, on l'interroge en vain.
On a besoin d'un Dieu qui parle au genre humain.
Il n'appartient qu'à lui d'expliquer son ouvrage,
De consoler le faible et d'éclairer le sage.
L'homme, au doute, à l'erreur abandonné sans lui,
Cherche en vain des roseaux qui lui servent d'appui. . . .

Que peut donc de l'esprit la plus vaste étendue?
Rien: le livre du sort se ferme à notre vue.
L'homme étranger à soi, de l'homme est ignoré.
Que suis-je? où suis-je? où vais-je? d'où suis-je tiré?
Atomes tourmentés sur cet amas de boue,
Que la mort engloutit, et dont le sort se joue,
Mais atomes pensants, atomes dont les yeux
Guidés par la pensée ont mesuré les cieux;
Au sein de l'infini nous élançons notre être,
Sans pouvoir un moment nous voir et nous connaître.

Ce monde, ce théâtre et d'orgueil et d'erreur,
Est plein d'infortunés qui parlent de bonheur.
Tout se plaint, tout gémit en cherchant le bien-être;
Nul ne voudrait mourir, nul ne voudrait renaître.
Quelquefois, dans nos jours consacrés aux douleurs,
Par la main des plaisirs nous essuyons nos pleurs.
Mais le plaisir s'envole, et passe comme une ombre:
Nos chagrins, nos regrets, nos pertes sont sans nombre.
Le passé n'est pour nous qu'un triste souvenir;
Le présent est affreux, s'il n'est point d'avenir,
Si la nuit du tombeau détruit l'être qui pense.

Un jour, *tout sera bien*, voilà notre espérance;
Tout est bien aujourd'hui, voilà l'illusion:
Les sages me trompaient, et Dieu seul a raison.
Humble dans mes soupirs, soumis dans ma souffrance,
Je ne m'élève point contre la Providence.
Sur un ton moins lugubre on me vit autrefois
Chanter des doux plaisirs les séduisantes lois.
D'autres temps, d'autres mœurs: instruit par la vieillesse,
Des humains égarés partageant la faiblesse,
Dans une épaisse nuit cherchant à m'éclairer,
Je ne fais que souffrir, et non pas murmurer.

Un calife autrefois, à son heure dernière,
Au Dieu qu'il adorait dit pour toute prière:
'Je t'apporte, ô seul Roi, seul Etre illimité,
Tout ce que tu n'as pas dans ton immensité:
Les défauts, les regrets, les maux et l'ignorance.'
Mais il pouvait encore ajouter: *l'espérance*.

꧁꧂

Philis, qu'est devenu ce temps
Où dans un fiacre promenée,
Sans laquais, sans ajustements,
De tes grâces seules ornée,
Contente d'un mauvais soupé
Que tu changeais en ambroisie,
Tu te livrais dans ta folie
A l'amant heureux et trompé
Qui t'avait consacré sa vie?
Le Ciel ne te donnait alors,
Pour tout rang et pour tous trésors,
Que les agréments de ton âge:
Un cœur tendre, un esprit volage,
Un sein d'albâtre et de beaux yeux.
Avec tant d'attraits précieux,
Hélas! qui n'eût été friponne?
Tu le fus, objet gracieux;
Et — que l'Amour me le pardonne! —
Tu sais que je t'en aimais mieux.

Ah! madame, que votre vie,
D'honneurs aujourd'hui si remplie,
Diffère de ces doux instants!

Ce large suisse à cheveux blancs
Qui ment sans cesse à votre porte,
Philis, est l'image du Temps:
On dirait qu'il chasse l'escorte
Des tendres Amours et des Ris.
Sous vos magnifiques lambris
Ces enfants tremblent de paraître.
Hélas! je les ai vus jadis
Entrer chez toi par la fenêtre
Et se jouer dans ton taudis.

    Non, madame, tous ces tapis
Qu'a tissus la Savonnerie,[1]
Ceux que les Persans ont ourdis,
Et toute votre orfèvrerie,
Et ces plats si chers que Germain[2]
A gravés de sa main divine,
Et ces cabinets où Martin[3]
A surpassé l'art de la Chine,
Vos vases japonais et blancs,
Toutes ces fragiles merveilles,
Ces deux lustres de diamants
Qui pendent à vos deux oreilles,
Ces riches carcans, ces colliers,
Et cette pompe enchanteresse,
Ne valent pas un des baisers
Que tu donnais dans ta jeunesse.

             ⁓⁂⁓

.   .   .   .

'Je veux, dans mes derniers adieux,
Disait Tibulle à son amante,
Attacher mes yeux sur tes yeux,
Te presser de ma main mourante.'

Mais quand on sent qu'on va passer,
Quand l'âme fuit avec la vie,
A-t-on des yeux pour voir Délie,
Et des mains pour la caresser?

[1] *Savonnerie:* royal tapestry factory founded at Chaillot on the site of a former soap-factory; merged in the XIXth century with the Gobelins   [2] *Germain:* see p. 228
    [3] *Martin:* Robert Martin (1706-1765), famous varnisher

Dans ces moments chacun oublie
Tout ce qu'il a fait en santé.
Quel mortel s'est jamais flatté
D'un rendez-vous à l'agonie?

Délie elle-même à son tour
S'en va dans la nuit éternelle,
En oubliant qu'elle fut belle,
Et qu'elle a vécu pour l'amour.

Nous naissons, nous vivons, bergère,
Nous mourons sans savoir comment;
Chacun est parti du néant:
Où va-t-il? — Dieu le sait, ma chère.

CLAUDE-HENRI DE FUSÉE DE VOISENON

Les limbes sont un lieu sans plaisir, sans douleur,
Où par l'inaction une âme appesantie
N'a pas, pour se tirer de sa triste inertie,
    Le secours même du malheur.
Les limbes, en un mot, sont les brouillards de l'âme:
L'Amour est le soleil fait pour les dissiper.
Que l'on doit envier le mortel dont la flamme
Les empêche toujours de vous envelopper!

JEAN-BAPTISTE-LOUIS GRESSET

.   .   .   .

Tandis qu'instruit par la droiture
Et par la simple vérité,
Mon esprit, toujours enchanté,
Pénètre au sein de la nature,
Et s'y plonge avec volupté,
Hélas! par une loi trop dure,
Poussés vers l'éternelle nuit,
Le plaisir vole, le temps fuit,
Et bientôt, sous sa faux rapide,
Ainsi que les jardins d'Armide,
Ce lieu pour nous sera détruit.
Trop tôt, hélas! les soins pénibles,

Les bienséances inflexibles,
Revendiquant leurs tristes droits,
Viendront profaner cet asile,
Et, nous arrachant de ces bois,
Nous replongeront pour six mois
Dans l'affreux chaos de la ville,
Et dans cet éternel fracas
De riens pompeux et d'embarras
Qui, pour tout esprit raisonnable
Sujets de gêne et de pitié,
Ne sont que le jeu misérable
D'un ennui diversifié. . . .

(Epître V)

JEAN-JACQUES-NICOLAS LE FRANC
DE POMPIGNAN

.   .   .   .   .   .

Quels dogmes insolents en tous lieux retentissent!
Les femmes, les vieillards, les enfants applaudissent,
Et boivent à longs traits ces poisons séducteurs.
Mais quelles sont enfin les utiles maximes
Et les leçons sublimes
De ces rares docteurs?

— Tout n'est que préjugé d'enfance ou de jeunesse;
Les remords sont les cris de l'humaine faiblesse;
Je dois sur mes besoins régler mes actions.
L'homme, esclave brutal de l'instinct qui l'enflamme,
Sans Dieu, sans loi, sans âme,
N'a que des passions. . . .

(Odes, IV, v)

.   .   .   .   .   .

Quel changement! l'erreur n'a plus de voix secrètes:
Prose et vers, orateurs, historiens, poètes,
Tout se dit philosophe, et chacun sous ce nom
Outrage impunément Dieu même et la raison.
Contre nos vérités des écrits dogmatiques,
Contre leurs défenseurs des sarcasmes cyniques,
Des libelles menteurs par la haine forgés
Sont tolérés, permis, peut-être encouragés.

L'enfer sous les tyrans égorgeait les fidèles:
D'horribles échafauds, des tortures cruelles
Vengeaient sur les chrétiens l'injure des faux dieux.
Le fer, le chevalet ne sont plus sous nos yeux:
L'Ange persécuteur, l'Ange des noirs abîmes
Par des coups moins sanglants attaque ses victimes.
Déjà de sa victoire il recueille le fruit;
Jadis il massacrait: aujourd'hui il séduit,
Si toutefois, hélas! sa ruse a pu séduire.
Quelles mœurs, pour tromper! quels hommes, pour instruire!
Des Sotades[1] impurs qu'on lit avec horreur,
Des Porphyres[2] nouveaux, pleins d'orgueil et d'aigreur,
Des sophistes armés d'audace et de blasphème,
De vils censeurs des lois et du pouvoir suprême,
Des esprits turbulents, des cœurs doubles et faux,
Trop bas, trop envieux pour n'être que rivaux,
Telle est, le croira-t-on, cette école insensée
Qui voit de toutes parts sa doctrine encensée
Qui subjugue, asservit sous un honteux lien
L'univers étonné de n'être plus chrétien. . . .

(Epîtres I, vii)

Mais comment, dans un siècle où nous parlons sans cesse
De mœurs, d'humanité, de douceur, de sagesse,
Termes si rebattus que l'écho des déserts
Est las de les entendre et d'en remplir les airs,
Comment, dis-je, en un siècle et si doux et si sage,
Aux mensonges, aux noirceurs donne-t-on son suffrage?
N'en soyons pas surpris: ce siècle trop flatté
Est le siècle du luxe et de la volupté.
Tu connais mieux que moi les archives du monde:
Le luxe est des grands maux la semence féconde.
Ses charmes n'ont jamais adouci les mortels:
Les corps sont amollis, et les cœurs sont cruels. . . .

(id., viii)

[1] Sotades: a crude and scurrilous satirist of the IIIrd century B.C.
[2] Porphyre: leading Neo-Platonist and adversary of Christianity
(233-c. 301 A.D.)

PIERRE-JOSEPH BERNARD,
dit GENTIL BERNARD

Ah! qui pourrait effacer en un jour
La profondeur des traces de l'amour!
C'est le torrent qui, sillonnant la plaine,
A tout empreint du sable qu'il entraîne:
Les prés rougis, les guérets dépouillés
Marquent les lieux que son cours a souillés.
Mais un printemps suffit à la nature
Pour réparer l'émail et la verdure:
La vie entière à peine reproduit
La paix du cœur qu'un seul instant détruit. . . .

(Phrosine et Mélidore)

Le Printemps

Sur l'herbage tendre
Le ciel vient étendre
Un tapis de fleurs,
Et l'Aurore arrose
De ses tendres pleurs,
De la jeune rose
Les vives couleurs.
    Déjà Philomèle
Ranime ses chants,
Et l'onde se mêle
A ses sons touchants.
Sur un lit de mousse,
Les Amours, au frais,
Aiguisent des traits
Qu'avec peine émousse
La froide Raison,
Qui croit qu'elle règne
Quand elle dédaigne
La belle saison.
Nos berceaux se couvrent
Du souple jasmin;
Nos yeux y découvrent
Le riant chemin
Par où le mystère,
Servant nos désirs,

Nous mène à Cythère
Chercher les plaisirs. . . .
   L'onde fugitive
A l'âme attentive
Peint à petit bruit
L'ardeur passagère
Dont l'éclat séduit
Plus d'une bergère
Que l'amour conduit. . . .
D'une ardeur extrême
Le temps nous poursuit :
Détruit par lui-même,
Par lui reproduit,
Plus léger qu'Eole
Le moment s'envole,
Renaît et s'enfuit. . . .

(Epître I)

༺ ⚘ ༻

L'amant heureux au tournoi de Cypris,
Lent à la course, y remporte le prix.
Avec Psyché, c'est vous que je préfère,
Jeux suspendus, plaisir que je diffère :
Volupté lente, où, fixant ses désirs,
L'âme s'écoute en comptant ses plaisirs. . . .

(L'Art d'aimer)

FRANÇOIS-JOACHIM DE PIERRES, CARDINAL DE BERNIS

Le monde à nos yeux va renaître,
Et tous les êtres dans ce jour,
En rendant hommage à l'Amour,
Soulagent l'ennui de leur être.
Peuplez les divers éléments,
Insectes à qui la nature

238

Accorde si peu de moments!
Vengez-vous d'une loi si dure:
Naissez, vivez, mourez amants!
Qu'importe, au bout de la carrière,
Qu'un seul instant délicieux
Ait rempli votre vie entière,
Si le plaisir, qui fait les Dieux,
Vous anima dans la poussière?...

Vesper commence à rayonner,
Io[1] mugit dans les villages,
Et les pasteurs vont ramener
Leurs troupeaux loin des pâturages.
Le soleil tombe et s'affaiblit.
Montons sur ces rochers sauvages:
Allons revoir ces paysages
Que l'ombre du soir embellit.
Ici, des champs où la culture
Etale ses heureux travaux,
Une source brillante et pure
Qui par la fraîcheur de ses eaux
Rajeunit la sombre verdure
Des prés, des bois et des coteaux;
Là, des jardins et des berceaux
Où règnent l'art et l'imposture,
Des tours, des flèches, des créneaux,
Des donjons d'antique structure;
Sur le chemin de ces hameaux,
De longues chaînes de troupeaux,
Un pont détruit, une masure;
Plus loin, des villes, des châteaux
Couverts d'une vapeur obscure.
Le jour qui finit, l'air qui s'épure,
Le ciel allumant ses flambeaux,
Tout l'horizon que l'œil mesure,
Offrent aux yeux de la peinture
Des contrastes toujours nouveaux,
Et font aimer dans leurs tableaux
Le coloris et la nature....

[1] *Io:* transformed into a cow by the jealous Hera

Ce globe, cette mer de matière fluide
Qui se voûtant en arc forme notre horizon,
   Qu'est-ce en effet qu'une prison
Qu'à tout moment la mort parcourt d'un vol rapide,
Où la corruption sème un germe infecte,
Où par le temps qui fuit, qui consume et qui mine,
Chaque être vers sa fin est sans cesse emporté
   Et se nourrit de sa ruine?
De désordre et de maux quelle variété!
Et combien différente était cette nature
Dont la docte Uranie[1] enseigna la structure
Au sommet du Parnasse où je fus allaité!
Je me rappelle encor l'instant où ma paupière
Par son souffle imprévu s'ouvrit à la lumière.
C'était lorsque Vénus remonte vers les cieux,
Pour quelque amant chéri venue en ces bas lieux;
Au moment où l'Aurore avec ses doigts de rose
Sépare en souriant la nuit d'avec le jour,
   Et que la terre qui repose
Est des Dieux regardée avec des yeux d'amour.
   Dans une assez vaste distance,
L'ombre et le jour traçaient deux zones dans les airs;
L'univers au milieu s'élevait en silence,
Comme un vaisseau léger s'avance sur les mers;
L'orient au soleil préparait une voie
De perles, de rubis des plus vives couleurs;
Là, le ciel en s'ouvrant semblait verser des pleurs
   D'applaudissement et de joie,
Et les zéphyrs formaient les calices des fleurs
   Avec des fils d'or et de soie.
Sous les arbres chargés de verdure et de fruits,
Les oiseaux célébraient l'astre prêt à paraître,
Et les beautés du jour, et la fraîcheur des nuits,
   Ou le changement de leur être.
La nuit même admirait un spectacle si beau:
Ses Dieux, comme des chars arrêtant leurs étoiles,
Osaient de la lumière attendre le flambeau,
Et regrettaient ces lieux échappés à leurs voiles.
   Bientôt l'occident plus serein
Comme un gouffre profond les cacha dans son sein,

---

[1] *Uranie:* the Muse of astronomy

Tandis que de longs flots de matière argentée
Annoncèrent Phébus, et la terre agitée,
Malgré l'immense poids qui forme son appui,
D'un léger tremblement s'inclina devant lui.
Tels furent les objets que m'offrit Uranie.
L'esprit plein de feu, je prêtais même encor
   De la grandeur et de la vie
   A tout l'éclat de ce trésor:
Ce vide où je me trouve était encore à naître.

(Le Monde poétique)

JEAN-FRANÇOIS DE SAINT-LAMBERT

.   .   .   .   .   .

Le soleil sans paraître avait fini son tour,
Et la nuit succédait aux ténèbres du jour.
J'entendais les combats de Neptune et d'Eole;
J'étais seul, éloigné de l'ami qui console
Et d'un peuple léger qui, du moins un moment,
Dissipe de nos maux le triste sentiment.
Je me trouvais alors dans ma retraite obscure,
Abandonné de tous, en proie à la nature.
L'image des débris du monde dévasté,
D'un ciel tumultueux la sombre majesté,
Les ténèbres, les vents, augmentaient ma tristesse.
Je cherchais un appui qui soutînt ma faiblesse,
Qui donnât quelque joie à mon cœur opprimé
Et rendit l'espérance à ce monde alarmé.
A travers ce chaos, dans ce désordre extrême,
Mon cœur épouvanté cherchait l'Etre suprême.
  Cependant au milieu de ces grands mouvements
La nature imposa le calme aux éléments.
L'orage avait tari le vaste sein des nues:
Déjà se divisaient leurs ondes suspendues.
Le globe de la nuit, d'étoiles entouré,
Montait sur l'horizon d'un jour pâle éclairé;
Les nuages légers fuyants dans l'air humide
Semblaient entraîner tout dans leur ombre rapide:
On voyait les forêts et les monts s'ébranler,
Et dans l'air incertain les astres osciller.
Ce bruit sourd, qui précède et qui suit les orages,
Expirait dans les bois et le long des rivages. . . .

(Les Saisons, IV)

ÉLIE-CATHERINE FRÉRON

Epître à Monsieur V... , *amateur de la belle nature*

Bonjour, bon an, salut, santé
A mon Philosophe entêté
De la simple et froide Nature,
Cette triste divinité
Qui n'ose, dans sa marche obscure,
De son éternelle parure
Varier l'uniformité.

De mon âme idole chérie,
Art charmant, Dieu de ma patrie,
Le merveilleux naît sous tes pas.
Enrichis toujours ces climats
Des trésors de ton industrie!
Laisse gronder les partisans
De ta rivale désolée:
De nos villes et de nos champs
Pour jamais elle est exilée.
Un sceptre d'émail à la main,
Tu gouvernes en souverain
Le Français brillant et volage.
C'est toi qui formes l'assemblage
De nos légers ameublements:
Ces trumeaux chargés de dorure,
Et ces plafonds où la Peinture
Se flattait de braver les ans,
D'un coup d'aile tu les effaces:
Ta délicatesse, tes grâces
Nous prescrivent les ornements.

Ces fragiles enfants des modes,
Ces porcelaines, ces pagodes,
Ces vernis si *délicieux*,
Ces papiers qu'une main divine
Peignit pour le plaisir des yeux,
Et ces magots facétieux
Nés de ton humeur enfantine:
Tels sont les meubles précieux
Que tu fais venir de la Chine
Pour en décorer ces beaux lieux.

Qui suit la nature à la piste
Ne sera jamais qu'un copiste,

Qu'un malheureux imitateur.
Le Chinois seul est créateur:
Il donne un nouvel ordre aux choses.
Fertile en prodiges divers,
Ses riantes métamorphoses
Font éclore un autre univers.
　　Fleuves, coulez sur les montagnes!
Détachez-vous du firmament,
Etoiles, parez les campagnes!
Poissons, quittez votre élément!
Vous, oiseaux, rampez sur la terre!
Bœufs, rhinocéros, éléphants,
Volez au séjour du tonnerre!
Et vous, mortels impertinents,
Venez sous diverses figures,
Par mille grotesques postures
Me divertir à vos dépens!
　　Voilà, malgré votre satire,
Ce que j'aime et ce que j'admire.
Soyez aussi de votre temps,
Et que la nature marâtre
Dont vous êtes trop idolâtre
Perde son pouvoir sur vos sens.
Croyez-moi, ses charmes maussades
Ressemblent à ces beautés fades
Que l'on contemple sans désirs.
L'Art est une coquette aimable,
Dont l'enjoûment inépuisable
Sait donner la vie aux plaisirs.

PONCE-DENIS ÉCOUCHARD-LEBRUN

Dans ton beau roman pastoral,
Avec tes moutons pêle-mêle,
Sur un ton bien doux, bien moral,
Berger, bergère, auteur, tout bêle.
Puis berger, auteur, lecteur, chien
S'endorment de moutonnerie:
Pour réveiller ta bergerie,
O! qu'un petit loup viendrait bien!

... Cyrène, assise au fond de sa grotte azurée,
Entend le bruit confus d'une plainte égarée.
Ses Nymphes l'entouraient: sur leurs fuseaux légers
Brille un lin de Milet teint de l'azur des mers.
Là sont en foule Opis, Glaucé, Pyrrha, Néère,
Cydippe vierge encor, Lycoris déjà mère;
Nésé, Spio, Thalie, et Dryope et Naïs
— Leurs blonds cheveux flottaient autour d'un sein de lis; —
Xanthe, Ephir, jeunes sœurs, filles du vieux Nérée,
Ceinte d'or l'une et l'autre et d'hermines parée;
Et l'agile Aréthuse abjurant le carquois,
Et la jeune Clymène à la brillante voix....

(Les Veillées du Parnasse: Orphée et Eurydice)

❧

... Mortel! connais l'abîme où ta raison s'égare:
De cet Etre infini, l'infini te sépare.
Du char glacé de l'Ourse aux feux du Syrius
Il règne: il règne encore où les cieux ne sont plus.
Dans ce gouffre sacré quel mortel peut descendre?
L'immensité l'adore, et ne le peut comprendre.
Et toi, songe de l'Etre, atome d'un instant,
Egaré dans les airs sur ce globe flottant,
Des mondes et des cieux spectateur invisible,
Ton orgueil pense atteindre à l'Etre inaccessible?
Tu prétends lui donner tes ridicules traits:
Tu veux dans ton Dieu même adorer tes portraits!
Ni l'aveugle hasard, ni l'aveugle matière
N'ont pu créer mon âme, essence de lumière.
Je pense: ma pensée atteste plus un Dieu
Que tout le firmament et ses globes de feu.
Voilé de sa splendeur, dans sa gloire profonde,
D'un regard éternel il enfanta le monde.
Les siècles devant lui s'écoulent, et le temps
N'oserait mesurer un seul de ses instants.
Ce qu'on nomme destin, n'est que sa loi suprême;
L'immortelle Nature est sa fille, et lui-même,
Il est. Tout est par lui, seul Etre illimité.
En lui tout est vertu, puissance, éternité.
Au delà des soleils, au delà de l'espace,
Il n'est rien qu'il ne voie, il n'est rien qu'il n'embrasse.
Il est seul du grand Tout le principe et la fin,

Et la Création respire dans son sein.
Puis-je être malheureux? je lui dois ma naissance:
Tout est bonté sans doute en qui tout est puissance.
Ce Dieu, si différent du Dieu que nous formons,
N'a jamais contre l'homme armé de noirs démons;
Il n'a point confié sa vengeance au tonnerre;
Il n'a point dit aux cieux: vous instruirez la terre.
Mais de la conscience il a dicté la voix;
Mais dans le cœur de l'homme il a gravé ses lois;
Mais il a fait rougir la timide innocence;
Mais il a fait pâlir la coupable licence;
Mais au lieu de l'enfer, il créa le remord,
Et n'éternise point la douleur et la mort. . . .

(La Nature, II)

. . . Il fut un Livre d'or où jadis la Nature
De l'immense univers a tracé la peinture.
Les mystères de l'Etre y furent dévoilés.
L'âme, les éléments, les globes étoilés,
Sans attendre l'effort de nos pénibles veilles,
Déployaient aux regards le jeu de ces merveilles,
Et les amours secrets de l'aimant et du fer,
Et les reflux de l'onde, et les ressorts de l'air:
Chaque lettre à nos yeux y traçait un miracle;
Chaque regard pouvait y surprendre un oracle.
   Des prestiges de l'art les mortels amoureux
Daignaient à peine ouvrir ces fastes lumineux.
La Nature en frémit, et sa main indignée
Brisa du Livre d'or l'empreinte dédaignée.
Prompte à la dérober aux profanes regards,
Sa main en dispersa tous les feuillets épars
Sur les monts chevelus, dans les bois solitaires:
Les antres, les rochers en sont dépositaires;
Dans les gouffres profonds les uns furent semés,
Les autres dans les cieux volèrent enflammés.
Dans le sein des métaux ce Livre encor respire;
Sur le front du soleil on le peut encor lire.
Mais ce n'est qu'au génie ardent, audacieux,
A chercher des trésors sous les mers, dans les cieux,
A rassembler encor, loin des cercles vulgaires,
De ce Livre égaré les divins caractères,
A ravir, s'il se peut, à ces nobles débris,
Leurs augustes secrets dont lui seul est épris. . . . (<i>id.</i>, III)

. . . . . .

Sublime accent de l'âme, ô vers mélodieux,
Toi seul fus appelé le langage des Dieux.
Ta fière liberté fuit tous ces mots esclaves,
Et de nos vains respects les serviles entraves;
Et toi seul, riche encor de tes antiques droits,
Sais traiter en égal la majesté des rois.
    Mais qui saurait tracer l'invisible passage
Du profane discours à ce divin langage?
Quels ressorts inconnus, quels magiques attraits
En épurent les sons, en colorent les traits?
Et de quel feu divin cette prose animée
S'échappe, en vers nombreux tout à coup transformée?
    Il est, il est alors de ces heureux moments
Où l'âme entière éclate en doux ravissements,
Voit, suit, respire, adore, embrasse la nature.
Un Dieu secret l'agite, et l'enflamme et l'épure:
Le mortel disparaît sous la divinité.
C'est le génie, amant de l'immortalité,
Qui, des secrets divins fier et sublime organe,
Rompt le timide joug du langage profane. . . .

(id.)

ANTOINE-LÉONARD THOMAS

Ode sur le Temps

Le compas d'Uranie a mesuré l'espace.
O Temps, être inconnu que l'âme seule embrasse,
Invisible torrent des siècles et des jours,
Tandis que ton pouvoir m'entraîne dans la tombe,
        J'ose, avant que j'y tombe,
M'arrêter un moment pour contempler ton cours.

Qui me dévoilera l'instant qui t'a vu naître?
Quel œil peut remonter aux sources de ton être?
Sans doute ton berceau touche à l'éternité.
Quand rien n'était encore, enseveli dans l'ombre
        De cet abîme sombre,
Ton germe y reposait, mais sans activité.

Du Chaos tout à coup les portes s'ébranlèrent;
Des soleils allumés les feux étincelèrent;
Tu naquis, l'Eternel te préscrivit ta loi.

Il dit au mouvement: 'Du Temps sois la mesure';
    Il dit à la nature:
'Le Temps sera pour vous, l'Eternité pour moi.'

Dieu, telle est ton essence. Oui, l'océan des âges
Roule au-dessous de toi sur tes frêles ouvrages,
Mais il n'approche pas de ton trône immortel.
Des millions de jours qui l'un l'autre s'effacent,
    Des siècles qui s'entassent,
Sont comme le néant aux yeux de l'Eternel.

Mais moi, sur cet amas de fange et de poussière,
En vain contre le Temps je cherche une barrière:
Son vol impétueux me presse et me poursuit.
Je n'occupe qu'un point de l'immense étendue,
    Et mon âme éperdue
Sous mes pas chancelants voit ce point qui s'enfuit.

De la destruction tout m'offre des images.
Mon œil épouvanté ne voit que des ravages:
Ici, de vieux tombeaux que la mousse a couverts,
Là, des murs abattus, des colonnes brisées,
    Des villes embrasées:
Partout les pas du Temps empreints sur l'univers.

Cieux, terres, éléments, tout est sous sa puissance.
Mais tandis que sa main, dans la nuit du silence,
Du fragile univers sape les fondements,
Sur des ailes de feu, loin du monde élancée,
    Mon active pensée
Plane sur les débris entassés par le Temps.

Siècles qui n'êtes plus, et vous qui devez naître,
J'ose vous appeler: hâtez-vous de paraître.
Au moment où je suis, venez vous réunir.
Je parcours tous les points de l'immense durée
    D'une marche assurée:
J'enchaîne le présent, je vis dans l'avenir.

Le soleil épuisé dans sa brûlante course
De ses feux par degrés verra tarir la source,
Et des mondes vieillis les ressorts s'useront;

Ainsi que des rochers qui du haut des montagnes
Roulent sur les campagnes,
Les astres l'un sur l'autre un jour s'écrouleront.

Là, de l'éternité commencera l'empire,
Et dans cet océan, où tout va se détruire,
Le Temps s'engloutira comme un faible ruisseau.
Mais mon âme immortelle, aux siècles échappée,
Ne sera point frappée,
Et des mondes brisés foulera le tombeau.

Des vastes mers, grand Dieu, tu fixas les limites:
C'est ainsi que du Temps les bornes sont préscrites.
Quel sera ce moment de l'éternelle nuit?
Toi seul tu le connais, tu lui diras d'éclore,
Mais l'univers l'ignore:
Ce n'est qu'en périssant qu'il en doit être instruit.

Quand l'airain frémissant autour de vos demeures,
Mortels, vous avertit de la fuite des heures,
Que ce signal terrible épouvante vos sens!
A ce bruit, tout à coup, mon âme se réveille;
Elle prête l'oreille,
Et croit de la mort même entendre les accents.

Trop aveugles humains, quelle erreur vous enivre!
Vous n'avez qu'un instant pour penser et pour vivre,
Et cet instant qui fuit est pour vous un fardeau!
Avare de ses biens, prodigue de son être,
Dès qu'il peut se connaître
L'homme appelle la mort et creuse son tombeau.

L'un, courbé sous cent ans, est mort dès sa naissance;
L'autre engage à prix d'or sa vénale existence;
Celui-ci la tourmente à de pénibles jeux;
Le riche se délivre, au prix de sa fortune,
Du Temps qui l'importune:
C'est en ne vivant pas que l'on croit vivre heureux.

Abjurez, ô mortels, cette erreur insensée!
L'homme vit par son âme, et l'âme est la pensée.
C'est elle qui pour vous doit mesurer le Temps!

Cultivez la sagesse, apprenez l'art suprême
    De vivre avec soi-même:
Vous pourrez sans effroi compter tous vos instants.

Si je devais un jour pour de viles richesses
Vendre ma liberté, descendre à des bassesses,
Si mon cœur par mes sens devait être amolli,
O Temps! je te dirais: 'Préviens ma dernière heure,
    Hâte-moi que je meure:
J'aime mieux n'être pas que de vivre avili.'

Mais si de la vertu les généreuses flammes
Peuvent de mes écrits passer dans quelques âmes,
Si je peux d'un ami soulager les douleurs,
S'il est des malheureux dont l'obscure innocence
    Languisse sans défense,
Et dont ma faible main doive essuyer les pleurs:

O Temps, suspends ton vol, respecte ma jeunesse!
Que ma mère, longtemps témoin de ma tendresse,
Reçoive mes tributs de respect et d'amour;
Et vous, Gloire, Vertu, déesses immortelles,
    Que vos brillantes ailes
Sur mes cheveux blanchis se reposent un jour!

CHARLES-PIERRE COLARDEAU

.   .   .   .   .   .

Ah! la froide habitude et ses cruels dégoûts
N'altéraient point encor des plaisirs aussi doux!
Leurs esprits enivrés jouissaient sans connaître:
Il semblait que, pour eux, l'univers vînt de naître,
Que, sorti tout à coup de la nuit du chaos,
Leur superbe séjour avec eux fût éclos,
Et que la main d'un Dieu, par un double miracle,
Avec les spectateurs eût créé le spectacle.
    Mais, parmi ces beautés, quel invincible attrait,
Quel autre changement les trouble et les distrait?
L'un vers l'autre sans cesse un penchant les entraîne:
Il fixe les rayons de leur vue incertaine.
Ah! tout cède aux plaisirs qu'ils goûtent à se voir:
Des objets fugitifs il détruit le pouvoir.

Avec quel intérêt ce couple heureux s'admire!
L'un et l'autre, plongés dans un heureux délire,
Se parcourent d'un œil avide, curieux;
Tout leur être jouit, leur âme est dans leurs yeux,
Leur âme à leur bonheur veut être intéressée,
Et déjà leur instinct s'élève à la pensée.
Les progrès ne sont plus et pénibles et lents:
Du feu de leurs regards leurs esprits sont brûlants.
Le sentiment ému produit l'intelligence,
L'ombre fuit, le jour brille, et la raison commence. . . .

(Les Hommes de Prométhée[1])

JEAN-FRANÇOIS DUCIS

A mon ruisseau

Ruisseau peu connu, dont l'eau coule
Dans un lieu sauvage et couvert,
Oui, comme toi je crains la foule,
Comme toi j'aime le désert.

Ruisseau, sur ma peine passée
Fais rouler l'oubli des douleurs,
Et ne laisse dans ma pensée
Que ta paix, tes flots et tes fleurs.

Le lis frais, l'humble marguerite,
Le rossignol chérit tes bords:
Déjà sous l'ombrage il médite
Son nid, sa flamme et ses accords.

Près de toi, l'âme recueillie
Ne sait plus s'il est des pervers;
Ton flot pour la mélancolie
Se plaît à murmurer des vers.

Quand pourrai-je, aux jours de l'automne,
En suivant le cours de ton eau,
Entendre et le bois qui frissonne
Et le cri plaintif du vanneau?

---

[1] *Prométhée:* Prometheus fashioned mankind out of clay. In this poem Colardeau recounts the creation of the first couple, and describes their awakening to life.

Que j'aime cette église antique,
Ces murs que la flamme a couverts,
Et l'oraison mélancolique
Dont la cloche attendrit les airs!

Par une mère qui chemine
Ses sons lointains sont écoutés:
Sa petite Annette s'incline
Et dit: *Amen!* à ses côtés. . . .

ANTOINE-MARIN LEMIERRE

.   .   .   .   .   .

Mais de Diane au ciel l'astre vient de paraître.
Qu'il luit paisiblement sur ce séjour champêtre!
Eloigne tes pavots, Morphée, et laisse-moi
Contempler ce bel astre, aussi calme que toi,
Cette voûte des cieux mélancolique et pure,
Ce demi-jour si doux levé sur la nature,
Ces sphères qui, roulant dans l'espace des cieux,
Semblent y ralentir leur cours silencieux;
Du disque de Phébé la lumière argentée,
En rayons tremblotants sous ces eaux répétée,
Ou qui jette en ces bois, à travers les rameaux,
Une clarté douteuse et des jours inégaux;
Des différents objets la couleur affaiblie:
Tout repose la vue et l'âme recueillie.
Reine des nuits, l'amant devant toi vient rêver,
Le sage réfléchir, le savant observer.
Il tarde au voyageur, dans une nuit obscure,
Que ton pâle flambeau se lève et le rassure.
Le ciel où tu me luis est le sacré vallon,
Et je sens que Diane est la sœur d'Apollon.
Heureux qui, s'élévant aux principes des choses,
Eclaircira le voile étendu sur les causes,
Dira comment cet astre en son cours inégal,
A la voûte des cieux si paisible fanal,
Qu'on voit si près de nous dans l'ordre planétaire,
Paraître s'approcher par amour pour la terre,
Soulève l'océan, produit du haut des airs
Par accès réguliers cette fièvre des mers,
Et comment l'océan, qui submergeait la plage,
Décroissant par degrés, laisse à nu le rivage.

Hélas! d'une ombre épaisse aux yeux les plus perçants
La nature a caché ses secrets agissants.
L'homme, né pour l'erreur comme pour l'ignorance,
N'est jamais, pour bien voir, à la juste distance.
Trop près de lui, trop loin de la chaîne du Tout,
Son orgueil cependant croit en tenir un bout,
Et quoique environné du faux jour des problèmes,
Il prend pour vérités d'ingénieux systèmes,
Où son esprit, séduit par ses rêves divers,
Refait par impuissance et l'homme et l'univers.

(Les Fastes, VII)

J'aime la profondeur des antiques forêts,
La vieillesse robuste et les pompeux sommets
Des chênes dont, sans nous, la nature et les âges
Si haut sur notre tête ont ceintré les feuillages.
On respire en ces bois sombres, majestueux,
Je ne sais quoi d'auguste et de religieux.
C'est sans doute l'aspect de ces lieux de mystère
C'est leur profond silence et leur paix solitaire
Qui fit croire longtemps chez le peuple gaulois
Que les Dieux ne parlaient que dans le fond des bois.
Mais l'homme est inégal à leur vaste étendue:
Elle lasse ses pas, elle échappe à sa vue.
Humble atome perdu sur un si grand terrain,
Même au milieu du parc dont il est souverain,
Voyageur seulement sur d'immenses surfaces,
L'homme n'est possesseur qu'en de petits espaces.
Au delà de ses sens jamais il ne jouit.
S'il acquiert trop au loin, son domaine le fuit.
Ainsi, fier par instinct, mais prudent par faiblesse,
Lui-même il circonscrit l'espace qu'il se laisse.
Il vient sur peu d'arpents qu'il aime à partager
Dessiner un jardin, cultiver un verger.
Il met à ces objets ses soins, ses complaisances,
Epie en la saison le réveil des semences,
Et, parsemant de fleurs le clos qu'il a planté,
Il étend le terrain par la diversité. . . .

(id., IX)

Connais mieux les destins où l'homme est appelé!
L'Eternel dans les cieux ne s'est point isolé:

252

Invisible à la fois et présent dans l'espace,
Hors de nous et dans nous, l'univers est sa place.
Non, la main de Dieu même, à l'homme, en le créant,
N'imprime point en vain cette horreur du néant:
Je nais avec ce vœu d'un immortel partage,
Et si je l'ai conçu, l'idée en est un gage.
   Mais si Dieu m'associe à sa divinité,
S'il m'approche de lui par l'immortalité,
Pour monter d'un plein vol à la sphère des anges
Combien peu de la terre ont secoué les fanges!
Entendez-vous ces sons mornes et répétés
Retentissant autour de nos toits attristés:
De cent cloches dans l'air le timbre monotone,
Qui si lugubrement sur nos têtes résonne,
Avertit les mortels rappelés à leur fin
D'implorer pour les morts un tranquille destin,
D'apprécier la vie ouverte à tant de peines,
De ne point consumer en mutuelles haines
Ce fragile tissu de moments limités
Qu'aux humains fugitifs la nature a comptés.
   Quels enclos sont ouverts! quelles étroites places
Occupe entre ces murs la poussière des races!
C'est dans ces lieux d'oubli, c'est parmi ces tombeaux
Que le temps et la mort viennent croiser leurs faux.
Que de morts entassés et pressés sous la terre!
Le nombre ici n'est rien, la foule est solitaire. . . .
Qu'est-ce que chaque race ? — une ombre après une ombre.
Nous vivons un instant sur des siècles sans nombre.
Nos tristes souvenirs vont s'éteindre avec nous:
Une autre vie, ô Temps, se dérobe à tes coups!
   Mortel, jusques aux Cieux élève ta prière:
Demande au Tout-Puissant, non pas que la poussière
Qu'on jette sur ces morts soit légère à leurs os —
Ce n'est point là que l'homme a besoin de repos,
Et l'âme qui du corps a dépouillé l'argile
Cherche au sein de Dieu même un éternel asile.

                                        (*id.*, XIV)

CLAUDE-JOSEPH DORAT

.   .   .   .

Ah! qu'il est doux d'errer au sommet des montagnes,
D'y voir se déployer le tableau des campagnes,
Et de suivre à travers les mobiles rameaux
Ce dédale brillant formé par les ruisseaux!
Que l'horizon est pur! qu'ils sont frais, ces ombrages!
Que j'aime à découvrir ces lointains paysages
Dont l'aspect fugitif, qu'une vapeur détruit,
Par intervalle échappe à l'œil qui le poursuit!
Vallons délicieux, ô terrestre Elysée,
Où se joue au matin la tremblante rosée,
De vos détours secrets, asiles du bonheur,
Le calme attendrissant a passé dans mon cœur!
De mes sens rajeunis je vous porte l'hommage,
Je l'offre à la beauté dont vous m'offrez l'image.
Dans ces jours, où circule un invisible feu,
L'univers est un temple, et l'homme en est le dieu.
Les vents sous ces bosquets ont réchauffé leurs ailes,
Cette source, en fuyant, roule des étincelles;
Avec l'azur des cieux, vacillant dans ses eaux,
On voit s'y découper le vert des arbrisseaux.
Des chants harmonieux remplissent les bocages.
Quel mélange d'odeurs parfume ces rivages!
Dans les veines du monde enfin ressuscité
La sève s'insinue avec la volupté. . . .

(*Le Mois de mai*)

STANISLAS DE BOUFFLERS

Cesse de m'abuser, fugitive espérance!
Tu n'es pour les humains qu'un fantôme imposteur;
Les tourments prolongés accroissent ta puissance:
Tu leur dois tes autels et ton nom séducteur.

Vainement on contemple une rive fleurie
Où l'on n'arrive point malgré tous ses efforts;
J'aime mieux remonter le fleuve de la vie
Que d'en suivre le cours sans atteindre ses bords.

Plaisirs évanouis, par vous mon âme émue
Se recueille, et frémit toujours de volupté;
Tels ces feux étoilés, en tombant de la nue,
Laissent encore au ciel une longue clarté.

Souvenir caressant, frère du plaisir même,
Il n'a point ta durée et ta douce langueur.
Le plaisir est la fleur qui passe et que l'on aime:
Le souvenir en est l'inaltérable odeur.

JACQUES DELILLE

(*Les Feuilles*)

. . . . .

Remarquez-les surtout lorsque le pâle automne,
Près de la voir flétrir, embellit sa couronne.
Que de variété! que de pompe et d'éclat!
Le pourpre, l'orangé, l'opale, l'incarnat
De leurs riches couleurs étalent l'abondance.
Hélas! tout cet éclat marque leur décadence.
Tel est le sort commun. Bientôt les aquilons
Des dépouilles des bois vont joncher les vallons.
De moment en moment la feuille sur la terre
En tombant interrompt le rêveur solitaire.
Mais ces ruines même ont pour moi des attraits.
Là, si mon cœur nourrit quelques profonds regrets,
Si quelque souvenir vient rouvrir ma blessure,
J'aime à mêler mon deuil au deuil de la nature.
De ces bois desséchés, de ces rameaux flétris,
Seul, errant, je me plais à fouler les débris.
Ils sont passés, les jours d'ivresse et de folie:
Viens, je me livre à toi, tendre Mélancolie.
Viens, non le front chargé des nuages affreux
Dont marche enveloppé le chagrin ténébreux,
Mais l'œil demi-voilé, mais telle qu'en automne
A travers des vapeurs un jour plus doux rayonne.
Viens, le regard pensif, le front calme, et les yeux
Tout prêts à s'humecter de pleurs délicieux. . . .

(*Les Jardins*, II)

. . . . .

Voyez ce luth muet. Tant qu'une habile main
N'éveille pas le son endormi dans son sein,
Dans le bois insensible en secret il sommeille.
Mais si d'un doigt savant l'impulsion l'éveille,
Il frémit, il résonne, exprime tour à tour
La pitié, la terreur, et la haine et l'amour;
Et, quand rien n'agit plus sur l'organe sonore,
Le bois mélodieux longtemps résonne encore.
Ainsi l'âme se tait, quand rien ne parle aux sens;
Ainsi l'objet émeut ses fils obéissants,
Et même, quand des sens la secousse est passée,
L'écho des souvenirs prolonge la pensée. . . .

(*L'Imagination*, III)

. . . . .

Vainqueurs mélodieux des antiques merveilles,
Quels accents tout à coup ont frappé mes oreilles?
J'entends, je reconnais ce chef-d'œuvre de l'art,
Trésor de l'harmonie et la gloire d'Erard.[1]
De l'instrument sonore animant les organes,
Séjan[2] a préludé: loin d'ici, loin, profanes!
De l'inspiration les sublimes transports
Echauffent son génie et dictent ses accords.
Sous ses rapides mains le sentiment voyage:
Chaque touche a sa voix, chaque fil son langage.
Il monte, il redescend sur l'échelle des tons,
Et forme sans désordre un dédale de sons.
Quelle variété! que de force et de grâce!
Il frappe, il attendrit, il soupire, il menace:
Tel, au gré de son souffle ou terrible, ou flatteur,
Le vent fracasse un chêne ou caresse une fleur. . . .

(*Les trois Règnes de la Nature*, II)

. . . . .

Ils sont passés, ces temps des rêves poétiques,
Où l'homme interrogeait des forêts prophétiques,
Où la fable, créant des faits prodigieux,
Peuplait d'êtres vivants des bois religieux.
Dodone inconsultée a perdu ses oracles;
Nos vergers sont sans Dieux, nos forêts sans miracles.

[1] *Erard:* Sébastien Erard (1752-1837), famous piano-maker
[2] *Séjan:* Nicolas Séjan (1745-1819), organist, pianist and composer

JACQUES DELILLE

Au sang du beau chasseur[1] adoré de Cypris
La rose ne doit plus son brillant coloris;
L'eau ne répète plus le beau front de Narcisse;
Ce long cyprès n'est plus le jeune Cyparisse,[2]
Ces pâles peupliers les sœurs de Phaéton,[3]
Ce vieux tilleul Baucis, ce chêne Philémon.[4]
Tout est désenchanté. Mais, sans tous ces prestiges,
Les arbres ont leur vie et les bois leurs prodiges.
Je veux les célébrer: je dirai quels ressorts
Des peuples végétaux organisent les corps. . . .

(id., VI)

NICOLAS-GERMAIN LÉONARD

La Journée de printemps

J'ai laissé loin de moi ces palais orgueilleux,
Ces murs dont le rideau me cachait la nature.
Ici ma vue embrasse et la terre et les cieux.
Je foule sous mes pieds les fleurs et la verdure.
 O tranquilles forêts! solitaires berceaux!
Riches vallons couverts d'une douce rosée!
Campagnes dont l'aspect réjouit ma pensée!
Que le son de ma lyre éveille vos échos:
Mes chants vont retentir au lever de l'aurore,
Et les vents à la nuit les rediront encore.
 Reçois, jeune Aglaé, ce tribut de l'amour:
Mes vers sont, comme toi, l'image d'un beau jour.
 La lumière encor faible argente les nuages,
Et teint d'un feu léger les bords du firmament;
Ses premiers traits épars coulent rapidement
Et descendent des airs sur de frais paysages.
Déjà l'œil aperçoit, de moment en moment,
Le jour qui s'insinue à travers les bocages.

[1] *beau chasseur:* Adonis, beloved of Venus, killed by a wild boar. From his blood sprang the rose.
[2] *Cyparisse:* Cyparissus, changed into a cypress by Apollo
[3] *Phaéton:* son of the Sun-god, he tried to drive his father's chariot one day, but lost control of the horses; to save the earth from conflagration, Zeus slew him with a thunderbolt. His sisters wept for him until they were turned into poplars.
[4] *Baucis, Philémon:* a couple of poor peasants who, having alone shown hospitality to Zeus and Hermes, were saved from the deluge, and granted their wish to die at the same moment; at their death they were turned into two trees, the branches of which twined together.

La rosée a formé des lits de diamant;
On voit blanchir les monts, et dans l'éloignement
Une mer de vapeur enfler les pâturages.
Quel silence profond! l'oiseau sans mouvement
Demeure suspendu au milieu des ombrages.
A peine un souffle pur, errant sous les feuillages,
Imprime à leur sommet un doux frémissement.
On n'entend que le bruit de ce ruisseau fumant
Qui par bonds inégaux roule sur ses rivages.
Mais bientôt la lumière a frappé tous les yeux:
Elle vole, s'étend, brise, éclaircit les ombres,
Et les chasse à grands pas dans les cavernes sombres.
Le jeune aiglon se livre à la clarté des cieux;
L'alouette en chantant s'élève sur la plaine;
Le milan, l'épervier, dans leur course hautaine,
Traversent de l'éther l'espace lumineux.
Sur le baume et le thym la brebis se promène,
Et le cerf attiré vers la source prochaine
Amuse les regards du berger matineux. . . .
    L'astre du jour s'approche: avec quel appareil
Il s'annonce de loin sur les cimes sauvages!
Des flots d'or sont partis de l'horizon vermeil;
Les bois sont animés, et les chantres volages,
Prêts de faire éclater mille joyeux ramages,
Avec un doux tumulte attendent le soleil.
    O transport! est-ce lui dont je sens la présence?
L'univers retentit des accents du bonheur;
Les ruisseaux sont émus, le chant des airs commence;
L'écho mélodieux répond à leur cadence:
Tout brille de clarté, de joie et de fraîcheur.
    Que j'aime les rochers ondoyants de verdure,
D'où l'œil peut embrasser un immense horizon!
Sans doute, c'était là que Virgile et Thomson,
Un crayon à la main, dessinaient la nature.
C'était là qu'ils traçaient ces tableaux enchanteurs,
Aussi grands que leur âme, aussi doux que les fleurs.
Toi que le Dieu des arts attend sous la feuillée,
Viens sur l'herbe touffue et fraîchement mouillée
De tes sens assoupis ranimer les langueurs.
Viens contempler la terre à tes yeux dévoilée;
Baigne-toi dans l'air pur, jouis de ses odeurs.
Alors éprouves-tu les accès du génie?—
Promène fièrement tes pinceaux créateurs,

Et sois sûr de franchir les bornes de la vie!
Des nuages de feu roulent sur les coteaux;
L'azur des cieux s'embrase: un torrent de lumière
Inonde tout à coup l'air, la terre et les eaux.
Le puissant roi du jour paraît dans la carrière;
Il lance les rayons de la fécondité,
Donne l'être au néant, la vie à la matière,
Et l'espace est rempli de son immensité. . . .
(midi)
　　Avec quelle lenteur le fleuve se promène!
Son cours semble échapper à la vue incertaine.
A peine on voit trembler la cime des forêts;
Aucun souffle de vent ne roule sur la plaine.
L'œil s'enfonce et se perd dans d'immenses guérets:
Aussi loin que s'étend cette mer immobile,
Tout me paraît brûlant, silencieux, tranquille. . . .
　　J'aime à me rappeler, en voyant ces ombrages
Les Iles du Tropique et leurs forêts sauvages.
Lieux charmants, que mon cœur ne saurait oublier!
Je crois sentir encor le baume de nos plaines,
Dont les vents alisés parfument leurs haleines.
O champs de ma patrie, agréables déserts!
Antille merveilleuse où les brunes Dryades
A ma Muse naissante ont inspiré des vers!
Ne reverrai-je plus tes bruyantes cascades
Des coteaux panachés descendre dans les mers?
N'irai-je plus m'asseoir à l'ombre des grenades,
Du jasmin virginal qui formait les arcades,
Et du pâle oranger vacillant dans les airs? . . .
Là, des bois sont couverts d'un feuillage éternel,
Et des fleuves, roulants dans un vaste silence,
Baignent des régions qui, loin de l'œil mortel,
Etalent vainement leur superbe opulence.
D'antiques animaux habitent ces deserts:
Peuple heureux! de nos traits il ignore l'atteinte,
Et tandis que sa race a végété sans crainte,
Des siècles écoulés ont changé l'univers. . . .
　　O Nature, ouvre-moi tes retraites profondes!
Montre à mes yeux ravis tes prodiges roulants,
Les mondes dans l'espace entassés sur les mondes,
Les empires cachés dans l'abîme des ondes,
Les peuples que la terre enferme dans ses flancs!
A ce hardi projet si mon sang se refuse,

259

Souffre au moins que sans gloire, et dans mes doux loisirs,
Distrait par les tableaux dont mon esprit s'amuse,
J'admire ce beau soir et chante mes plaisirs.
  Quel moment! les zéphyrs de leur fraîches haleines
Courbent légèrement la pointe des guérets;
Un torrent de parfums sort des rives prochaines;
La lumière en fuyant se projette à longs traits
Sur le cristal des lacs, des ruisseaux, des fontaines,
Lance des gerbes d'or à travers les forêts,
Et bannit la vapeur qui descend sur les plaines;
Un superbe réseau déployé dans les airs,
Comme un voile de pourpre embrase l'univers;
Le soleil, entouré d'une légère trame,
Pénètre chaque fil qui s'écarte, s'enflamme,
Et du foyer brûlant laisse fuir les éclairs.
Soudain le feu remplit les campagnes profondes:
Le grand astre a rasé la surface des ondes.
Des bords de l'hémisphère il s'éloigne à regret,
S'arrête irrésolu, nage entre les deux mondes,
Jette un dernier regard, se plonge et disparaît.
  Adieu, consolateur de toute la nature!
Adieu, source de joie intarissable et pure!
O soleil, on dirait que tu fuis pour toujours.
Il semble qu'avec toi mon bonheur me délaisse:
Ton départ me saisit d'une amère tristesse.
Je voudrais que le temps se fixât dans son cours.
Où s'en vont ces oiseaux dont j'aimais le ramage?
Quoi! vous partez aussi, chantres joyeux des airs,
Fauvettes, dont la voix animait ce bocage!
L'écho silencieux n'entend plus vos concerts.
Quelques rayons perdus dans le vague des airs
Sur le front des rochers paraissent luire encore;
Mais d'un rouge plus foncé l'occident se colore:
L'ombre engloutit les bois et leurs panaches verts.
Déjà je ne vois plus le cristal des fontaines
Et les tapis de Flore étendus sur les plaines.
Et toi, soleil, et toi, sur de nouveaux climats
Tu répands maintenant la vie et la lumière.
Tandis que tu poursuis ta brûlante carrière,
L'univers m'abandonne, et je crois sous mes pas
Fouler des nations la tranquille poussière.
Miroir éblouissant de la divinité,
O soleil! réponds-moi: qu'as-tu vu dans l'espace?

Le troupeau des humains vers l'abîme emporté,
Leur génération qui se montre et qui passe,
Comme ces moucherons qui dans un jour d'été
Vont couvrir des étangs la dormante surface.
Pendant que ta lumière éclate dans les cieux,
Le temps marche en silence et grossit ses ravages;
Il sape sourdement et l'homme et ses ouvrages,
Et les trônes des rois, et les temples des Dieux.
Lorsqu'éloigné du bruit, dans ma douce tristesse
Je marche à la lueur du nocturne flambeau,
J'aime à me rappeler les jours de ma jeunesse:
Mes parents endormis dans la nuit du tombeau,
L'ami de mon enfance, une aimable maîtresse,
Tout ce qui fut jadis l'objet de ma tendresse
Repasse devant moi comme un léger tableau.
Je m'occupe du temps où nous étions ensemble,
De leurs nouveaux destins, du lieu qui les rassemble.
Je songe à l'heureux jour où, loin de ses débris,
Mon âme dans leur sein doit voler tout entière.
Qu'en nous reconnaissant nous serons attendris!
Je croirai revenir d'une terre étrangère.
Que de fois, en songeant à ces mortels chéris,
J'exhalai dans la nuit ma douleur solitaire!
Je disais: Où sont-ils? quel coin de l'univers,
Quel lieu de leur passage a conservé la trace?
Les voilà disparus; leur mémoire s'efface;
Leur cendre abandonnée est le jouet des airs.
Mais si d'un beau matin notre vie est l'aurore,
Si dans un meilleur monde on peut aimer encore,
Peut-être mon Eglé répond à mes soupirs,
Peut-être elle descend de la voûte éthérée,
Belle comme autrefois, de ses grâces parée,
Livrant sa chevelure au souffle des zéphyrs.
O jours! ô doux instants présents à ma mémoire!
Parmi tous les humains Eglé m'avait choisi:
Elle ornait ma raison, m'enflammait pour la gloire,
Et de mon front paisible écartait le souci.
J'allais passer près d'elle une heure fortunée:
Je ne prétendais rien que l'entendre et la voir;
Hélas! le seul projet de la chercher le soir
Fit souvent le bonheur de toute ma journée.
A peine je l'ai vue! ainsi fuit un beau jour,
Ainsi pendant l'été nous voyons sur les plaines

Le soleil promener les ombres incertaines.
Le temps irréparable emporte sans retour
Ces heures de plaisir doucement disparues
Qui se suivaient sans bruit et sans être aperçues. . . .
   Errant sur les débris de ceux que j'ai perdus,
Délaissé maintenant et plein de leur image,
Je traverse le monde où je ne les vois plus,
Et je confie aux bois mes regrets superflus
Comme le rossignol qui gémit sous l'ombrage.
Que vais-je faire encor? revoir ce que j'ai vu;
Tourner et retourner sur une même scène;
Marcher avec ennui dans un sentier battu
De la haine à l'amour, de l'amour à la haine;
Dans un cercle uniforme enchaîner le plaisir;
Attendre en soupirant que le chagrin l'éveille;
Désavouer le jour les projets de la veille,
Et sans toucher le but épuiser le désir. . . .
   On se prend, on se laisse, on ne se connaît plus:
Maîtresse, amis, parents, tout se perd dans la foule.
Et voilà les plaisirs de ce monde vantés!
Je plains l'homme insensé que leur tumulte enivre,
Qui dans le mouvement met sa félicité,
Qui jouit dans le trouble et s'agite pour vivre:
Un vide affreux l'attend quand tout l'aura quitté. . . .

EVARISTE-DÉSIRÉ DE FORGES DE PARNY

J'ai cherché dans l'absence un remède à mes maux;
J'ai fui les lieux charmants qu'embellit l'infidèle.
Caché dans ces forêts dont l'ombre est éternelle,
J'ai trouvé le silence, et jamais le repos.
Par les sombres détours d'une route inconnue
J'arrive sur ces monts qui divise la nue:
De quel étonnement tous mes sens sont frappés!
Quel calme! quels objets! quelle immense étendue!
La mer paraît sans borne à mes regards trompés,
Et dans l'azur des cieux est au loin confondue.
Le zéphyr en ce lieu tempère les chaleurs:
De l'aquilon parfois on y sent les rigueurs;
Et tandis que l'hiver habite ces montagnes,
Plus bas l'été brûlant dessèche les campagnes.

Le volcan dans sa course a dévoré ces champs:
La pierre calcinée atteste son passage;
L'arbre y croît avec peine, et l'oiseau par ses chants
N'a jamais égayé ce lieu triste et sauvage.
Tout se tait, tout est mort. Mourez, honteux soupirs,
     Mourez, importuns souvenirs
     Qui me retracez l'infidèle;
     Mourez, tumultueux désirs,
     Ou soyez volages comme elle. . . .

⚶

Que le bonheur arrive lentement!
Que le bonheur s'éloigne avec vitesse!
Durant le cours de ma triste jeunesse,
Si j'ai vécu, ce ne fut qu'un moment.
Je suis puni de ce moment d'ivresse.
L'espoir qui trompe a toujours sa douceur,
Et dans nos maux du moins il nous console;
Mais loin de moi l'illusion s'envole,
Et l'espérance est morte dans mon cœur.
Ce cœur, hélas! que le chagrin dévore,
Ce cœur malade et surchargé d'ennui,
Dans le passé veut ressaisir encore
De son bonheur la fugitive aurore,
Et tous les biens qu'il n'a pas aujourd'hui.
Mais du présent l'image trop fidèle
Me suit toujours dans ces rêves trompeurs,
Et sans pitié la vérité cruelle
Vient m'avertir de répandre des pleurs.
J'ai tout perdu: délire, jouissance,
Transports brûlants, paisible volupté,
Douces erreurs, consolante espérance,
J'ai tout perdu: l'amour seul est resté.

⚶

Le chagrin dévorant a flétri ma jeunesse;
Je suis mort au plaisir, et mort à la tendresse.
Hélas! j'ai trop aimé: dans mon cœur épuisé
     Le sentiment ne peut renaître.
Non, non! vous avez fui pour ne plus reparaître,
Première illusion de mes premiers beaux jours,
Céleste enchantement des premiers amours.
O fraîcheur du plaisir! ô volupté suprême!

263

Je vous connus jadis, et dans ma douce erreur
      J'osai croire que le bonheur
      Durait autant que l'amour même.
Mais le bonheur fut court, et l'amour me trompait.
L'amour n'est plus : l'amour est éteint pour la vie.
Il laisse un vide affreux dans mon âme affaiblie,
      Et la place qu'il occupait
      Ne peut être jamais remplie.

Longtemps il marche, errant et solitaire :
Dans le vallon, sur les coteaux voisins,
Sans but il court, et la sèche bruyère
Retentissait sous ses pieds incertains.
Ce n'était plus cette voix douce et tendre
Qui de l'amour exprime le tourment :
Son désespoir murmure tristement
Des mots sans suite, et l'on croyait entendre
Des flots lointains le sourd mugissement.
Puis il s'arrête : appuyé sur sa lance,
Morne et terrible, il garde le silence,
Et sur la terre il fixe ses regards ;
Les vents sifflaient dans ses cheveux épars.
Tel un rocher qu'assiègent les nuages,
Triste, s'élève au milieu des déserts :
Ses flancs noircis repoussent les éclairs,
Et de son front descendent les orages. . . .

                    (*Isnel et Asléga*, II)

Vers sur la mort d'une jeune fille

Son âge échappait à l'enfance ;
Riante comme l'innocence,
Elle avait les traits de l'Amour.
Quelques mois, quelques jours encore,
Dans ce cœur pur et sans détour
Le sentiment allait éclore.
Mais le Ciel avait au trépas
Condamné ses jeunes appâts.
Au Ciel elle a rendu sa vie,
Et doucement s'est endormie

Sans murmurer contre ses lois.
Ainsi le sourire s'efface;
Ainsi meurt, sans laisser de trace,
Le chant d'un oiseau dans les bois.

LOUIS DE FONTANES

Le Jour des Morts dans une campagne

Déjà du haut des cieux le cruel Sagittaire
Avait tendu son arc et ravageait la terre;
Les coteaux et les champs et les prés défleuris
N'offraient de toutes parts que de vastes débris.
Novembre avait compté sa première journée.
    Seul alors, et témoin du déclin de l'année,
Heureux de mon repos, je vivais dans les champs.
Eh! quel poète, épris de leurs tableaux touchants,
Quel sensible mortel, des scènes de l'automne
N'a chéri quelquefois la beauté monotone?
O! comme avec plaisir la rêveuse douleur,
Le soir, foule à pas lents ces vallons sans couleur,
Cherche les bois jaunis, et se plaît au murmure
Du vent qui fait tomber leur dernière verdure!
Ce bruit sourd a pour moi je ne sais quel attrait.
Tout à coup si j'entends agiter la forêt,
D'un ami qui n'est plus la voix longtemps chérie
Me semble murmurer dans la feuille flétrie.
Aussi c'est dans ce temps où tout marche au cercueil
Que la religion prend un habit de deuil:
Elle en est plus auguste, et sa grandeur divine
Croît encore à l'aspect de ce monde en ruine.
    Aujourd'hui, ramenant un usage pieux,
Sa voix rouvrait l'asile où dorment nos aïeux.
Hélas! ce souvenir frappe encor ma pensée.
    L'aurore paraissait: la cloche balancée,
Mêlant un son lugubre aux sifflements du nord,
Annonçait dans les airs la fête de la Mort.
Vieillards, femmes, enfants accouraient vers le temple.
Là, préside un mortel dont la voix et l'exemple
Maintiennent dans la paix ces heureuses tribus:
Un prêtre ami des lois et zélé sans abus,
Qui, peu jaloux d'un nom, d'une orgueilleuse mitre,

Aimé de son troupeau, ne veut point d'autre titre,
Et, des apôtres saints fidèle imitateur,
A mérité comme eux ce doux nom de pasteur.
Jamais dans ses discours une fausse sagesse
Des fêtes du hameau n'attrista l'allégresse.
Il est pauvre, et nourrit le pauvre consolé.
Près du lit des vieillards quelquefois appelé,
Il accourt, et sa voix, pour calmer leur souffrance,
Fait descendre auprès d'eux la paisible espérance:
'Mon frère, de la mort ne craignez point les coups.
Vous remontez vers Dieu, Dieu s'avance vers vous!'
Le mourant se console, et sans terreur expire. . . .

Toutefois, en ce jour de grâce et de vengeance,
A ses enfants chéris que charmait sa présence
Il rappelle l'objet qui les rassemblait tous,
Et, loin d'armer contre eux le céleste courroux,
Il sut par l'espérance adoucir la tristesse.
'Hier, dit-il, nos chants, nos hymnes d'allégresse
Célébraient à l'envi ces morts victorieux
Dont le zèle enflammé sut conquérir les cieux.
Pour les mânes plaintifs, à la douleur en proie,
Nous pleurons aujourd'hui: notre deuil est leur joie.
La puissante prière a droit de soulager
Tous ceux qu'éprouve encore un tourment passager.
Allons donc visiter leur funèbre demeure.
L'homme, hélas! s'en approche, y descend à toute heure.
Consolons-nous pourtant: un céleste rayon
Percera des tombeaux la sombre région.
Oui, tous ses habitants, sous leur forme première,
S'éveilleront surpris de revoir la lumière.
Et moi, puissé-je alors, vers un monde nouveau,
En triomphe à mon Dieu ramener mon troupeau!'
Il dit, et prépara l'auguste sacrifice.
Tantôt ses bras tendus montrait le ciel propice;
Tantôt il adorait, humblement incliné.
O moment solennel! ce peuple prosterné,
Ce temple dont la mousse a couvert les portiques,
Ses vieux murs, son jour sombre, et ses vitraux gothiques,
Cette lampe d'airain, qui, dans l'antiquité
Symbole du soleil et de l'éternité,
Luit devant le Très-Haut jour et nuit suspendue,
La majesté d'un Dieu parmi nous descendue,
Les pleurs, les vœux, l'encens qui montent vers l'autel,

Et de jeunes beautés, qui, sous l'œil maternel,
Adoucissent encor par leur voix innocente
De la religion la pompe attendrissante,
Cet orgue qui se tait, ce silence pieux,
L'invisible union de la terre et des cieux,
Tout enflamme, agrandit, émeut l'homme sensible :
Il croit avoir franchi ce monde inaccessible
Où sur des harpes d'or l'immortel séraphin
Aux pieds de Jéhovah chante l'hymne sans fin.
C'est alors que sans peine un Dieu se fait entendre.
Il se cache au savant, se révèle au cœur tendre :
Il doit moins se prouver qu'il ne doit se sentir.
Mais du temple, à grands flots, se hâtait de sortir
La foule, qui déjà par groupes séparée
Vers le séjour des morts s'avançait éplorée.
L'étendard de la Croix marchait devant nos pas ;
Nos chants majestueux, consacrés au trépas,
Se mêlaient à ce bruit précurseur des tempêtes,
Et nos fronts attristés, nos funèbres concerts
Se conformaient au deuil et des champs et des airs.
Cependant du trépas on atteignait l'asile.
L'if et le bois lugubre, et le lierre stérile,
Et la ronce à l'entour croissent de toutes parts.
On y voit s'élever quelques tilleuls épars ;
Le vent court en sifflant sur leur cime flétrie.
Non loin s'égare un fleuve, et mon âme attendrie
Vit, dans le double aspect des tombes et des flots,
L'éternel mouvement et l'éternel repos.
Avec quel saint transport tout ce peuple champêtre,
Honorant ses aïeux, aimait à reconnaître
La pierre ou le gazon qui cachait leurs débris !
Il nomme, il croit revoir tous ceux qu'il a chéris.
On dirait que, sous l'œil du Dieu qui les rassemble,
Les morts et les vivants s'entretiennent ensemble.
Vers l'infortune en deuil, de consolantes voix
Du fond de ces tombeaux s'élèvent quelquefois,
Et, planant à l'entour, les âmes immortelles
Accueillent tous les pleurs qui sont versés pour elles.
O dogme attendrissant ! quel système pervers
Te rejette, et combat la voix de l'univers ?
Poètes, ramenez ces antiques usages,
Ces sentiments divins qu'ont proscrit les faux sages :
Ils ont dégradé l'homme, et vous l'agrandissez.

Que nos plus chers devoirs soient par vous retracés.
Hélas! dans nos remparts, de l'ami le plus tendre
Où peut l'œil incertain redemander la cendre?
Les morts en sont bannis, leurs droits sont violés,
Et leurs restes sans gloire au hasard sont mêlés.
Ah! déjà contre nous j'entends frémir leurs mânes.
Tremblons! malheur aux temps, aux nations profanes
Chez qui dans tous les cœurs affaibli par degré
Le culte des tombeaux cesse d'être sacré. . . .
    C'en est fait; et trois fois, dans ses pieux transports,
Le peuple a parcouru l'enceinte sépulcrale.
L'homme sacré trois fois y jette l'eau lustrale,
Et l'écho de la tombe, aux mânes satisfaits
Répéta sourdement: *Qu'ils reposent en paix.*
    Tout se tut; et soudain, ô fortuné présage!
Le ciel vit s'éloigner les fureurs de l'orage;
Et, brillant au milieu des brouillards entr'ouverts,
Le soleil jusqu'au soir consola l'univers.

CARBON DE FLINS DES OLIVIERS

Ismaël

.   .   .   .   .   .

Muse, fais retentir, sous mes doigts inspirés,
La harpe de David et ses accords sacrés
Que Milton fit entendre aux plaines britanniques,
Et dont naguère encor, sur les monts helvétiques,
Le doux chantre d'Abel[1] tira des sons nouveaux,
Comme autrefois David, entouré de troupeaux.
Sur le mont Sinaï tu reçus la naissance,
Lorsque de Jéhova tout fuyait la présence,
Et que d'un peuple ingrat Moïse blasphémé
Resta seul avec Dieu sur le mont enflammé.
Descends, fille du Ciel, aux rives de la Seine!
    Après avoir longtemps d'une course incertaine
Erré dans les déserts, Abraham, déjà vieux,
Avait vu s'accomplir la promesse des Cieux.
Il trouve une patrie, et sur des champs fertiles
Il voit s'étendre au loin ses tentes immobiles,
Et ses nombreux troupeaux couvrir en liberté
Le Canaan promis à sa postérité.

[1] *chantre d'Abel:* Salomon Gessner (*Der Tod Abels,* 1758)

A ses arbres pendait l'olive parfumée;
La myrrhe découlait de l'écorce embaumée;
Le lait de ses brebis suffisait aux pasteurs;
Ses palmiers lui donnaient des fruits avec des fleurs,
La terre ses moissons, et les cieux leur rosée.
Sa vertu, soixante ans à l'injure opposée,
Des peuples ses voisins attirait tous les vœux:
Et pourtant Abraham était loin d'être heureux. . . .

CHARLES-ALBERT DE MOUSTIER

Il est une douce langueur
Que la tendresse nous inspire,
Quand l'innocence à notre cœur
Cache encore ce qu'il désire.
Une plus brillante clarté
Sourit à notre œil enchanté;
Un nouvel univers commence:
Loin de lui le cœur emporté
Nage dans une mer immense
D'amertume et de volupté.
    Songe heureux! aimable délire!
Vous vous envolez pour toujours
Dès que la vérité déchire
Le bandeau léger des amours.
Au jour fatal qui nous éclaire
Quand nous discernons les objets,
Adieu bonheur! adieu chimère!
On se dit d'une voix amère:
'C'est donc là ce que je cherchais!'
Ah! n'éclairons point l'innocence!
Laissons la tendre adolescence
Désirer, espérer, languir:
L'amour n'a point de jouissance
Qui vaille le premier désir.

ANDRÉ-MARIE CHÉNIER

La jeune Tarentine

Pleurez, doux alcyons! ô vous, oiseaux sacrés,
Oiseaux chers à Thétis, doux alcyons, pleurez!

Elle a vécu, Myrto, la jeune Tarentine!
Un vaisseau la portait aux bords de Camarine:
Là, l'hymen, les chansons, les flûtes, lentement
Devaient la reconduire au seuil de son amant.
Une clef vigilante a, pour cette journée,
Dans le cèdre enfermé sa robe d'hyménée,
Et l'or dont au festin ses bras seraient parés,
Et pour ses blonds cheveux les parfums préparés.
Mais, seule sur la proue invoquant les étoiles,
Le vent impétueux qui soufflait dans les voiles
L'enveloppe: étonnée et loin des matelots
Elle crie, elle tombe, elle est au sein des flots.

Elle est au sein des flots, la jeune Tarentine!
Son beau corps a roulé sous la vague marine.
Thétis, les yeux en pleurs, dans le creux d'un rocher,
Aux monstres dévorants eut soin de le cacher.
Par ses ordres bientôt les belles Néréides
L'élèvent au-dessus des demeures humides,
Le portent au rivage, et dans ce monument
L'ont au cap du Zéphyr déposé mollement;
Puis de loin à grands cris appelant leurs compagnes,
Et les nymphes des bois, des sources, des montagnes,
Toutes, frappant leur sein et traînant un long deuil,
Répétèrent, hélas! autour de son cercueil:

'Hélas! chez ton amant tu n'es point ramenée;
Tu n'as point revêtu ta robe d'hyménée;
L'or autour de tes bras n'a point serré de nœuds;
Les doux parfums n'ont point coulé sur tes cheveux.'

(Bucoliques)

❦

O Muses, accourez, solitaires divines,
Amantes des ruisseaux, des grottes, des collines!
Soit qu'en ses beaux vallons Nîme égare vos pas,
Soit que de doux pensers, en de riants climats,
Vous retiennent aux bords de Loire ou de Garonne,

Soit que parmi le chœur de ces Nymphes du Rhône,
La lune sur les prés, où son flambeau vous luit,
Dansantes, vous admire au retour de la nuit:
Venez! J'ai fui la ville aux Muses si contraire,
Et l'écho fatigué des clameurs du vulgaire.
Sur les pavés poudreux d'un bruyant carrefour,
Les poétiques fleurs n'ont jamais vu le jour.
Le tumulte et les cris font fuir avec la lyre
L'oisive rêverie au suave délire;
Et les rapides chars et leurs cercles d'airain
Effarouchent les vers qui se taisent soudain.
Venez! Que vos bontés ne me soient point avares!
Mais ô! faisant de vous mes pénates, mes lares,
Quand pourrai-je habiter un champ qui soit à moi?
Et, villageois tranquille, ayant pour tout emploi
Dormir et ne rien faire, inutile poète,
Goûter le doux oubli d'une vie inquiète?
Vous savez si toujours, dès mes plus jeunes ans,
Mes rustiques souhaits m'ont porté vers les champs,
Si mon cœur dévorait vos champêtres histoires,
Cet âge d'or si cher à vos doctes mémoires,
Ces fleuves, ces vergers, Eden aimé des cieux,
Et du premier humain berceau délicieux,
L'épouse de Booz, chaste et belle indigente
Qui suit d'un pas tremblant la moisson opulente,
Joseph, qui dans Sichem cherche et retrouve, hélas!
Ses dix frères pasteurs qui ne l'attendaient pas,
Rachel, objet sans prix qu'un amoureux courage
N'a pas trop acheté de quinze ans d'esclavage.
Oh oui! je veux un jour, en des bords retirés,
Sur un riche coteau ceint de bois et de prés,
Avoir un humble toit, une source d'eau vive
Qui parle, et, dans sa fuite et féconde et plaintive,
Nourrisse mon verger, abreuve mes troupeaux.
Là, je veux, ignorant le monde et ses travaux,
Loin du superbe ennui que l'éclat environne,
Vivre comme jadis, aux champs de Babylone,
Ont vécu, nous dit-on, ces pères des humains
Dont le nom aux autels remplit nos fastes saints;
Avoir amis, enfants, épouse belle et sage,
Errer, un livre en main, de bocage en bocage,
Savourer sans remords, sans crainte, sans désirs,
Une paix dont nul bien n'égale les plaisirs.

Douce mélancolie! aimable mensongère,
Des antres, des forêts Déesse tutélaire,
Qui vient d'une insensible et charmante langueur
Saisir l'ami des champs et pénétrer son cœur,
Quand, sorti vers le soir des grottes reculées,
Il s'égare à pas lents au penchant des vallées,
Et voit des derniers feux le ciel se colorer,
Et sur les monts lointains un beau jour expirer.
Dans sa volupté sage, et pensive, et muette,
Il s'assied, sur son sein laisse tomber sa tête.
Il regarde à ses pieds, dans le liquide azur
Du fleuve qui s'étend comme lui calme et pur,
Se peindre les coteaux, les toits et les feuillages,
Et la pourpre en festons couronnant les nuages.
Il revoit près de lui, tout à coup animés,
Ces fantômes si beaux à nos pleurs tant aimés,
Dont la troupe immortelle habite sa mémoire:
Julie,[1] amante faible, et tombée avec gloire;
Clarisse,[2] beauté sainte où respire le ciel,
Dont la douleur ignore et la haine et le fiel,
Qui souffre sans gémir, qui périt sans murmure;
Clémentine[3] adorée, âme céleste et pure
Qui, parmi les rigueurs d'une injuste maison,
Ne perd point l'innocence en perdant la raison.
Mânes aux yeux charmants, vos images chéries
Accourent occuper ses belles rêveries;
Ses yeux laissent tomber une larme. Avec vous
Il est dans vos foyers, il voit vos traits si doux;
A vos persécuteurs il reproche leur crime;
Il aime qui vous aime, il hait qui vous opprime.
Mais tout à coup il pense, oh mòrtels déplaisirs!
Que ces touchants objets de pleurs et de soupirs
Ne sont peut-être, hélas! que d'aimables chimères,
De l'âme et du génie enfants imaginaires.
Il se lève; il s'agite à pas tumultueux;
En projets enchanteurs il égare ses vœux;
Il ira, le cœur plein d'une image divine,
Chercher si quelques lieux ont une Clémentine,
Et dans quelque désert, loin des regards jaloux,
La servir, l'adorer, et vivre à ses genoux.   (*Elégies*)

---

[1] *Julie:* heroine of J.-J. Rousseaus' novel *Julie, ou la nouvelle Héloïse*
[2] *Clarisse:* heroine of S. Richardson's novel *Clarissa Harlow*
[3] *Clémentine:* heroine of Richardson's novel *Sir Charles Grandison*

Des belles voluptés la voix enchanteresse
N'aurait point entraîné mon oisive jeunesse.
Je n'aurais point, en vers de délices trempés,
Et de l'art des plaisirs mollement occupés,
Plein des douces fureurs d'un délire profane,
Livré nue aux regards ma Muse courtisane.
J'aurais, jeune Romain, au sénat, aux combats,
Usé pour la patrie et ma voix et mon bras ;
Et si du grand César l'invincible génie
A Pharsale eût fait craindre enfin la tyrannie,
J'aurais su, finissant comme j'avais vécu,
Sur les bords africains, défait et non vaincu,
Fils de la liberté, parmi ses funérailles,
D'un poignard vertueux déchirer mes entrailles.
Et des pontifes saints les bancs religieux
Verraient même aujourd'hui vingt sophistes pieux
Prouver en longs discours appuyés de maximes
Que toutes mes vertus furent de nobles crimes,
Que ma mort fut d'un lâche, et que le bras divin
M'a gardé des tourments qui n'auront point de fin.

(*id.*)

Ah ! ne le croyez pas que par moments j'oublie
Et mon cœur et l'amour, extase, poésie,
Vous surtout, belle et douce à mes rêves secrets,
Vous dont les purs regards font les miens indiscrets.
Sans doute c'est plaisir d'oublier à son aise
La tenace douleur qui déchire ou qui pèse,
Les ennuis au fiel noir, l'argent que l'on nous doit,
L'avenir et la mort qui nous montrent du doigt,
Tout ce qui se résout en larmes chez les femmes...
Les petits maux souvent veulent de fortes âmes.
Mais aussi dans la paix voluptueux penseur,
Je suis de ma mémoire absolu possesseur ;
Je lui prête une voix, puissante magicienne,
Comme aux brises du soir une harpe éolienne,
Et chacun de mes sens résonne à cette voix ;
Mon cœur ment à mes yeux: absente je vous vois.
Alors je me souviens des amis que je pleure,
Des temps qui ne sont plus, d'un espoir qui me leurre,
De la riche nature apparue à mes yeux,
De mes songes d'hier toujours vains mais joyeux,

273

De mes projets en l'air: que sais-je? Galatée
De marbre, qui s'anime aux feux de Promethée...
Ce qui me rit un jour, plus tard je m'en souvien,
Trop oublieux du mal, [me] souvenant du bien.

(id.)

❧

Apollon et Bacchus! un crin noir et sauvage
N'a hérissé jamais votre jeune visage.
Apollon et Bacchus! vous seuls entre les Dieux
D'un éternel printemps vous êtes radieux.
Sous le tranchant du fer vos chevelures blondes
N'ont jamais vu tomber leurs tresses vagabondes.

(Épigrammes)

❧

.   .   .   .

Aux antres de Paros le bloc étincelant
N'est aux vulgaires yeux qu'une pierre insensible.
Mais le docte ciseau, dans son sein invisible,
Voit, suit, trouve la vie, et l'âme et tous ses traits.
Tout l'Olympe respire en ses détours secrets.
Là vivent de Vénus les beautés souveraines;
Là, des muscles nerveux, là, de sanglantes veines
Serpentent; là, des flancs invaincus aux travaux
Pour soulager Atlas des célestes fardeaux.
Aux volontés du fer leur enveloppe énorme
Cède, s'amollit, tombe; et de ce bloc informe
Jaillissent, éclatants, des Dieux pour nos autels.
C'est Apollon lui-même, honneur des Immortels;
C'est Alcide[1] vainqueur des monstres de Némée;
C'est du vieillard troyen[2] la mort envénimée;
C'est des Hébreux errants le chef, le défenseur:
Dieu tout entier habite en ce marbre penseur.
Ciel! n'entendez-vous pas de sa bouche profonde
Eclater cette voix créatrice du monde?
   O qu'ainsi parmi nous des esprits inventeurs
De Virgile et d'Homère atteignent les hauteurs!
Sachent dans la mémoire avoir comme eux un temple,
Et sans suivre leurs pas imiter leur exemple;
Faire, en s'éloignant d'eux, avec un soin jaloux,
Ce qu'eux-mêmes ils feraient, s'ils vivaient parmi nous!
Que la nature seule, en ses vastes miracles,
Soit leur fable et leurs dieux, et ses lois leurs oracles;

---

[1] *Alcide:* Hercules   [2] *vieillard troyen:* Laocoon

Que leurs vers, de Thétis respectant le sommeil,
N'aillent plus dans ses flots rallumer le soleil;
De la cour d'Apollon que l'erreur soit bannie,
Et qu'enfin Calliope,[1] élève d'Uranie,[2]
Montant sa lyre d'or sur un plus noble ton,
En langage des Dieux fasse parler Newton! . . .

(L'Invention)

Ainsi quand de l'Euxin la Déesse étonnée
Vit du premier vaisseau son onde sillonnée,
Aux héros de la Grèce,[3] à Colchos appelés,
Orphée expédiait les mystères sacrés
Dont sa mère immortelle avait daigné l'instruire.
Près de la poupe assis, appuyé sur sa lyre,
Il chantait quelles lois à ce vaste univers
Impriment à la fois des mouvements divers,
Quelle puissance entraîne ou fixe les étoiles,
D'où le souffle des vents vient animer les voiles,
Dans l'ombre de la nuit quels célestes flambeaux
Sur l'aveugle Amphitrite[4] éclairent les vaisseaux.
Ardents à recueillir ces merveilles utiles,
Autour du demi-dieu les princes immobiles
Aux accents de sa voix demeuraient suspendus,
Et l'écoutaient encor quand il ne chantait plus.

(Hermès, fragment)

Salut, ô belle nuit, étincelante et sombre,
·   ·   ·   · ô silence de l'ombre,
Qui n'entends que la voix de mes vers, et les cris
De la rive aréneuse où se brise Thétis.
Muse, Muse nocturne, apporte-moi ma lyre!
Comme un fier météore, en ton brûlant délire,
Lance-toi dans l'espace; et pour franchir les airs,
Prends les ailes des vents, les ailes des éclairs,
Les bonds de la comète aux longs cheveux de flamme.
Mes vers impatients élancés de mon âme
Veulent parler aux Dieux, et volent où reluit
L'enthousiasme errant, fils de la belle nuit.
Accours, grande Nature, ô mère du génie!

[1] *Calliope:* the Muse of epic poetry
[2] *Uranie:* the Muse of astronomy   [3] *héros de la Grèce:* the Argonauts
[4] *Amphitrite:* one of the Nereids: here used for the sea

Accours, reine du monde, éternelle Uranie,[1]
Soit que tes pas divins sur l'astre du Lion
Ou sur les triples feux du superbe Orion
Marchent, ou soit qu'au loin, fugitive emportée,
Tu suives les détours de la voie argentée,
Soleils amoncelés dans le céleste azur
Où le peuple a cru voir les traces d'un lait pur;
Descends, non, porte-moi sur ta route brûlante:
Que je m'élève au ciel comme une flamme ardente!
Déjà ce corps pesant se détache de moi.
Adieu, tombeau de chair, je ne suis plus à toi.
Terre, fuis sous mes pas! L'éther où le ciel nage
M'aspire. Je parcours l'océan sans rivage.
Plus de nuit. Je n'ai plus d'un globe opaque et dur
Entre le jour et moi l'impénétrable mur.
Plus de nuit, et mon œil et se perd et se mêle
Dans les torrents profonds de lumière éternelle.
Me voici sur les feux que le langage humain
Nomme Cassiopée et l'Ourse et le Dauphin.
Maintenant la Couronne autour de moi s'embrase;
Ici l'Aigle et le Cygne et la Lyre et Pégase.
Et voici que plus loin le Serpent tortueux
Noue autour de mes pas ses anneaux lumineux.
Féconde immensité, les esprits magnanimes
Aiment à se plonger dans tes vivants abîmes:
Abîmes de clartés, où, libre de ses fers,
L'homme siège au conseil qui créa l'univers:
Où l'âme remontant à sa grande origine
Sent qu'elle est une part de l'essence divine.

(L'Amérique, fragment)

❧

Comme un dernier rayon, comme un dernier zéphyre
    Animent la fin d'un beau jour,
Au pied de l'échafaud j'essaye encor ma lyre.
    Peut-être est-ce bientôt mon tour.
Peut-être avant que l'heure en cercle promenée
    Ait posé sur l'émail brillant,
Dans les soixante pas où sa route est bornée,
    Son pied sonore et vigilant,
Le sommeil du tombeau pressera ma paupière.
    Avant que de ses deux moitiés

[1] *Uranie:* the Muse of astronomy

Ce vers que je commence ait atteint la dernière,
    Peut-être en ces murs effrayés
Le messager de mort, noir recruteur des ombres,
    Escorté d'infâmes soldats,
Ebranlant de mon nom ces longs corridors sombres,
    Où seul dans la foule à grands pas
J'erre, aiguisant ces dards persécuteurs du crime,
    Du juste trop faibles soutiens,
Sur mes lèvres soudain va suspendre la rime,
    Et chargeant mes bras de liens,
Me traîner, amassant en foule à mon passage
    Mes tristes compagnons reclus,
Qui me connaissaient tous avant l'affreux message,
    Mais qui ne me connaissent plus.
Eh bien! j'ai trop vécu. Quelle franchise auguste,
    De mâle constance et d'honneur
Quels exemples sacrés, doux à l'âme du juste,
    Pour lui quelle ombre de bonheur,
Quelle Thémis terrible aux têtes criminelles,
    Quels pleurs d'une noble pitié,
Des antiques bienfaits quels souvenirs fidèles,
    Quels beaux échanges d'amitié,
Font digne de regrets l'habitacle des hommes?
    La peur fugitive est leur Dieu;
La bassesse; la feinte. Ah! lâches que nous sommes
    Tous, oui, tous. Adieu, terre, adieu.
Vienne, vienne la mort!—Que la mort me délivre!
    Ainsi donc mon cœur abattu
Cède au poids de mes maux? Non, non. Puissé-je
      vivre!
    Ma vie importe à la vertu.
Car l'honnête homme enfin, victime de l'outrage,
    Dans les cachots, près du cercueil,
Relève plus altier son front et son langage,
    Brillants d'un généreux orgueil.
S'il est écrit aux cieux que jamais une épée
    N'étincellera dans mes mains,
Dans l'encre et l'amertume une autre arme trempée
    Peut encor servir les humains.
Justice, Vérité, si ma main, si ma bouche,
    Si mes pensers les plus secrets
Ne froncèrent jamais votre sourcil farouche,
    Et si les infâmes progrès,

Si la risée atroce, ou, plus atroce injure,
  L'encens de hideux scélérats
Ont pénétré vos cœurs d'une longue blessure,
  Sauvez-moi! Conservez un bras
Qui lance votre foudre, un amant qui vous venge.
  Mourir sans vider mon carquois!
Sans percer, sans fouler, sans pétrir dans leur fange
  Ces bourreaux barbouilleurs de lois!
Ces vers cadavéreux de la France asservie,
  Egorgée! O mon cher trésor,
O ma plume! fiel, bile, horreur, Dieux de ma vie!
  Par vous seuls je respire encor:
Comme la poix brûlante agitée en ses veines
  Ressuscite un flambeau mourant,
Je souffre, mais je vis. Par vous, loin de mes peines,
  D'espérance un vaste torrent
Me transporte. Sans vous, comme un poison livide,
  L'invisible dent du chagrin,
Mes amis opprimés, du menteur homicide
  Les succès, le sceptre d'airain;
Des bons proscrits par lui la mort ou la ruine,
  L'opprobre de subir sa loi,
Tout eût tari ma vie; ou contre ma poitrine
  Dirigé mon poignard. Mais quoi!
Nul ne resterait donc pour attendrir l'histoire
  Sur tant de justes massacrés?
Pour consoler leurs fils, leurs veuves, leur mémoire,
  Pour que des brigands abhorrés
Frémissent aux portraits noirs de leur ressemblance,
  Pour descendre jusqu' aux enfers
Nouer le triple fouet, le fouet de la vengeance
  Déjà levé sur ces pervers?
Pour cracher sur leurs noms, pour chanter leur supplice?
  Allons, étouffe tes clameurs;
Souffre, ô cœur gros de haine, affamé de justice.
  Toi, Vertu, pleure si je meurs.

(Iambes xi)

CHARLES-JULIEN-LIOULT DE CHÊNEDOLLÉ

L'Indifférence de la Nature

Quoi! d'une jeune et tendre mère
Le sort est si vite abrégé,
Et d'une tête à tous si chère
La perte à la Nature a semblé si légère
Qu'autour d'elle rien n'est changé?

Dans ses jardins tout continue
A se parer des mêmes fleurs
Qui venaient récréer sa vue
Lorsque, dans un beau soir, de leur grâce ingénue
Son œil admirait les couleurs.

Des oiseaux la pure harmonie
Remplit ses bosquets enchantés;
Du tulipier de Virginie
L'ombre voluptueuse, et par mai rajeunie,
Y prodigue encor ses beautés.

Ainsi la Nature insensible
Est sans pitié pour nos douleurs,
Et, dans sa rigueur inflexible,
Nous est cruelle et sourde, et se montre impassible
A notre mort comme à nos pleurs.

Eh! que lui fait que la jeunesse,
Ou le génie, ou la beauté
Pour nous sans retour disparaisse?
Sur ses lois appuyée, elle poursuit sans cesse
Son immuable éternité.

CHARLES-HUBERT MILLEVOYE

La Chute des feuilles

De la dépouille de nos bois
L'automne avait jonché la terre;
Le bocage était sans mystère,
Le rossignol était sans voix.
Triste, et mourant à son aurore,
Un jeune malade à pas lents
Parcourait une fois encore
Le bois cher à ses premiers ans:

'Bois que j'aime! adieu . . . je succombe.
Ton deuil m'avertit de mon sort;
Et dans chaque feuille qui tombe
Je vois un présage de mort.
Fatal oracle d'Epidaure,[1]
Tu m'as dit: 'Les feuilles des bois
A tes yeux jauniront encore,
Mais c'est pour la dernière fois.
L'éternel cyprès se balance;
Déjà sur ta tête en silence
Il incline ses longs rameaux:
Ta jeunesse sera flétrie
Avant l'herbe de la prairie,
Avant le pampre des coteaux.'
Et je meurs! de leur froide haleine
M'ont touché les sombres autans;
Et j'ai vu comme une ombre vaine
S'évanouir mon beau printemps.
Tombe, tombe, feuille éphémère:
Couvre, hélas! ce triste chemin.
Cache au désespoir de ma mère
La place où je serai demain.
Mais si mon amante voilée
Au détour de la sombre allée
Venait pleurer quand le jour fuit,
Eveille par un léger bruit
Mon ombre un instant consolée!'
Il dit, s'éloigne... et, sans retour,
La dernière feuille qui tombe
A signalé son dernier jour.
Sous le chêne on creusa sa tombe...
Mais son amante ne vint pas
Visiter la pierre isolée,
Et le pâtre de la vallée
Trouble seul du bruit de ses pas
Le silence du mausolée.

---

[1] *Epidaure:* Epidaurus, where Asclepius, god of medicine,
had his principal shrine

CHARLES LOYSON

Hymne à la Lune

Salut, astres des nuits ! Tandis que dans les cieux,
        Suivant ta course irrégulière,
Tu guides lentement ton char silencieux,
Laisse-moi t'adresser ma nocturne prière,
        Et du charme mystérieux
Que répand dans ces bois ta paisible lumière
Anime doucement mes chants religieux. . . .

M'apprendras-tu quels sont ces pensers ineffables,
Ce vague enchantement, triste à la fois et doux,
        Que ton aspect fait naître en nous,
Et que l'antiquité consacrait dans ses fables,
        Lorsque le crédule univers
        Adorait ton globe d'albâtre,
        Et dans son respect idolâtre
Divinisait en toi ses sentiments divers ? . . .
        Mais le temps, dont les mains sévères
        De ses parures mensongères
        Vont dépouillant la vérité,
Le temps a dissipé ces profanes images:
Brillant flambeau des nuits, renonce à nos hommages,
Et, dégradé du rang de la divinité,
        Retombe au rang de ses ouvrages.
Eh bien! tu ne perds point tes antiques vertus:
L'âme rêveuse encore éprouve ta puissance;
        Comme autrefois en ta présence
        Les cœurs des mortels sont émus.
Quel est donc le secret de cette sympathie?
        Que me veux-tu, globe argenté?
Qu'ont, dis-moi, de commun ton errante clarté
        Et ces mystères de la vie,
L'inflexible destin qui la tient asservie,
La naissance et la mort, l'amour et la beauté,
Et la stérile fleur de la virginité,
        Et cette tristesse infinie,
Le titre des mortels à l'immortalité?
Qui fait couler en moi, quand mon œil te contemple,
Je ne sais quoi de pur et de religieux?
        Oh! que tes rais silencieux

Sont beaux à voir briller sur le faîte d'un temple!
Qu'ils sont beaux dans le cloître, au milieu des déserts,
Et sur le front blanchi du vieil anachorète
Qui fait monter au ciel sa prière secrète
Comme un suave encens exhalé dans les airs!
O puissance inconnue! ô charme involontaire!
Je crois m'associer à ton cours lumineux.
Comme toi, créature muette et solitaire,
D'un éclat étranger obscur dépositaire,
Je roule et vais chercher dans ces mondes nombreux
Le soleil inconnu qui m'a prêté ses feux.
Mais tout à coup parmi ces brillantes merveilles
Quel son mystérieux a frappé mes oreilles?
      Sous des dômes resplendissants
J'entends cette parole incréée, éternelle,
Ce Verbe, Fils de l'Etre, et vie universelle,
Flambeau de vérité qui brille avant les temps,
Dieu présent à l'esprit, Dieu caché pour les sens.
Ton silence, ô nuit sainte, est sa voix solennelle,
Et tes astres muets répètent ses accents.
O terre, ô ciel, ô monde, ô région nouvelle,
O de l'Intelligence immuable cité!
      Poursuis ton vol, âme immortelle,
      Ton domaine est l'immensité!
Vois-tu delà les cieux les cieux encor s'étendre,
Et ces siècles sans fin que tu ne peux comprendre?
Que dis-je? l'univers, ô spectacle d'effroi!
Les espaces, les temps, hors de moi tout s'abîme,
      Et — qui suis-je, insecte sublime? —
L'infini tout entier semble rentrer en moi.
Moi-même, ô mon Principe, ô ma suprême Loi,
O Roi de l'infini, de l'espace et des âges,
Force, Vie et Lumière, Océan sans rivages,
Je me perds à mon tour et me retrouve en toi!...

Epître à Monsieur Maine de Biran[1]

.   .   .   .   .

O Biran! que ne puis-je, en ce doux ermitage,
Respirant près de toi la liberté, la paix,
Cacher une vie oisive au fond de tes bosquets!
Que ne puis-je à mon gré, te choisissant pour maître,
Dans tes sages leçons apprendre à me connaître,

---

[1] *Maine de Biran:* French philosopher (1766-1824). His work is based
on a close study of the immediate experience of the self.

Et, de ma propre étude inconcevable objet,
De ma nature enfin pénétrer le secret!
Lorsque mon âme en soi tout entière enfoncée
A son être pensant attache sa pensée,
Sur cette scène intime, où je suis seul acteur,
Théâtre en même temps, spectacle et spectateur,
Comment puis-je, dis-moi, me contempler moi-même,
Ou voir en moi le monde et son Auteur suprême?
Pensers mystérieux, espace, éternité,
Ordre, beauté, vertu, justice, vérité,
Héritage immortel dont j'ai perdu les titres,
D'où m'êtes-vous venus? quels témoins, quels arbitres
Vous feront reconnaître à mes yeux incertains
Pour de réels objets, ou des fantômes vains?
L'humain entendement serait-il un mensonge,
L'existence un néant, la conscience un songe?
Fier sceptique, réponds: je me sens, je me voi,
Qui peut feindre mon être et me rêver en moi?
Confesse donc enfin une source inconnue,
D'où jusqu'à ton esprit la vérité venue
S'y peint en traits brillants comme dans un miroir,
Et pour te subjuguer n'a qu'à se faire voir.
Que peut sur sa lumière un pointilleux sophisme?
Descartes en vain se cherche au bout d'un syllogisme.
En vain vous trouvez Dieu dans un froid argument:
Toute raison n'est pas dans le raisonnement.
Il est une clarté plus prompte et non moins sûre
Qu'allume à notre insu l'infaillible nature,
Et qui, de notre esprit enfermant l'horizon,
Est pour nous la première et dernière raison. . . .

MARCELINE DESBORDES-VALMORE

Les Lettres

Hélas! que voulez-vous de moi,
Lettres d'amours, plaintes mystérieuses,
Vous dont j'ai repoussé longtemps avec effroi
Les prières silencieuses?
Vous m'appelez . . . Je rêve, et je cherche, en tremblant,
Sur mon cœur une clef qui jamais ne s'égare:
D'un éclair l'intervalle à présent nous sépare,
Mais cet intervalle est brûlant!
Je n'ose respirer! Triste sans amertume,

Au passé, malgré moi, je me sens réunir:
Las d'oppresser mon sein, l'ennui qui me consume
Va m'attendre dans l'avenir.
Je cède! prends sa place, ô délirante joie!
Laisse fuir la douleur, cache-moi l'horizon:
Elle t'abandonne sa proie,
Je t'abandonne ma raison!
Oui, du bonheur vers moi l'ombre se précipite:
Du pupitre ouvert l'Amour s'échappe encor.
Où va mon âme?—elle me quitte!
Plus prompte que ma vue, elle atteint son trésor!
Il est là!... toujours là, sous vos feuilles chéries,
Frêles garants d'une éternelle ardeur!
Unique enchantement des tristes rêveries
Où m'égare mon cœur!
De sa pensée échos fidèles,
De ses vœux discrets monuments,
L'Amour qui l'inspirait a dépouillé ses ailes
Pour tracer ces tendres serments.
Soulagement d'un cœur, et délices de l'autre,
Ingénieux langage et muet entretien,
L'empire de l'absence est détruit par le vôtre:
Je vous lis, mon regard est fixé sur le sien!
Ne renfermez-vous pas la promesse adorée
Qu'il n'aimera que moi...qu'il m'aimera toujours?...
Cette fleur qu'il a respirée,
Ce ruban qu'il porta deux jours?
Comme la volupté que j'ai connue à peine,
La fleur exhale encore un parfum ravissant;
N'est-ce pas sa brûlante haleine?
N'est-ce pas de son âme un souffle caressant?
Du ruban qu'il m'offrit que la couleur est belle!
Le ciel n'a pas un bleu plus pur:
Non, des cieux le voile d'azur
Ne me charmerait pas comme elle!
Qu'ai-je lu?... Le voilà, son eternel adieu!
Je touchais au bonheur, il m'en a repoussée.
En appelant l'espoir, ma langue s'est glacée,
Et ma froide compagne est entrée en ce lieu!
O constante douleur! sombre comme la haine,
Vous voilà de retour!
Prenez votre victime, étendez-lui sa chaîne:
Moi, je vous rends un cœur encor tremblant d'amour!

BIBLIOGRAPHY

(The place of publication is Paris, unless otherwise stated)

GENERAL WORKS

1. J. Bédier et P. Hazard, *Littérature française*, 2nd ed., 1949
   E. Faguet, *Histoire de la Poésie française de la Renaissance au Romantisme*, 1923-1936

2. W. F. Patterson, *Three Centuries of French Poetic Theory* (1328-1630), Ann Arbor, 1935
   Margaret Gilman, *The Idea of Poetry in France from Houdar de la Motte to Baudelaire*, Cambridge, Mass. 1958

3. L. E. Kastner, *A History of French Versification*, Oxford, 1903
   M. Grammont, *Petit Traité de Versification française*, 1908
   Ph. Martinon, *Les Strophes*, 1912
   Y. Le Hir, *Esthétique et Structure du vers français d'après les théoriciens, du XVIe siècle à nos jours*, 1956

4. A-M. Schmidt, *Poètes du XVIe siècle*, 1953 (Anthology)
   F. Lachèvre, *Bibliographie des Recueils collectifs de poésie du XVIe siècle*, 1922
   R. Morçay, *La Renaissance*, 1933
   H. Guy, *Histoire de la Poésie française au XVIe siècle*, I, 1910; II, 1926
   H. Chamard, *Histoire de la Pléiade*, 1939-1940
   R. J. Clements, *Critical Theory and Practice of the Pléiade*, Harvard, 1942
   P. Vianey, *Le Pétrarquisme en France au XVIe siècle*, Montpellier, 1909
   M. Raymond, *L'influence de Ronsard sur la poésie française de 1550 à 15,58* 1927
   A. Hulubei, *L'Eglogue en France au XVIe siècle*, 1938
   A-M. Schmidt, *La Poésie scientifique en France au XVIe siècle*, 1938
   A. Muller, *La Poésie religieuse catholique de Marot à Malherbe*, 1950
   F. Fleuret et L. Perceau, *Les Satires françaises du XVIe siècle*, 1922 (Anthology)
   F. A. Yates, *The French Academies of the XVIth Century*, London, 1947

285

A. J. Festugière, *La Philosophie de l'amour de Marsile Ficin et son influence sur la littérature française au XVIe siècle*, 1941

H. Weber, *La Création poétique en France au XVIe siècle de Maurice Scève à Agrippa d'Aubigné*, 1956

5. D. Aury, *Anthologie de la poésie religieuse française*, 1943

A. Cart, *La Poésie française au XVIIe siècle (1594-1630)*, 1938 (Anthology)

R. Lebègue, *La Poésie française de 1560 à 1630*, 1951

Revue des Sciences humaines, Lille, fasc. 55-56, July-Dec. 1949 (studies on the *baroque* and the *précieux*)

Cahiers de l'Association internationale des Etudes françaises, No. 1, 1951 (id.); No. 10, 1958, *La Poésie de la Réforme et de la Contre-Réforme*.

J. Rousset, *La Littérature de l'âge baroque en France*, 1953

O. de Mourgues, *Metaphysical, Baroque and Précieux Poetry*, Oxford, 1953

6. T. Maulnier et D. Aury, *Poètes précieux et baroques du XVIIe siècle*, Angers, 1941 (Anthology)

T. Maulnier, *Poésie du XVIIe siècle*, 1945 (Anthology)

A. Blanchard, *Baroques et Classiques*, Lyons, 1947 (Anthology)

F. Lachèvre, *Bibliographie des Recueils collectifs publiés de 1597 à 1700*, 1901-1922

A. Adam, *Histoire de la littérature française au XVIIe siècle*, 1948-1957

D. Mornet, *Histoire de la littérature française classique*, 1942

G. de Reynold, *Le XVIIe siècle*, Montreal, 1944

G. Mongrédien, *Les Précieux et les Précieuses*, 1939 (Anthology)

R. Winegarten, *French Lyrical Poetry in the Age of Malherbe*, Manchester, 1954

Cahiers de l'Association internationale des Etudes françaises, No. 6, July 1954 (*Le sentiment de la nature au XVIIe siècle*)

F. Fleuret et L. Perceau, *Les Satires françaises du XVIIe siècle*, 1923 (Anthology)

J. Cottaz, *L'influence des théories du Tasse sur l'Epopée en France*, 1942

7. A. Chérel, *De Télémaque à Candide*, 1933

D. Mornet, *Le Romantisme en France au XVIIIe siècle*, 1912

P. van Tieghem, *Le Préromantisme*, 1924-1947

A. Monglond, *Histoire intérieure du Préromantisme français*, Grenoble, 1930

L. Bertrand, *La Fin du classicisme et le retour à l'antique*, 1898

BIBLIOGRAPHY

H. Potez, *L'Elégie en France avant le romantisme*, 1898
C-A. Fusil, *La Poésie scientifique de 1750 à nos jours*, 1917
D. Mornet, *L'Alexandrin français dans la seconde moitié du XVIIIe siècle*, Toulouse, 1907

INDIVIDUAL AUTHORS

JEAN LEMAIRE DE BELGES (1473-*c.* 1524)
Le Temple d'honneur et de vertus, 1503; *La Plainte du Désiré*, 1504; *Les Épîtres de l'Amant vert*, 1511; *La Concorde des deux langages*, 1513 (composed 1511)
Modern editions: *La Plainte du Désiré*, ed. D. Yabsley, 1932; *La Concorde des deux langages*, ed. J. Frappier, 1947; *Les Épîtres de l'Amant vert*, ed. J. Frappier, 1948
See Paul Spaak, *Jean Lemaire de Belges, sa vie, son œuvre et ses meilleures pages*, 1926; G. Doutremont, *Jean Lemaire de Belges et la Renaissance*, 1934

MELLIN DE SAINT-GELAIS (1491-1558)
Œuvres, Lyons, 1547 and 1574
Modern edition: *Œuvres*, ed. P. Blanchemain, 1873

MARGUERITE DE NAVARRE (1492-1549)
Le Miroir de l'âme pécheresse, 1531; *Les Marguerites de la Marguerite des princesses*, 1547
Modern editions: *Les Marguerites*, ed. F. Franck, 1873; *Poésies inédites* in the edition by Le Roux de Lincy of the *Heptaméron*, 1880; *Les dernières poésies de Marguerite de Navarre*, ed. A. Lefranc, 1896
See A. Lefranc, *Grands écrivains français de la Renaissance*, 1914; P. Jourda, *Marguerite d'Angoulême, duchesse d'Alençon, reine de Navarre*, 1931

ANTOINE HÉROËT, also called LA MAISONNEUVE (1492-1568)
La Parfaite Amie, Lyons, 1542
Modern edition: *Œuvres poétiques*, ed. F. Gohin, 1909
See J. Arnoux, *Un précurseur de Ronsard, A. Héroët*, 1913

CLÉMENT MAROT (?1496-1544)
L'Adolescence clémentine, 1532, and its *Suite*, 1534; *Œuvres*, 1538 and 1544
Modern editions: *Œuvres*, ed. G. Guiffrey and J. Plattard, 1875-1932; *Œuvres complètes*, ed. A. Grenier, 1938; *L'Adolescence clémentine*, ed. V.-L. Saulnier, 1958; *Les Épîtres*, ed. C.-A. Mayer, London, 1958

BIBLIOGRAPHY

See J. Vianey, *Les Epîtres de Marot*, 1935; P. Jourda, *Marot, l'Homme et l'Œuvre*, 1950; C. A. Mayer, *Bibliographie des Œuvres de Cl. Marot*, Geneva, 1954. C. E. Kinch, *La Poésie satirique de Cl. Marot*, 1940; V.-L. Saulnier, *Les Elégies de Cl. Marot*, 1952; C. A. Mayer, *La Réligion de Marot*, Geneva, 1960

MAURICE SCÈVE (*c.* 1510-*post* 1562)
Arion, Lyons, 1536; *Délie*, Lyons, 1544; *Saulsaie*, Lyons, 1547; *Microcosme*, Lyons, 1562
Modern editions: *Délie*, ed. M. Parturier, 1916; *Œuvres complètes*, ed. B. Guégan, 1927
See V-L. Saulnier, *Maurice Scève*, 1948; H. Weber, *La langue poétique de Maurice Scève*, Florence, 1948; I. D. McFarlane, *Notes on Maurice Scève's Délie*, in *French Studies* XIII (1959) No. 2

PERNETTE DU GUILLET (1520-1545)
Rimes, Lyons, 1545
Modern edition: *Rimes*, Lyons, 1864
See V-L. Saulnier, *Etude sur Pernette du Guillet* in *Bibliothèque d'Humanisme et Renaissance*, IV, 1944

JACQUES PELETIER DU MANS (1517-1587)
Œuvres poétiques, 1547; *L'Art poétique*, Lyons, 1555; *L'Amour des Amours*, Lyons, 1555; *La Savoie*, Lyons, 1572; *Louanges*, 1581
Modern editions: *Œuvres poétiques*, ed. L. Séché, 1904; *L'Art poétique*, ed. J. Boulenger, 1930; *L'Amour des Amours*, ed. A. van Bever, 1926
See C. Jugé, *J. Peletier du Mans*, 1907; D. B. Wilson, *The Discovery of Nature in the Work of Jacques Peletier du Mans*, in *Bibliothèque d'Humanisme et Renaissance*, XVI, 1954

MACLOU DE LA HAYE (? - ?)
Œuvres, 1553

PONTUS DE TYARD (1521-1608)
Erreurs amoureuses, Lyons, 1549, 1551, 1553; *Vers lyriques*, Lyons, 1555; *Œuvres poétiques*, 1573
Modern edition: *Œuvres*, ed. M. Marty-Laveaux, 1875. See also *Le Solitaire premier*, ed. S. M. Baridon, Geneva, 1950
See A. Jeandet, *Pontus de Tyard*, 1860; J. C. Lapp, *The Universe of Pontus de Tyard*, Ithaca, N.Y., 1950

LOUISE LABÉ (*c.* 1524-1565)
Œuvres, Lyons, 1555
Modern edition: *Œuvres*, ed. M. Schérer, 1927
See D. O'Connor, *Louise Labé, sa vie et son œuvre*, 1927

288

BIBLIOGRAPHY

Pierre de Ronsard (1524-1585)

Les Odes, 1550-1555; *Les Amours*, 1552-1553; *Les Folâtries*, 1553; *Le Bocage*, 1553; *Les Mélanges*, 1555; *Continuation des Amours*, 1555; *Nouvelle Continuation des Amours*, 1556; *Les Hymnes*, 1555-1556; *Le second livre des Mélanges*, 1559; *Discours des Misères de ce temps*, 1562; *Continuation du Discours*, 1562; *Remontrance au peuple de France*, 1563; *Réponse . . . aux injures et calomnies . . .*, 1563; *Abrégé de l'art poétique*, 1565; *Elégies, Mascarades et Bergerie*, 1565; *La Franciade*, 1572; *Derniers vers*, 1586. Collected editions: 1560, 1567, 1571, 1572-1573, 1578, 1584, 1587

Modern editions: *Œuvres complètes*, ed. H. Vaganay, 1923-1924 (text of 1578); ed. P. Laumonier (publ. Lemerre), 1914-1919 (text of 1584); ed. G. Cohen, 1938 (text of 1584); ed. P. Laumonier, and since his death R. Lebègue and I. Silver, for the *Société des Textes français modernes*. (This edition, begun in 1914, is in progress: it gives the first text of every poem and all the variants.) *L'Hymne des Daimons*, ed. A.-M. Schmidt, 1939; *Sonnets pour Hélène*, ed. J. Lavaud, 1947; *Discours des Misères de ce temps*, ed. J. Baillou, 1949; *Le second livre des Amours*, ed. A. Micha, Geneva, 1951; *Les Bacchanales*, ed. A. Desguine, Geneva, 1953; *Poésies* (selected), ed. M. Raymond, Lausanne, 1949; *Poèmes choisis*, ed. A. Barbier, Oxford, 1951

See P. Laumonier, *Ronsard poète lyrique*, 1932; R. Lebègue, *Ronsard, l'homme et l'œuvre*, 1950; F. Desonay, *Ronsard poète de l'amour*, Brussels, 1952-1954-1959; M. Raymond, *Baroque et Renaissance poétique*, 1955; H. Franchet, *Le poète et son œuvre d'après Ronsard*, 1923. P. de Nolhac, *Ronsard et l'humanisme*, 1921; D. B. Wilson, *Ronsard, Poet of Nature*, Manchester, 1960; G. Gadoffre, *Ronsard par lui-même*, 1960

Joachim du Bellay (? 1525-1560)

La Défense et illustration de la langue française, 1549; *L'Olive*, together with *Vers lyriques*, 1549; *L'Olive* (augmented), 1550; *Le quatrième livre de l'Enéide . . . Autres œuvres*, 1552; *Les Antiquités de Rome*, 1558; *Les Regrets*, 1558; *Divers jeux rustiques*, 1558

Modern edition: *Œuvres complètes*, ed. H. Chamard, 1907-1931; *Les Antiquités de Rome et Les Regrets*, ed. E. Droz; *Divers jeux rustiques*, ed. V.-L. Saulnier, Geneva, 1947

See H. Chamard, *Joachim du Bellay*, 1900; V.-L. Saulnier, *Du Bellay, l'homme et l'œuvre*, 1951

BIBLIOGRAPHY

JACQUES TAHUREAU (1527-1555)
  Premières poésies, Poitiers, 1554; *Sonnets, odes et mignardises amour-euses*, Poitiers, 1554
  Modern edition: *Poésies*, ed. P. Blanchemain, 1870
  See H. Chardon, *La Vie de Tahureau*, 1885

RÉMY BELLEAU (1528-1577)
  Petites inventions, 1557; *La Bergerie*, 1565; *La deuxième journée de la Bergerie*, 1572; *Les Amours et nouveaux échanges des pierres précieuses*, 1566
  Modern editions: *Œuvres*, ed. Marty-Laveaux, 1877-1888; *Les Amours et nouveaux échanges . . . suivis d'autres poésies*, ed. A. van Bever, 1909; *La Bergerie*, ed. D. Delacourcelle, Geneva, 1954
  See A. Eckhardt, *Rémy Belleau, sa vie, sa Bergerie*, 1917; D. Dela-courcelle, *Le sentiment de l'art dans la* Bergerie de R. *Belleau*, Oxford, 1945

ETIENNE DE LA BOÉTIE (1530-1563)
  His *Vers français* were published by Montaigne in 1572
  Modern edition: *Œuvres complètes*, ed. P. Bonnefon, 1892

JEAN-ANTOINE DE BAÏF (1532-1589)
  Les Amours de Méline, 1552; *Les Amours de Francine*, 1555; *Les Météores* (first volume only), 1567; *Œuvres en rime: Amours, Jeux, Passe-temps*, 1572-1573; *Etrennes de poésie française en vers mesurés*, 1574; *Mimes, enseignements et proverbes*, 1576
  Modern editions: *Œuvres*, ed. Marty-Laveaux, 1881-90; *Œuvres choisies*, ed. Becq de Fouquières, 1874
  See Augé-Chiquet, *Jean-Antoine de Baïf*, 1909

ETIENNE JODELLE (1532-1573)
  Œuvres et mélanges poétiques, 1574

JEAN VAUQUELIN DE LA FRESNAIE (1536-1608)
  Les Foresteries, 1555; *Diverses poésies*, 1605; *L'Art poétique*, 1605
  Modern editions: *Œuvres diverses*, ed. J. Travers, 1869-72; *L'art poétique*, ed. G. Pellissier, 1885

JACQUES GRÉVIN (1540-1570)
  L'Olympe . . . ensemble les autres œuvres poétiques, 1560; Second part of *l'Olympe*, and *la Gélodacrie* in his *Théâtre*, 1562
  See L. Pinvert, *Jacques Grévin*, 1889

AMADIS JAMIN (1540-1593)
  Œuvres poétiques, 1575 and 1584
  See Theodosia Graut, *Amadis Jamyn*, 1929

BIBLIOGRAPHY

GUY LE FÈVRE DE LA BODERIE (1541-? 1584)
L'Encyclie des secrets de l'Eternité, Antwerp, 1570; *La Galliade*, 1578

PHILIPPE DESPORTES (1546-1606)
Premières Œuvres (Les Amours de Diane; d'Hippolyte), 1573, and added to in subsequent editions. The first *Sonnets spirituels* are in the *Œuvres* of 1575, the *Amours de Cléonice* in those of 1583. The first *Psaumes* appeared in 1591.
Modern editions: *Œuvres*, ed. A. Michiels, 1858; ed. Heitz. 1925; *Les Amours d'Hippolyte* and *Les XLI Chansons*, ed. H. Vaganay, Strasbourg, 1925; *Poésies chrétiennes*, by the same, Lyons, 1925, and *Les Amours de Diane*, Lyons, 1928; *Les Amours d'Hippolyte*, ed. V. E. Graham, Geneva, 1960
See J. Lavaud, *Ph. Desportes*, 1936

GUILLAUME DE SALLUSTE DU BARTAS (1544-1590)
La Muse chrétienne, 1574; *La Semaine, ou la Création du monde*, 1578; *La seconde Semaine*, 1584; *Œuvres*, 1611
Modern edition: *Works*, ed. U. T. Holmes, J. C. Lyons, and R. W. Linker, Chapel Hill, 1935-1940
See G. Pellissier, *La vie et les œuvres de Du Bartas*, 1882; M. Braspart, *Du Bartas, poète chrétien*, 1947

THÉODORE AGRIPPA D'AUBIGNÉ (1552-1630)
Les Tragiques, 1616; *Petites œuvres mêlées*, Geneva, 1630
Modern editions: *Œuvres*, ed. Réaume et Caussade, 1873-1892; *Les Tragiques*, ed. Garnier et Plattard, 1932; *Le Printemps* (i) *L'Hécatombe à Diane*, ed. B. Gagnebin, Geneva, 1948; (ii) *Stances et Odes*, ed. F. Desonay, Geneva, 1952; *Le Printemps*, ed. H. Weber, Montpelier, 1960
See A. Garnier, *Agrippa d'Aubigné et le parti protestant*, 1928; J. Plattard, *A. d'Aubigné*, 1931; M. Raymond in *Mélanges Lefranc*, 1936, and *Génies de France*, Neuchâtel, 1942; I. Buffum, *Agrippa d'Aubigné's* Les Tragiques: *a Study of the Baroque Style in Poetry*, New Haven, 1951

JEAN BERTAUT (1552-1611)
Œuvres poétiques, 1601, 1605, 1620; *Quelques vers amoureux*, (anon.) 1602, 1606
Modern edition: *Œuvres poétiques*, ed. A. Chenevière, 1891
See A. Grente, *Jean Bertaut*, 1903; T. J. D. Allott, *Jean Bertaut*, unpublished B. Litt. thesis, Oxford, 1960

JEAN DE LA CEPPÈDE (1550-1622)
Les Psaumes de la Pénitence de David, Lyons, 1594; *Les Théorèmes*,
Toulouse, I, 1613, II, 1621
See F. Ruchon, *La Ceppède*, Geneva, 1953

JACQUES DAVY, CARDINAL DU PERRON (1556-1618)
Diverses œuvres, 1622. The *Stances* given appeared in 1599.
See Féret. *Le Cardinal Du Perron*, 1877

JEAN DE SPONDE (1557-1595)
Méditations sur les Psaumes, avec un Essai de poèmes chrétiens, 1588
Modern editions: *Poésies*, ed. F. Ruchon and A. M. Boase,
Geneva, 1949; *Méditations, avec un Essai de poèmes chrétiens*,
ed. A. M. Boase, 1953

BÉROALDE DE VERVILLE (1558-1612)
Les Soupirs amoureux, 1583; *Les Appréhensions spirituelles*, 1583;
Les Connaissances nécessaires, 1583; *De l'Ame et de ses excellences*,
Tours, 1593
Modern edition: *Anthologie poétique de Béroalde de Verville*, ed.
V-L. Saulnier, 1945
See V-L. Saulnier, *Etude sur Béroalde de Verville* in *Bibliothèque
d'Humanisme et Renaissance*, V, 1944

JEAN-BAPTISTE CHASSIGNET (1570/1-? 1635)
Le Mépris de la vie et Consolation contre la mort, 1594
Modern edition: *Choix de sonnets*, ed. A. Muller, 1953
See A. Muller, *Jean-Baptiste Chassignet*, 1951

FRANÇOIS DE MALHERBE (1555-1628)
Les Larmes de saint Pierre, 1587; *Ode sur la prise de Marseille*,
1600; *Ode de bienvenue à la Reine*, 1601; *Prière pour le Roi allant
en Limousin*, 1605; *Œuvres*, 1630. The work of Malherbe and
his school is best represented by the *Recueil des plus beaux
vers*, 1627, in which the *Chanson* and *Imitation du Psaume
Lauda anima mea Dominum* first appeared.
Modern editions: *Œuvres complètes*, ed. J. Lalanne, 1862; *Poésies*,
ed. P. Martinon, 1926; ed. J. Lavaud, 1936-1937
See F. Brunot, *La Doctrine de Malherbe*, 1891; R. Fromilhague,
Malherbe: technique et création poétique, and *La vie de Malherbe ...
1555-1610*, 1954

CHARLES-TIMOLÉON DE BEAUXONCLES DE SIGOGNE(S) (1560-1611)
Modern edition: *Œuvres satyriques*, ed. F. Fleuret et L. Perceau,
1920

PIERRE MOTIN (? 1566-? 1613)
Modern edition: Œuvres inédites, ed. P. d'Estrées, 1883

NICOLAS VAUQUELIN DES YVETEAUX (1567-1649)
Recueil de vers, 1606 (anonymous)
Modern edition: Œuvres complètes, ed. G. Mongrédien, 1921
See G. Mongrédien, Etude sur Nicolas Vauquelin des Yveteaux, 1921

HONORÉ D'URFÉ (1567-1625)
Le Sireine, 1611, and 1618 (avec d'autres poésies); many poems in the text of the first four volumes of L'Astrée (1607-1627)
Modern editions: Œuvres poétiques choisies, ed. G. Michaut, 1909; L'Astrée, ed. H. Vaganay, 1925-1929
See O. C. Reure, Honoré d'Urfé, 1910; M. Magendie, L'Astrée d'Honoré d'Urfé, 1929

JEAN-OGER GOMBAULD (1570-1666)
Poésies, 1646; Sonnets, 1649
See R. Kerviler, Jean Ogier de Gombauld, 1876; Lydie Morel, Ogier de Gombauld, Neuchâtel, 1910

MATHURIN RÉGNIER (1573-1613)
Satires, 1609, 1612, 1613
Modern edition: Œuvres complètes, ed. J. Plattard, 1930, revised by P. Jourda, 1954
See J. Vianey, Mathurin Régnier, 1896

JEAN AUVRAY (? -1623)
Le Trésor de la Muse sainte, Amiens, 1611; La Pourmenade de l'âme dévote, Rouen, 1622; Le Banquet des Muses, Rouen, 1623; Œuvres saintes, Rouen, 1634
Modern edition: Le Banquet des Muses, ed. P. Lacroix, Brussels, 1865

JEAN DE LINGENDES (? 1580-1616)
Les Changements de la Bergère Iris, 1605
Modern edition: Œuvres poétiques, ed. E. T. Griffiths, 1916
See Valery Larbaud: Ce vice impuni, la lecture—Domaine français, 1941

JACQUES DU LORENS (1580-1655)
Satires, 1624, 1633, 1646
Modern editions: Satires (1624), ed. D. Jouaust, 1876; Satires (1633), ed. P. Blanchemain, Geneva, 1868; Satires (1646), ed. E. Villemin, 1869

BIBLIOGRAPHY

Robert Angot de l'Eperonnière (? 1581-*post* 1640)

Prélude poétique, 1603; *Mélanges poétiques*, Caen, 1632; *Les Exercices de ce temps*, Rouen, 1622 and 1631; *Le Chef-d'œuvre poétique*, Caen, 1634; *Nouveaux satires et exercices gaillards*, Rouen, 1637

Modern editions: *Le Chef-d'œuvre poétique*, ed. P. Blanchemain, Rouen, 1872; *Nouveaux satires*, by the same, Rouen, 1873; *Les Exercices de ce temps*, ed. F. Lachèvre, 1924

See F. Fleuret, *Remarques sur les Exercices de ce temps* in *Les Ecrits nouveaux*, July 1921

François Mainard (? 1583-1646)

Le Philandre, Tournon, 1619; *Œuvres*, 1646

Modern editions: *Œuvres complètes*, ed. G. Garrisson, 1885-88 (vols. II and III only; vol. I contains the works of F. Ménard); *Poésies*, ed. F. Gohin, 1927

See C. Drouet, *Le poète François Maynard*, 1896; P. Durand-Lapie and F. Lachèvre, *Deux homonymes au XVIIe siècle: Fr. Maynard . . . et Fr. Ménard . . .*, 1899

Etienne Durant (1585-1618)

Méditations, 1611

Modern edition: *Le livre d'amour d'E. Durant: les* Meditations de E. D., ed. F. Lachèvre, 1907

Robert Arnaud d'Andilly (1589-1674)

Œuvres chrétiennes, 1644

Honorat de Beuil de Racan (1589-1670)

Les Bergeries, 1625; *Les Sept Psaumes de la pénitence*, 1631; *Odes sacrées*, 1651; *Dernières œuvres*, 1660

Modern edition: *Œuvres*, ed. L. Arnould, 1930-37

See L. Arnould, *Racan*, 1896

Théophile de Viau (1590-1626)

Œuvres, 1621, 1622, 1623, 1624, 1626

Modern editions: *Œuvres complètes*, ed. M. Alleaume, 1856; *Œuvres choisies*, ed. R. de Gourmont, 1907; *Œuvres poétiques, première partie*, ed. Jeanne Streicher, Geneva, 1951; *seconde et troisième parties*, 1958

See A. Adam, *Théophile de Viau*, 1935

BIBLIOGRAPHY

FRANÇOIS LE MÉTEL DE BOISROBERT (1592-1662)
Paraphrase des sept Psaumes spirituels, 1627; *Epîtres*, 1646, 1659
Modern edition: *Epîtres en vers*, ed. M. Cauchie, 1921-27
See E. Magne, *Le plaisant abbé de Boisrobert*, 1909

MARC-ANTOINE GIRAUD, *dit* DE SAINT-AMANT (1594-1661)
Œuvres, 1629, 1632; *Œuvres (seconde partie)*, 1642; *Œuvres (trois-ième partie)*, 1649; *Moïse sauvé*, idylle héroïque, 1653; *Dernier recueil de diverses poésies*, 1658
Modern editions: *Œuvres complètes*, ed. C. Livet, 1855; *Œuvres choisies*, ed. R. de Gourmont, 1907
See P. Schönherr, *Saint-Amant*, Oppeln u. Leipzig, 1888; F. Durand-Lapie, *Saint-Amant*, 1898; R. A. Sayce, *The French Biblical Epic in the seventeenth century*, Oxford, 1955. B. L. Nicholas, *A Critical Study of works of Saint-Amant*, un-published B.Litt. thesis, Oxford, 1958

JEAN DES MARETS DE SAINT-SORLIN (1595-1676)
Œuvres poétiques, 1641; *L'Office de la Vierge Marie*, 1645; *Les Promenades de Richelieu ou les Vertus chrétiennes*, 1653; *Clovis ou la France chrétienne*, 1657; *Quatrains pour la vie chrétienne*, 1669; *Marie-Madeleine*, 1669; *Esther*, 1673; *Le Triomphe de Louis et de son siècle*, 1674
See R. Kerviler, *Desmarets de Saint-Sorlin*, 1879; A. Reibetanz, *Jean Desmarets de Saint-Sorlin, sein Leben und seine Werke*, Leipzig, 1910

CLAUDE DE MALLEVILLE (*prae* 1597-1647)
Poésies, 1649, 1659
See M. Cauchie, *Documents pour servir à l'histoire littéraire du XVIIe siècle*, 1924

VINCENT VOITURE (1597-1648)
Œuvres, 1649, 1650; *Nouvelles Œuvres*, 1658
Modern edition: *Œuvres*, ed. A. Ubicini, 1855; ed. O. Uzanne, 1839; *Stances, Sonnets, rondeaux et chansons*, ed. A. Arnoux, 1907
See E. Magne, *Voiture et l'Hôtel de Rambouillet*, 1929

JACQUES VALLÉE DES BARREAUX (1599-1673)
Modern edition: *Vie et Poésies inédites*, ed. F. Lachèvre, 1911
See F. Lachèvre, *Le Prince des libertins au XVIIe siècle: J. V. Des Barreaux*, 1907

CHARLES VION DE DALIBRAY (? 1600-? 1653)
   La Métamorphose de Gomor en marmite, c. 1643; *La Musette*, 1647;
   Œuvres poétiques, 1653
   Modern edition: *Œuvres poétiques*, ed. A. van Bever, 1906
   See G. Michaut, *Un Poète ami de Pascal*, in *Revue Latine*, 1906

FRANÇOIS (*dit* TRISTAN) L'HERMITE (? 1601-1655)
   Les Plaintes d'Acante et autres œuvres, Amsterdam, 1633; *Les
      Amours*, 1638; *La Lyre*, 1641; *Vers héroïques*, 1648; *L'Office
      de la Sainte Vierge*, 1646
   Modern editions: *Les Plaintes d'Acante*, ed. J. Madeleine, 1909;
      Les plus belles pages, ed. A. van Bever, 1909; *Les Amours et
      autres poésies choisies*, ed. P. Camo, 1925
   See N. M. Bernardin, *Un précurseur de Racine : Tristan l'Hermite*,
      1895; E. Droz, *Le Manuscrit des Plaintes d'Acante*, 1937; A.
      Carriat, *Tristan, ou l'éloge d'un poète*, 1955; K. C. Wright,
      Tristan l'Hermite, unpublished Ph.D. thesis, Edinburgh, 1959

DENIS SANGUIN DE SAINT-PAVIN (? 1595-1670)
   Modern edition: *Poésies*, ed. P. Paris, 1861; *Vie et poésies inédites*,
      ed. F. Lachèvre, 1911; *Choix de poésies*, ed. G. Michaut, 1913

GEORGES DE SCUDÉRY (1601-1667)
   Le Cabinet, 1646; *Poésies diverses*, 1649; *Alaric, ou Rome vaincue*,
      1654; *Poésies nouvelles*, Amsterdam, 1661

MARTIAL DE BRIVES (? - ?)
   Œuvres poétiques et saintes, Lyons, 1653; *Le Parnasse séraphique*,
      Lyons, 1660

PIERRE LE MOYNE (1602-1671/2)
   Hymnes de la sagesse divine et de l'amour divin, 1641; *La Galerie des
      Femmes fortes*, 1647; *Poésies*, 1650; *Saint Louis*, 1653; *De la vie
      champêtre*, 1661; *Entretiens et Lettres morales*, 1665; *Œuvres
      poétiques*, 1671
   See H. Chérot, *Etude sur . . . P. Le Moyne*, 1887

JEAN-FRANÇOIS SARASIN (1603-1654)
   Œuvres, 1656; *Nouvelles œuvres*, 1674
   Modern edition: *Œuvres réunies*, ed. P. Festugière, 1926
   See A. Meineke, *J. F. Sarasin's Leben und Werke*, Halle, 1902-04

CHARLES COTIN (1604-1682)
La Madeleine au désert, 1635; *Recueil d'énigmes*, 1646; *Poésies chrétiennes*, 1657; *Œuvres mêlées*, 1659; *Œuvres galantes*, 1663; *La Satire des satires*, 1666
See E. Buisson, *Les Victimes de Boileau*, in *La Quinzaine*, 1896

ANTOINE GODEAU (1605-1672)
La Grande Chartreuse, 1651; *Saint-Paul*, 1654; *Poésies chrétiennes*, 1660

PIERRE CORNEILLE (1606-1684)
L'Imitation de Jésus-Christ, traduite et paraphrasée, 1656; *Poésies diverses*, 1660
Modern edition: *Œuvres complètes*, ed. M. Marty-Laveaux, 1862-68

JEAN DE BUSSIÈRES (1607-1679)
Descriptions poétiques, Lyons, 1649

HIPPOLYTE-JULES PILET DE LA MESNARDIÈRE (1610-1663)
Poésies, 1656

PAUL SCARRON (1610-1660)
Quelques vers burlesques, 1643, and its *Suite*, 1648; *Typhon*, 1644; *Œuvres burlesques*, third part, 1651; *Virgile travesti*, 1648-52; *Œuvres complètes*, Amsterdam, 1668
See E. Magne, *Scarron et son milieu*, 1923

DU BOIS HUS (? - ?)
La Nuit des nuits et le Jour des jours, 1640

LAURENT DRELINCOURT (1626-1681)
Sonnets chrétiens, 1677
Modern edition: *Sonnets chrétiens*, ed. A-M. Schmidt, 1948

JEAN DE LABADIE (1610-1674)
Les Saintes Décades, Amsterdam, 1671

JEAN HESNAULT or DEHÉNAULT (? 1611-1682)
Œuvres diverses, 1670
Modern edition: *Œuvres*, ed. F. Lachèvre, 1922

BIBLIOGRAPHY

CHARLES DE MARGUETEL DE SAINT-DENIS DE SAINT-EVREMOND
(1613-1703)
Œuvres, London, 1705
Modern edition: *Œuvres*, ed. R. de Planhol, 1927
See A-M. Schmidt, *Saint-Evremond, ou l'humaniste impur*, 1932

GEORGES DE BRÉBEUF (1618-1661)
La Pharsale de Lucain, 1554-5; *Entretiens solitaires*, 1660; *Poésies
diverses*, 1662
Modern edition: *Entretiens solitaires*, ed. R. Harmand, 1912
See R. Harmand, *Brébeuf*, 1897

ANTOINE FURETIÈRE (1619-1688)
Poésies diverses, 1655 and 1664; *Fables morales*, 1671

JEAN DE LA FONTAINE (1621-1695)
Adonis, 1657; *Le Songe de Vaux*, 1658; *Elégie aux Nymphes de
Vaux*, 1661; *Contes*, 1665, 1671, 1675, 1691; *Fables*, 1668,
1678-9, 1694; *Les Amours de Psyché et de Cupidon*, 1669; *La
Captivité de saint Malc*, 1673; *Le Quinquina*, 1682; *Discours à
Madame de la Sablière*, 1684; *Epître à Monseigneur Huet*, 1687
Modern edition: *Œuvres complètes*, ed. H. Régnier, 1883-92.
But for *Œuvres diverses* use the edition by P. Clarac, 1942.
Discours à Mme de la Sablière sur l'âme des animaux, ed. H.
Busson and F. Gohin, Geneva, 1950
See P. Clarac, *La Fontaine, l'homme et l'œuvre*, 1947; G. Couton,
La Poétique de la Fontaine. Clermont, 1957; O. de Mourgues,
La Fontaine: Fables, London, 1960

JEAN REGNAULT DE SEGRAIS (1624-1701)
Athys, 1653; *Diverses poésies*, 1658; *Œuvres*, 1755
See A. Gasté, *Notes sur Segrais*, 1887

PAUL PELLISSON (1624-1693)
*Recueil de pièces galantes en prose et en vers de madame la Comtesse
de Suze et de monsieur Pellisson* (etc.), 1664, 1668, 1674-1684-
1715; *Œuvres diverses*, 1735
See F-L. Marcou, *Pellisson*, 1859; E. Magne, *Madame de la Suze
... et la société précieuse*, 1908

JACQUES CASSAGNES (1635-1679)
Odes, 1660
See E. Buisson, *Les Victimes de Boileau*, in *La Quinzaine*, 1898

FRANÇOIS MALAVAL (1627-1719)
Poésies spirituelles, 1671 and (Cologne/Amsterdam) 1714

NICOLAS BOILEAU(-DESPRÉAUX) (1636-1711)
Satires, 1666, 1668, 1694; Epîtres, 1670, 1672, 1698; and col-
lected editions (Œuvres diverses), 1674, 1683, 1694, 1701, 1713,
1716
Modern editions: Œuvres, ed. C. Berriat Saint-Prix, 1830-37;
Œuvres, ed. Ch-M. Boudhors, 1934-52; Satires, ed. A. Cahen,
1932; Epîtres, by the same, 1937; Premières Satires, ed. A.
Adam, Lille, 1941; Œuvres (choisies), ed. P. Clarac, s.d.
See G. Lanson, Boileau, 1892; R. Bray, Boileau, l'homme et l'œuvre,
1942, D. Mornet, Nicolas Boileau, 1942

ANTOINETTE DU LIGIER DE LA GARDE, MADAME DESHOULIÈRES
(1637/8-1694)
Poésies, 1688. The Œuvres were edited by Desray, 1798-1799.

JEAN RACINE (1639-1699)
Les Promenades de Port-Royal, 1660; Ode tirée du Psaume XVII,
1685; Hymnes traduits du Bréviaire, 1694; Cantiques spirituels,
1694
Modern edition: Œuvres complètes, ed. P. Mesnard, 1865-1878
See P. Moreau, Racine. l'homme et l'œuvre, 1943; E. Vinaver,
Racine et la poésie tragique, 1951

GUILLAUME AMFRIE DE CHAULIEU (1639-1720)
Poésies de Chaulieu et de La Fare, Amsterdam, 1724; Œuvres,
La Haye and Paris, 1774

PHILIPPE-JULIEN-MANCINI-MAZARIN, duc de NEVERS (1641-1707)
The poem from which our extract is taken appeared in Œuvres
de Saint-Evremond, 1740, vol. VII

ANTOINE BAUDERON, dit SÉNECÉ (1643-1737)
Satires nouvelles, 1697; Epigrammes et autres pièces, 1717; Œuvres
complètes, 1805
See C-A. Sainte-Beuve, Lundis (Calmann-Lévy) XII

ANTOINE D'HAMILTON (1646-1720)
Œuvres, 1812
See C-A. Sainte-Beuve, Lundis (Calmann-Lévy) I

BIBLIOGRAPHY

JEANNE-MARIE BOUVIER DE LA MOTTE, MADAME GUYON (1648-1717)
Recueil de poésies spirituelles, Amsterdam, 1689; Cantiques spirituels, s.d.
See Guerrier, Mme Guyon, Orléans, 1881

CHARLES RIVIÈRE-DUFRESNY (1648-1724)
Œuvres complètes, 1731

JEAN-BAPTISTE ROUSSEAU (1671-1741)
Odes, Cantates, Epigrammes, Epîtres et Poésies diverses, 1723; Œuvres, 1743, 1757; ed. Amar, 1820; Œuvres lyriques, ed. Manuel, 1852
See H. A. Grubb, J-B. Rousseau, Princeton, 1941

ANTOINE HOUDAR DE LA MOTTE (1672-1731)
Odes, 1709; L'Iliade en vers français, 1714; Œuvres, 1754
See P. Dupont, Houdart de La Motte, 1898

ALEXIS PIRON (1689-1773)
Œuvres, 1776
Modern edition: Œuvres complètes, ed. P. Dufay, 1928-1931
See P. Chaponnière, Piron, Geneva, 1910

CHARLES-FRANÇOIS PANARD (1694-1765)
Théâtre et Œuvres diverses, 1763; Œuvres choisies, 1803

FRANÇOIS-MARIE AROUET, dit DE VOLTAIRE (1694-1778)
Modern editions: Œuvres complètes, ed. L. Moland, 1877-82; Œuvres choisies: Poésies, ed. G. Bengesco, 1889
(Le Mondain was published probably in 1736, the Poème sur le désastre de Lisbonne in 1756.)
See R. Naves, Voltaire, l'homme et l'œuvre, 1942

CLAUDE-HENRI DE FUSÉE DE VOISENON (1708-1775)
Œuvres complètes, 1785

JEAN-BAPTISTE-LOUIS GRESSET (1709-1777)
Poésies and Vert-Vert, 1734; Œuvres, 1744; Œuvres complètes, 1811
Modern editions: Poésies inédites, ed. Beauvillé, 1863; Poésies choisies, ed. Derome, 1883
See J. Wogue, Gresset, 1894

BIBLIOGRAPHY

JEAN-JACQUES-NICOLAS LE FRANC DE POMPIGNAN (1709-1784)
Poésies sacrées, 1751; *Poésies sacrées et philosophiques*, 1755; *Odes
chrétiennes et philosophiques*, 1771; *Œuvres*, 1784

PIERRE-JOSEPH BERNARD, *dit* GENTIL BERNARD (1710-1775)
L'Art d'aimer, 1775; *Œuvres complètes*, 1803
Modern edition: *Poésies choisies*, ed. E. Drujon, 1884

FRANÇOIS-JOACHIM DE PIERRES, Cardinal de BERNIS (1715-1794)
Poésies diverses, 1744; *Œuvres mêlées*, Geneva, 1752; *Les Quatre
Saisons, ou les Géorgiques françaises*, 1763; *Œuvres*, 1797
Modern edition: *Poésies*, ed. E. Drujon, 1882
See C-A. Sainte-Beuve, *Lundis* (Calmann-Lévy) VIII

JEAN-FRANÇOIS DE SAINT-LAMBERT (1716-1803)
Les Saisons . . . Poésies fugitives, Amsterdam, 1769
See C-A. Sainte-Beuve, *Lundis* (Calmann-Lévy) XI; E. Pierrot,
Etude sur Saint-Lambert, Nancy, 1875

ELIE-CATHERINE FRÉRON (1718-1776)
Opuscules, Amsterdam, 1753

PONCE-DENIS ECOUCHARD-LEBRUN (1729-1807)
Œuvres, ed. Ginguené, 1811
See C-A. Sainte-Beuve, *Lundis* (Calmann-Lévy) V, and *Portraits
littéraires* (id.) I; P. Dimoff, *La vie et l'œuvre d'André Chénier
jusqu'à la Révolution*, 1936

ANTOINE-LÉONARD THOMAS (1732-1785)
Œuvres complètes, 1802

CHARLES-PIERRE COLARDEAU (1732-1776)
Œuvres, 1779

JEAN-FRANÇOIS DUCIS (1733-1816)
Œuvres, 1813
See C-A. Sainte-Beuve, *Lundis* (Calmann-Lévy) VI

ANTOINE-MARIN LEMIERRE (1733-1793)
La Peinture, 1769; *Les Fastes*, 1779

BIBLIOGRAPHY

CLAUDE-JOSEPH DORAT (1734-1780)
  Lettres en vers et œuvres mêlées, 1767; *Les Baisers* (précédés du *Mois de mai*), 1770; *Œuvres complètes*, 1764-1780
  See G. Desnoiresterres, *Le Chevalier Dorat et les poètes légers au XVIIIe siècle*, 1887

STANISLAS DE BOUFFLERS (1738-1815)
  Poésies et pièces fugitives, 1782; *Œuvres complètes*, 1799; *Œuvres posthumes*, 1815
  Modern edition: *Poésies*, ed. O. Uzanne, 1886

JACQUES DELILLE (1738-1813)
  Les Jardins, 1782; *L'Homme des champs*, 1802; *L'Inspiration*, 1806; *Les trois Règnes de la Nature*, 1809; *La Conversation*, 1812; *Œuvres complètes*, 1818-1824
  See L. Audiat, *Un poète oublié: Jacques Delille*, 1902; R. de Souza, *Un préparateur de la poésie romantique*, in *Mercure de France*, July 1938

NICOLAS-GERMAIN LÉONARD (1744-1793)
  Idylles morales, 1766; *Le Temple de Gnide*, 1772; *Œuvres*, 1798; *Poésies*, 1826. The *Journée de Printemps* is in the last.
  Modern edition: *Idylles et poèmes champêtres* (selection), ed. E. Henriot, 1910
  See C-A. Sainte-Beuve, *Portraits littéraires* (Calmann-Lévy) II; R. Barquisseau, *Les Poètes créoles au XVIIIe siècle*, 1949

EVARISTE-DÉSIRÉ DE FORGES DE PARNY (1753-1814)
  Poésies érotiques, 1778; *Chansons madécasses*, 1787; *Poésies inédites*, 1826; *Œuvres complètes*, 1831
  See C-A. Sainte-Beuve, *Portraits contemporains* (Garnier) III; R. Barquisseau, *Les poètes créoles au XVIIIe siècle*, 1949

LOUIS DE FONTANES (1757-1821)
  Le Cri de mon cœur, 1777; *La Forêt de Navarre*, 1780; *Essai sur l'Astronomie*, 1781; *Le Chant du Barde*, and *La Chartreuse de Paris*, 1783; *Le Jour des morts dans une campagne*, 1785; *Œuvres*, 1839
  See A. Wilson, *Fontanes*, 1928

CLAUDE-MARIE-LOUIS-EMMANUEL CARBON DE FLINS DES OLIVIERS (1757-1806)
  Choix de poésies de Barthe, Masson (de Morvilliers) et Carbon de Flins, 1810

BIBLIOGRAPHY

CHARLES-ALBERT DE MOUSTIER (1760-1801)
Lettres à Emilie sur la mythologie, 1786-1798; *Œuvres diverses*, 1804

ANDRÉ-MARIE CHÉNIER (1762-1794)
Œuvres, ed. H. Latouche, 1819
Modern edition: *Œuvres complètes*, ed. P. Dimoff, 1924; and (truly complete) ed. G. Walter, 1940
See P. Dimoff, *La vie et l'œuvre d'André Chénier jusqu'à la Révolution*, 1936; G. Walter, *André Chénier, son milieu et son temps*, 1947

CHARLES-JULIEN-LIOULT DE CHÊNEDOLLÉ (1769-1833)
La Génie de l'Homme, 1807; *Etudes poétiques*, 1820; *Œuvres complètes*, 1864
See Madame P. de Samie, *Chênedollé*, Caen, 1933

CHARLES-HUBERT MILLEVOYE (1782-1816)
Belzunce . . . suivie d'autres poésies, 1808; *Elégies* (etc.), 1812; *Œuvres*, 1822
Modern edition: *Principales œuvres*, ed. L. Séché, 1909
See C-A. Sainte-Beuve, *Portraits littéraires* (Calmann-Lévy) I; P. Ladoué, *Millevoye*, 1913

CHARLES LOYSON (1791-1820)
Le bonheur de l'étude et autres poésies, 1817; *Epîtres et Elégies*, 1819; *Œuvres choisies*, 1869
See C-A. Sainte-Beuve, *Nouveaux Lundis* (Calmann-Lévy) XI, and *Portraits contemporains* (Garnier) II; L. Séché, *Lamartine de 1816 à 1830*, Appendice II: *Charles Loyson*, 1905

MARCELINE DESBORDES-VALMORE (1786-1859)
Elégies et Romances, 1819 (from which *Les Lettres* is taken). Most of her work was published after 1820, and so falls outside the scope of this book. Her *Œuvres poétiques* appeared in 1886, and *Œuvres manuscrites* in 1921.
Modern edition; *Poésies complètes*, ed. B. Guégan, 1932 (unfinished) *Chefs-d'œuvre lyriques*, ed. A. Dorchain, 1921. See J. Boulenger, *Marceline Desbordes-Valmore*, 1926

INDEX OF FIRST LINES

INDEX OF AUTHORS